Elisabeth Schinagl · Francobaldi, Familiengeheimnisse

Allitera Verlag

ELISABETH SCHINAGL, geboren 1961 in München, studierte in Eichstätt und Regensburg Latein und Germanistik. Sie war wissenschaftliche Mitarbeiterin am Lehrstuhl für Mittellateinische Philologie an der Katholischen Universität Eichstätt. Nach ihrer Promotion war sie zunächst als Gymnasiallehrerin und anschließend als Referentin im Bayerischen Landtag tätig. Seit 2018 ist sie freie Autorin. In ihren Romanen und Erzählungen befasst sie sich vorwiegend mit historischen Themen. Sie lebt in Eichstätt und München.

ELISABETH SCHINAGL

# Francobaldi

## Familiengeheimnisse

Historischer Bayernkrimi

**Allitera** Verlag

Originalausgabe August 2023
Allitera Verlag
Ein Verlag der Buch&media GmbH, München

Layout, Satz und Umschlaggestaltung: Mona Königbauer
Gesetzt aus der Adobe Garamond und Parchment
Grafik Titelseite: © Julia Kitaeva, thenounproject.com
Printed in Europe · ISBN 978-3-96233-385-0

Allitera Verlag
Merianstraße 24 · 80637 München
Fon 089 13 92 90 46 · Fax 089 13 92 90 65

Weitere Publikationen aus unserem Programm finden Sie auf www.allitera.de
Kontakt und Bestellungen unter info@allitera.de

# Inhalt

Die freie Gedanken- und Meinungsäußerung ist eines der kostbarsten Rechte der Frau, denn diese Freiheit garantiert die Vaterschaft der Väter an ihren Kindern. Jede Bürgerin kann folglich in aller Freiheit sagen: »Ich bin die Mutter eines Kindes, das du gezeugt hast«, ohne dass ein barbarisches Vorurteil sie zwingt, die Wahrheit zu verschleiern.

Olympe de Gouges (geb. 7.5.1748, hingerichtet am 3.11.1793)
Erklärung der Rechte der Frau und Bürgerin, Art. 11

## *Eisheilige*

Im Kachelofen brannte selbst jetzt Mitte Mai noch Feuer und wärmte unsere Stube aufs angenehmste. Meine liebe Frau saß in ihrem gewohnten Fauteuil und war, wie so häufig mit der Anfertigung irgendeiner Stickarbeit beschäftigt. Ottilie liebte es, Kissenbezüge, Tischwäsche, Taschentücher oder Deckchen mit Blumen, Vögeln, Monogrammen oder geometrischen Mustern aus seidig schimmerndem Garn zu verzieren. Unter ihren geübten Fingern verwandelten sich unscheinbare Stofftücher in kleine Kunstwerke. Mit einer mir völlig unverständlichen Leidenschaft zauberte sie Hohlsäume, Lochstickereien und sonstige Feinheiten, von denen ich nicht einmal den Namen wusste.

»Lesen ist nichts für mich. Dazu fehlt mir die Geduld. Ich höre dir gerne zu, wenn du mir vorliest, aber meine Hände brauchen derweil etwas zu tun«, hatte sie mir erklärt, als ich zu Beginn unserer Ehe versucht hatte, sie mit ausgewählter Lektüre an die Literatur heranzuführen. So war es mehr oder weniger geblieben. Ottilie hörte mir tatsächlich stets aufmerksam zu, wenn ich ihr vorlas, doch sie selbst widmete ihre Zeit nur äußerst selten einem Buch. Vier Jahre waren wir nun schon verheiratet und ich hatte diese Entscheidung noch nicht einen Tag bereut. Mit Ottilie war wieder Freude in mein Leben eingekehrt. Mit dem ihr angeborenen Mutterwitz brachte sie mich auf den Boden der Tatsachen zurück, wenn ich mich in meinen allzu luftigen Gedankengebäuden zu verlieren drohte. Wenn ich ganz ehrlich war, beneidete ich meine liebe Frau in letzter Zeit bisweilen. Sie schien keine Langeweile zu kennen. Immer hatte sie etwas zu tun, war geschäftig in unserer Wohnung oder in unserem großen Garten draußen vor den Toren der Stadt, strickte, nähte oder flickte irgendetwas und schien stets ganz in ihrer Beschäftigung aufzugehen. Ihr zu Füßen hatte es sich der kleine Karl, der ledige Sohn unserer Dienstmagd, auf dem Teppich gemütlich gemacht und spielte mit seinem hölzernen Kreisel. Hingebungsvoll und ganz in seine Bemühungen versunken versuchte er mit seinen noch recht ungeschickten Fingern das Spielzeug möglichst lange in Drehung zu bringen. Wie meist, wenn er so vertieft war, summte er dabei ganz leise vor sich hin. Ottilie hegte inzwischen fast mütterliche Gefühle für ihn. Er half ihr, die Trennung von ihrem Sohn Adam und ihrer Tochter Babette besser zu verkraften. Beide hatten ihr Vorhaben wahrgemacht, eine gewisse Zeit in Wien zu verbringen. Nur widerwillig, ja zähneknirschend hatte meine Frau diesem Ansinnen ihrer beiden Jüngsten schließlich zugestimmt und das erst, nachdem ich wochenlang diesbezüglich auf sie eingeredet hatte.

Die aktuelle Ausgabe von Barths *Vaterländischer Monatsschrift* hatte ich bereits mehrmals von vorne bis hinten durchgelesen. Ich bewunderte den Hofkammerrat für seinen Eifer, mit dem er dieses Blatt veröffentlichte. In wenigen, handgeschriebenen Exemplaren stellte er für seinen ›Zirkel traulicher Freunde‹ Monat für Monat zusammen, was er an Geschichtlichem und Neuigkeiten in unserem Fürstbistum bemerkens- und erwähnenswert fand. Er berichtete darin vom Zustand der Chausseen ebenso wie über einen zu befürchtenden Holzmangel, fürstbischöfliche Dekrete sowie über Einnahmen und Ausgaben des Hofs. Nun fiel mir an diesem friedlichen Nachmittag nichts anderes mehr ein, als mich dem *Eichstätter Intelligenzblatt* zuzuwenden. Viel war nicht passiert. Eine mit Silber beschlagene Meerschaumpfeife war verloren gegangen und der Finder wurde gebeten, diese gegen ein ordentliches *Recompence* im Hotel »Traube« abzugeben. Der Stadtsyndikus Gerstner, so wurde außerdem vermeldet, war durchs Ostentor wieder in unsere Stadt repatriiert. Wo er gewesen war, erfuhr man allerdings nicht. Gerstner … früher war ich oft bei ihm zu Gast gewesen. Meinen ersten Abend in seinem Lesekreis würde ich nie vergessen. Damals hatte ich mich ziemlich blamiert und daraufhin gefürchtet, nie wieder eingeladen zu werden. Diese Angst war freilich unbegründet gewesen. Nun aber, nach Jahren regelmäßigen geselligen Beisammenseins, war unser Kränzchen zerstreut und der Kontakt so spärlich, dass ich erst aus der Zeitung erfahren musste, dass der verehrte Herr Stadtsyndikus auswärts gewesen war. Lustlos legte ich das Blatt beiseite und trat ans Fenster. Ich blickte hinab auf den Marktplatz mit dem schönen Willibaldsbrunnen. Gewöhnlich herrschte hier reges Treiben. Heute jedoch wirkte der Platz wie ausgestorben. Schwere, graue Wolken hingen über der Stadt und ab und zu ging aus ihnen ein kalter Schauer nieder, der manchmal sogar in Graupel oder gar Schnee überging. Kein Wunder, denn von Norden wehte ein frostiger Wind. Die Eisheiligen machten ihrem Namen dieses Jahr alle Ehre und man tat gut daran, in der warmen Stube zu bleiben. Nicht weniger ungemütlich als der kalte Nordwind aber war der politische Sturm, der uns von Westen drohte und der geeignet war, ganz Europa in Aufruhr zu versetzen. Vor etwa drei Wochen hatte Frankreich auf Drängen des Nationalkonvents dem jungen Thronfolger Franz, dem künftigen König von Österreich-Ungarn, den Krieg erklärt. Das wiederum hatte Preußen, das im Jahr zuvor gemeinsam mit Österreich eine Deklaration zum Schutz des französischen Königs vor den Revolutionären unterzeichnet hatte, dazu bewogen, seinerseits Frankreich den Krieg zu erklären. Die Lage war verworren. Jedenfalls hatte ich bislang recht wenig in Erfahrung bringen können. Dennoch konnte ich mich des Eindrucks nicht erwehren, die Ereignisse im fernen Paris wirkten bis hierher, in unsere kleine Stadt und der eisige Hauch des Umsturzes hätte nicht nur unseren Lesekreis auseinander geblasen. Nein, plötzlich war alles anders! Lediglich die Statue des heiligen Willibald thronte stoisch und erhaben wie eh und je in der Mitte des großen Brunnens. Gleichmütig und scheinbar von allen Veränderungen unangefochten blickte unser Schutzpatron auf die Stadt.

Ottilie und ich bewohnten eine geräumige, repräsentative Wohnung in bester Lage am Marktplatz. Wenn ich das Fenster geöffnet und mich weit hinausgelehnt hätte, hätte ich zu meiner Rechten die Normalschule sehen können. Doch ich vermied diesen Anblick nicht nur mit Rücksicht auf das ungemütliche Wetter. Wenn ich ehrlich war, versetzte mir der Anblick des Gebäudes auch Monate nachdem ich retiriert war, noch leichte Stiche ins Herz.

Fürstbischof Johann Anton von Zehmen hatte sein Versprechen wahr gemacht und mich schließlich zum Leiter der Normalschule ernannt, die ich gemeinsam mit meinem Freund und Kollegen Martin Sausenhover aufgebaut hatte. Bis zum Tod seiner Exzellenz vor nunmehr fast zwei Jahren war ich dieser Aufgabe mit Begeisterung nachgekommen. Es hatte mir Freude bereitet, jungen Männern die Normen des Unterrichtens zu vermitteln und aus ihnen tüchtigere Lehrer zu machen, als es ihre Vorgänger gewesen waren. Johann Anton hatte mir bei der Erarbeitung des Lehrstoffes weitgehend freie Hand gelassen. Sein Nachfolger, Graf von Stubenberg, mochte ein glühender Katholik, guter Bischof und freundlicher Landesherr sein, auch war er mir als gebürtiger Grazer im Zungenschlag näher als der sächselnde von Zehmen – dennoch fanden wir nie wirklich zueinander. Wo Johann Anton mir mit einer freundlichen Gleichgültigkeit begegnet war, fühlte ich mich von seinem Nachfolger nicht nur zunehmend kritisch beäugt, sondern sogar in meinen Plänen behindert. Das Schulwesen lag ihm weit weniger am Herzen als die Ausgestaltung seiner Privatgemächer im neuesten Stil, die Anschaffung neuer Galauniformen für seine Geheimen Räte oder die *cappae magnae*, offene Mäntel mit langer Schleppe, für die Mitglieder des Domkapitels. Das alles kostete Geld und so hatte seine Exzellenz die verbesserte Ausgestaltung der Normalschule, die sein Vorgänger angestoßen hatte, kurzerhand wieder zurückgenommen. Meine Enttäuschung darüber war grenzenlos und so hatte ich mich schließlich entschlossen, ihn um meine Demission zu bitten und mich ins Privatleben zurückzuziehen. Endlich, so hoffte ich, konnte ich mich ausgiebig meinen eigenen Interessen und Studien widmen. Finanziell bereitete mir dieser Entschluss keine Probleme. Ich konnte mir ein Leben als Privatier ohne weiteres leisten. Das Juweliergeschäft meines Bruders in Wien, dessen stiller Teilhaber ich war, lief erfreulich gut, um nicht zu sagen hervorragend. Ja, mein Bruder hatte es inzwischen sogar zum Hoflieferanten gebracht. Die vornehmsten Kunden gingen bei ihm ein und aus. Dazu hatte ich noch die Einnahmen von meiner Wiener Wohnung, die ich seit meinem Wegzug von dort vermietet hatte. Im Vergleich zu diesen Einkünften war mein Salär als Leiter der Normalschule ohnehin nur gering, ja geradezu lächerlich gewesen. Doch wie gesagt, hatte mir die Tätigkeit Freude bereitet. Aus diesem Grunde spielte ich auch mit dem Gedanken, nach dem Ausscheiden aus dem Dienst in Anlehnung an Felbigers *Allgemeine Schulordnung für die deutschen Normal-, Haupt- und Trivialschulen* ein ähnliches, jedoch fortschrittlicheres Werk zu verfassen. Darin sollten auch die Lehren Rousseaus und die anderer führender Köpfe unserer Zeit Eingang finden. Ich hatte gehofft, mein verehrter Freund, der Dompropst Graf Cobenzl, werde mich bei meinem Vorhaben unterstützen. Tatsächlich war er begeistert gewesen, als ich ihm meinen Vorschlag im Sommer des vergangenen Jahres unterbreitet hatte. Das lag zum einen sicher daran, dass Cobenzl den modernen Wissenschaften gegenüber äußerst aufgeschlossen war und ihm aufrichtig daran lag, das Licht der Erkenntnis in die Welt zu tragen. Zum anderen konnte ich mich aber auch des Eindrucks nicht erwehren, es bereite ihm eine gewisse, fast diebische Freude, unserem neuen Fürstbischof, dem die moderne Philosophie ebenso ein Dorn im Auge war wie Cobenzls Lebensweise, mit dieser Unternehmung ein wenig zu ärgern.

Weit waren wir mit unserem Vorhaben allerdings nicht gekommen. Am 31. März diesen Jahres war mein guter Freund völlig unerwartet am hitzigen Fieber verstorben. Vier Tage später wurde er abends unter Läuten aller Glocken in- und außerhalb der Stadt im Mortuarium feierlich beigesetzt. Er war erst achtundvierzig Jahre alt gewesen. Sein Dahinscheiden riss eine ähnlich große Lücke in mein Leben wie seinerzeit der frühe Tod meiner ersten Frau Clara. Auch jetzt, gute sechs Wochen nach Cobenzls Ableben, konnte ich den Verlust noch immer nicht fassen. Aller häuslichen Behaglichkeit zum Trotz fühlte ich mich wie verloren, die ganze Stadt schien mir verwaist. Der Dompropst in seiner leutseligen, allem Weltlichen zugeneigten Art, war für mich das Zentrum aller Geselligkeit gewesen. Es war zum Exempel maßgeblich seinem Einsatz zu verdanken gewesen, dass wir im vergangenen November und Dezember die Fallerische Schauspielgesellschaft in unserer Stadt hatten, die unter anderem Shakespeares *Macbeth* und Mozarts *Entführung aus dem Serail* zur Aufführung brachte. Letztere freilich, man muss es leider zugeben, mit allenfalls mittelmäßigen Sängern. Nach derlei Vergnüglichkeiten stand mir im Moment zwar nicht der Sinn, doch Cobenzls Tod würde neben meinem persönlichen Verlust seiner treuen Freundschaft auch für das gesellige Leben der Stadt einen unwiederbringlichen Verlust bedeuten. Dessen war ich mir sicher. Und dieses Gefühl war in den letzten Tagen sogar noch schlimmer geworden. Denn nun war auch der letzte Dienst, den ich meinem verstorbenen Freund erweisen konnte, endgültig abgeschlossen. Cobenzls Bruder, Johann Philipp, war zwar eilends zur Beerdigung aus Wien angereist, doch musste er Eichstätt nur wenige Stunden nach der Beisetzung auch schon wieder verlassen. Die politischen Umstände erforderten es. Der junge, noch völlig unerfahrene Franz, Erzherzog von

Österreich sowie Herr der übrigen Länder der Habsburgermonarchie, künftiger König von Ungarn und in wenigen Monaten wohl auch Kaiser des Heiligen Römischen Reichs, bedurfte in dieser allgemein fragilen Situation der Unterstützung erfahrener Köpfe. Und Johann Philipp, dessen war ich mir sicher, wollte die Gunst der Stunde nutzen und seinen Einfluss auf den künftigen Kaiser festigen. Daher hatte der Graf mich mit der Abwicklung des Testaments betraut. Mein verstorbener Freund hatte nicht nur eine umfangreiche Bibliothek von etwa viertausend Bänden sein Eigen genannt, sondern auch leidenschaftlich wissenschaftliche Instrumente gesammelt. So galt es, diesen wertvollen Bestand erst einmal zu katalogisieren, um anschließend nach Wien zu schreiben und sich abzustimmen, wie mit der Hinterlassenschaft weiter zu verfahren sei. Mein größtes Augenmerk aber galt dem Garten meines verblichenen Freundes. Die weite, im englischen Stil gehaltene Anlage war sein ganzer Stolz gewesen. Cobenzls Garten mit dem reizenden Pavillon, einem herrlichen Rosengarten, einem Bienenhaus, ja sogar einer Kegelbahn, war in der ganzen Stadt berühmt gewesen. Er lag jenseits der Altmühl vor den Toren der Stadt und wenn man ihn besuchen wollte, musste man sich vom Stadtfischer mit dem Kahn übersetzen lassen. Das war zwar ein wenig umständlich, hatte aber auch den Vorteil, vor allzu neugierigen Blicken geschützt zu sein. Wie oft hatten wir Freunde uns alle dort getroffen, hatten der Musik gelauscht und waren auf den terrassierten Wegen flaniert. Cobenzl hatte zahlreiche Bänke und andere Sitzgelegenheiten aufstellen lassen, von denen man den Blick in die Landschaft schweifen lassen konnte. Am zauberhaftesten aber war die kleine Grotte, die er in den Fels hatte hauen lassen. Auch sie bot Sitzgelegenheit und diente uns an manchem lauen Sommerabend als Treffpunkt. Wie oft hatten wir dort über die eine oder andere Neuerwerbung aus Cobenzls Bibliothek diskutiert! In der Grotte hatte er uns Auszüge aus Kants *Kritik der reinen Vernunft* oder aus Lessings Bühnenstücken vorgelesen. Wir waren nicht immer derselben Meinung, doch vielleicht gerade deshalb waren die Debatten stets bereichernd gewesen und hatten unsere Freundschaft noch vertieft. Nun erinnerte ich mich voller Wehmut daran, wie uns Cobenzl einmal voller Inbrunst ein Gedicht eines gewissen Schiller vorgetragen hatte, das es ihm besonders angetan hatte. Es trug den Titel *Ode an die Freude* und feierte in überschwänglichen Tönen die Freundschaft. Mir war der Text damals zu pathetisch gewesen. Doch was hätte ich in diesem Moment darum gegeben, diese Worte noch einmal aus Cobenzls Mund zu hören! Natürlich hatten wir dort auch über die Ereignisse in Paris gesprochen. Wir alle waren vom Kampf der tapferen Franzosen für bürgerliche Freiheitsrechte und eine konstitutionelle Monarchie begeistert gewesen. Die Nationalversammlung hatte eine Erklärung der Menschen- und Bürgerrechte verabschiedet, die in siebzehn Artikeln die Rechte festlegte, die jedem Franzosen unveräußerlich als Mensch und als Bürger Frankreichs zuerkannt wurden. Freiheit! Gleichheit! Brüderlichkeit! Wir hatten geglaubt, nun endlich lang ersehnte Ziele verwirklicht zu sehen. Nun, knappe drei Jahre später, schien das alles wie eine Illusion.

Mein Freund war noch nicht wirklich unter der Erde, da gab es auch schon Verwüstungen in seiner prächtigen Anlage zu beklagen. Zwar hatte seine Exzellenz sofort im *Intelligenzblatt* ankündigen lassen, die mutwilligen Frevler hart zu bestrafen, doch konnte ich mich des Verdachts nicht erwehren, er tue dies nur pro forma. Gott verzeihe mir, wenn ich ihm Unrecht tat, doch im tiefsten Inneren meinte ich sogar, Graf von Stubenberg selbst könnte die Übeltäter zu ihrem Tun angestachelt haben. Es war ein offenes Geheimnis, dass Cobenzls Anlage beziehungsweise die Treffen und Feste, die der Dompropst dort regelmäßig abgehalten hatte, seiner Exzellenz ein beständiges Ärgernis gewesen waren. Noch dazu eines, das er buchstäblich immer vor Augen gehabt hatte. Denn die fürstbischöfliche Sommerresidenz mit ihrem Park im strengen französischen Stil lag Cobenzls Anlage direkt gegenüber, diesseits der Altmühl. Der friedlich dahinfließende Fluss bildete an dieser Stelle die Trennlinie zweier unvereinbarer Weltanschauungen. Trotzdem musste Graf Stubenberg schon mit Rücksicht auf Cobenzls einflussreichen Bruder Johann Philipp offiziell gegen die mutwillige Verwüstung des ihm ungeliebten Gartens vorgehen. Der Erhalt der prächtigen Anlage war Johann Philipp ein besonderes Anliegen gewesen. Doch natürlich konnte er sich von Wien aus nicht um dieses Besitztum kümmern. So hatte er mich vor seiner Abreise noch einmal ausdrücklich gebeten, mich nach einem geeigneten Käufer umzusehen. Die Suche hatte einige Wochen in Anspruch genommen. Von den etablierten Eichstätter Domherren oder Beamten wollte sich niemand zum Kauf entschließen. Entweder fehlten ihnen die finanziellen Mittel oder der Mut. Nun hatte ich in Freiherr von Hompesch endlich einen würdigen Interessenten gefunden. Er war gerade dreißig und mir zuvor nur flüchtig von Cobenzls Erzählungen bekannt gewesen. Der hatte große Stücke auf ihn gehalten. Sie kannten sich seit Langem aus gemeinsamen Zeiten in Lüttich und später auch in Eichstätt. Hompesch war allerdings nicht lange in der kleinen Domstadt geblieben, sondern hatte sich anderweitig umgesehen. Doch hatten Cobenzl und er viele Jahre in regem Briefkontakt gestanden. Hompesch hielt sich die meiste Zeit in Berg bei Düsseldorf auf, wo er als Assessor des Herzogs tätig gewesen war. Nun hatte er vor einigen Wochen die Nachfolge meines Freundes als Domkapitular angetreten und war fest entschlossen auch dessen Parkanlage zu übernehmen. Er schien ein ernstzunehmender Mann zu sein, der wusste, was er wollte und dabei angenehme Umgangsformen besaß. Ein wenig erinnerte er mich in seinem selbstbewussten Auftreten an meinen Bekannten Johann Pezzl, ein Freigeist und kritischer Denker, der seit vielen Jahren in Wien lebte. Der Mord an seinem Bruder hatte ihn vor einige Jahren nach Eichstätt geführt und unsere Bekanntschaft begründet. In seiner Denkart war ihm der junge Freiherr von Hompesch sicher ähnlich, doch war sein Auftreten deutlich distinguierter. Er schien eher ein Mann der leisen Töne zu sein. Kurz, er machte einen guten Eindruck auf mich und ich hatte sein Kaufinteresse sofort nach Wien weitergeleitet. Dies war die letzte Aufgabe im Zusammenhang mit der Testamentsabwicklung gewesen, die ich noch zu erledigen gehabt hatte. Eigentlich hätte ich mich nun ganz meinen Studien hingeben können. Eigentlich … Ich hätte glücklich sein können. Aber ich war es nicht.

»So kann's nicht weitergehen!« Ottilies zorniger Ausruf riss mich aus meinen wehmütigen Erinnerungen unsanft in die Gegenwart zurück. Verwundert drehte ich mich zu ihr um. Doch meine liebe Frau hatte bei ihrer Äußerung keineswegs meine Gemütsverfassung im Sinn, wie sich herausstellen sollte.

»Ich mache mir Sorgen. Dieser Brief gestern, wirklich, so kann's nicht weitergehen!«

»Ich verstehe nicht …«

»Ich meine Babettes Brief, den, der gestern hier angekommen ist. Das heißt, nicht nur den von gestern, sondern eben überhaupt. Wirklich, Francobaldi, so kann's nicht weitergehen!«

»Ja, was stört dich denn? Deiner Tochter geht es doch gut.«

»Gut, ja, zu gut! Da schreibt sie von Spazierfahrten hier und Einladungen dort, Soiréen, an denen dieses Fräulein von Gleizenstein teilgenommen hat und wen sie dort getroffen hat. Da berichtet sie uns seitenlang über Mozarts Tod und irgendwelchen Gerüchten, die darüber im Umlauf sind, Wiener Klatsch und Tratsch – als ob uns das irgendwie interessieren oder gar etwas angehen würde. Die Menschen sterben nun einmal. Manche auch jung und unerwartet. Denk nur an Cobenzl. Gut, er war schon immer von einer schwächlichen Konstitution. Trotzdem hat doch niemand mit seinem Ableben gerechnet. Aber um nicht vom Thema abzukommen: Babette hat offenbar nur noch Vergnügen im Sinn!«

»Und das beunruhigt dich?«

»Ja, wahrhaftig, mein Lieber, das beunruhigt mich! Sogar mehr als das. Es bereitet mir ernsthafte Sorge. Ich habe Angst, sie könnte sich überheben. Überlege doch bitte einmal! Welcher anständige Handwerker soll sie denn heiraten, wenn das so weitergeht? Ich hatte nichts dagegen, dass sie gemeinsam mit Adam nach Wien geht. ›Gut, dachte ich. Dann lernt sie im Haushalt deines Bruders die feine Wiener Küche kennen. Das kann nicht schaden.‹ Auch gegen die Übersiedelung zu diesem Fräulein von Gleizenstein hatte ich anfangs nichts. Wieder dachte ich ›Gut. Da kann sie auch noch feinere Umgangsformen lernen. Sie lernt feines Porzellan und Kristall kennen und vornehmere Tischsitten als ich sie ihr beibringen könnte. Das könnte ihr für ihre Verheiratung nützlich sein. Wer weiß, vielleicht hält ja später sogar ein Hofbeamter um ihre Hand an. Dann wüsste sie, Gäste standesgemäß zu empfangen und ein vornehmes Haus zu führen.‹ Aber jetzt? Das Mädel hat nur Flausen im Kopf! Nur Zerstreuung, Kunst und Klavierspiel. Von Kenntnissen der Haushaltsführung schreibt sie nichts. Wenn das so weitergeht, ist sie weder für einen Handwerker noch für einen Beamten die Passende und dann endet sie noch als alte Jungfer oder gar noch Schlimmeres, woran ich gar nicht denken und was ich noch weniger aussprechen möchte.«

»Also wirklich. Ich finde, du übertreibst. Babette ist in guten Händen, um nicht zu sagen in bester Gesellschaft. Sie trifft Personen von Stand, sie lernt zu konversieren. Dank Fräulein von Gleizenstein lernt sie etwas von der Welt kennen.«

»Gute Gesellschaft – was heißt das schon? Ständig ist sie unterwegs: Mal sind sie zur mehrwöchigen Kur in Karlsbad und machen von dort einen Abstecher nach Prag, mal geht's nach Budapest und jetzt schreibt sie gar von Reiseplänen nach Triest, Mailand, Verona und Venedig! Wirklich, Francobaldi, ich bitte dich inständig. Wir müssen das Mädel zurückholen! Wir müssen nach Wien. Ich möchte persönlich mit der von Gleizenstein sprechen und ihr die Sache erklären. Und meine Babette nehme ich wieder mit nach Hause, selbst wenn sie sich auf den Kopf stellt!«

Mein Eheweib war eine gutmütige Person, die nichts so schnell aus der Ruhe bringen konnte. Wenn sie aber einmal der Furor gepackt hatte, das wusste ich mittlerweile aus Erfahrung, hatte es keinen Zweck mit ihr zu disputieren. Andererseits … Vielleicht war eine Reise nach Wien gar keine so schlechte Idee. Ich hatte zwar keineswegs vor, meine liebe Stieftochter aus der Stadt, in der sie sich so offenkundig wohl fühlte, fortzureißen. Aber einmal nachzusehen, wie es ihr und ihrem Bruder ging, konnte nicht schaden. Graf Johann Philipp Cobenzl hatte mich zum Dank für meine Mühen bei der Abwicklung des Testaments ohnehin zu sich eingeladen. Vielleicht war das nun, nachdem dieser letzte Freundschaftsdienst an seinem Bruder abgewickelt war, eine gute Gelegenheit das grässliche Gefühl der Leere, das mich quälte, hinter mir zu lassen. Vielleicht würde ein Tapetenwechsel mich tatsächlich auf neue Gedanken kommen lassen. Versuchen konnte ich es zumindest. So griff ich den Vorschlag meiner lieben Gattin also dankbar auf.

## *Die Reise*

Die Kälte war endlich doch gewichen und mit einem Schlag war es Frühling geworden. Die Farben kehrten zurück. Kaum waren Veilchen, Schlüsselblumen und Küchenschellen verschwunden, standen die Obstbäume in voller Blüte und kurz darauf blühten auch schon überall an den Waldrändern die Akeleien in allen Farbschattierungen zwischen zartrosa, blau und dunkelviolett, der Weißdorn stand übersät mit zarten Blüten und aus manchen Gärten drang der schwere, süße Duft des Flieders. Die Wiesen waren übersät von Hahnenfuß und Margeriten. Die Bienen schwärmten wieder und in Cobenzls Park würde sich der künftige Besitzer bald an den ersten duftenden Rosen erfreuen können. Über der friedlich dahinfließenden Altmühl sausten Libellen und die Schwalben hatten schon ihre Nester gebaut.

»Besser können wir's nicht treffen. Die Wege sind trocken und gut passierbar. Das Wetter ist angenehm, nicht zu warm, aber auch nicht zu kalt. Ein wunderbarer Zeitpunkt, um unsere Reise anzutreten. Unser heimisches *Intelligenzblatt* wird in seiner nächsten Ausgabe vermelden können, dass der Herr Francobaldi nebst Gemahlin durch das Ostentor ausgereist ist.«

Es würde sicher Wochen dauern, bis die Bürger der Stadt lesen konnten, wir seinen wieder repatriiert. Zu meiner Freude hatte Ottilie meinem Vorschlag zugestimmt, nicht auf schnellstem Wege nach Wien zu eilen, sondern uns auf der Reise Zeit zu nehmen und unterwegs einige Städte und Sehenswürdigkeiten zu besuchen. Ursprünglich hatte sie zwar Bedenken gehabt, den Haushalt für so lange Zeit allein der Obhut der Magd anzuvertrauen, aber ihre älteste Tochter sowie die Schwiegertochter hatten sich bereit erklärt, regelmäßig nach dem Rechten zu sehen. Ich fühlte mich mit einem Mal wie befreit und mein Lebensmut kehrte zurück. Endlich war Schluss mit dem tristen Einerlei träge zerrinnender Tage! Wir würden Neues entdecken und viele schöne Begegnungen haben. Wir würden Adam wieder sehen, der nun seine Studien bald beendet hatte, Ottilie würde endlich meinen Bruder, also ihren Schwager, und dessen Frau kennenlernen. Ich war mir sicher, dass wir uns alle prächtig verstehen würden. Ich konnte endlich einmal alte Wiener Bekannte wieder treffen. Wir würden in Parks flanieren, Konzerte und die Oper besuchen, uns an der Schönheit der Stadt erfreuen – und schließlich und endlich konnte Ottilie ihrer Tochter ins Gewissen reden. Ich war mir allerdings nach wie vor nicht sicher, ob das erfolgreich sein würde, ja, ob es überhaupt nötig war. Wie so ganz anders war doch diese Fahrt zurück in meine ehemalige Heimatstadt, anders als vor einigen Jahren meine Reise von dort nach Eichstätt in eine ungewisse Zukunft. Und nun? Nun hatte ich längst ein Zuhause gefunden und nannte nicht nur eine Frau, sondern gar eine Familie mein Eigen. Ich hatte diesmal Pezzls Buch *Reise durch den Baierschen Kreis* im Gepäck und wollte Ottilie während der Fahrt daraus vorlesen. Pezzl hatte einige Jahre zuvor die Eindrücke seiner Reise von Passau donauaufwärts festgehalten. Wir würden nun einem Teil seiner damaligen Reiseroute in umgekehrter Richtung folgen. Zunächst aber fuhren wir mit der Postkutsche die Altmühl abwärts über Dietfurt und Essing nach Kelheim. Dort mündete der Fluss in die Donau, der wir nun den Rest unserer Reise folgen würden.

Unser erster wirklicher Aufenthalt war die Freie Reichsstadt Regensburg. Hier wollten wir zwei Tage zubringen. Pezzl hatte dort zwar ganz offensichtlich nicht sehr viel Charme entdecken können und beschrieb sie als eine finstere, melancholische und in sich selbst vertiefte Stadt. Doch ich wollte mir selbst ein Bild machen. Wir quartierten uns im »Goldenen Kreuz« ein, dem besten Gasthof der Stadt, in dem weiland schon Kaiser Ferdinand I. und Kaiser Karl V. residiert hatten, wie uns der Wirt mit sichtlichem Stolz erzählte. Seine Erläuterungen verfehlten ihre gewünschte Wirkung keineswegs. Wir beide waren von der Geschichtsträchtigkeit, ja Würde unseres Domizils durchaus beeindruckt. Von unserem Gasthaus zum Dom waren es nur wenige Gehminuten. Die Kirche war dem heiligen Petrus geweiht.

»Der ist ja noch viel größer als unser Dom in Eichstätt! Da kann unserer leider nicht mithalten. Allein schon dieses Portal! Hier hat man ja wirklich das Gefühl, als beträte man eine andere Welt. Schau, die herrlichen Glasfenster! Und dort, der Hochaltar – nur Gold und Silber, dass die Augen fast geblendet werden von all dem Glanz!«

Wie ich erwartet hatte, war Ottilie mehr als beeindruckt und ihr Staunen war durchaus berechtigt. Ich aber fühlte mich nun doch in meiner Ehre als ehemaliger Wiener gekränkt.

»Ja, ja, alles schön und recht und verglichen mit Eichstätt natürlich beeindruckend. Aber warte, bis wir erst in Wien sind. Da wirst du richtig Augen machen. Denn an unseren Stephansdom, den Steffl, wie wir Wiener ihn nennen, kommt nicht einmal der Regensburger heran. Warte nur, bis du erst das berühmte Dach unseres Steffls siehst. Das ist nicht einfach nur ein Dach. Das ist ein Kunstwerk für sich. Es besteht aus glasierten Ziegeln, die ein wundersames Muster bilden.«

Ottilie nahm meine Schwärmereien recht unbeeindruckt auf. Ganz offensichtlich wollte sie sich ihre augenblickliche Begeisterung für Regensburg nicht durch künftige Attraktionen rauben lassen. An der Donau herrschte reges Treiben. Der Fluss diente seit alters her zum Warentransport und als Handelsroute. Und so gab es auch einige Kaufmannsfamilien hier. Freilich nicht so berühmte wie einstmals die Fugger und Welser in Augsburg oder die Nürnberger Patrizier ferner Jahrhunderte. Doch behauptete Pezzl in seiner Schilderung der Stadt, dass über die ansässigen Speditionsgesellschaften das gesamte Umland mit Waren wie Tabak, Kaffee, Zucker, Eisen, Wachs und Stoffen versorgt werde. Das schien mir durchaus glaubhaft. In der Stadt gab es noch einige steinerne Zeugen alter Kaufmannsherrlichkeit in Form von Geschlechtertürmen. Sie waren in der Tat eindrucksvoll. In seiner Reisebeschreibung empfahl Pezzl auch die berühmte Steinerne Brücke, die bereits seit dem Mittelalter die Donau überspannte, zu überqueren und die kleine Siedlung Stadtamhof aufzusuchen.

»Dort drüben ist man schon auf bayerischem Gebiet und von einem kleinen Hügel aus hat man dann eine schöne Aussicht. Nach Süden auf die Stadt und nach Norden in die Landschaft der Oberen Pfalz. Was meinst du, sollen wir diesen kleinen Ausflug wagen?«

Ottilie war einverstanden und so überquerten wir die alte Donaubrücke, um uns von der Freien Reichsstadt auf die bayerische Seite hinüberzubegeben. Wieder zurück in der Stadt dinierten wir dann köstlich. Sogar die Betten, die in unserem letzten Quartier kaum mehr als einfache Strohsäcke gewesen waren,

waren leidlich bequem. Selig aneinandergeschmiegt wie schon lange nicht mehr schliefen wir schließlich ein. Wir verbrachten noch einen weiteren Tag in der schönen alten Stadt, bewunderten die Auslagen der Geschäfte und ließen es uns gut gehen.

Tags darauf führte uns unser Weg weiter in Richtung Straubing. Ich überlegte kurz, ob wir nicht einen kleinen Abstecher in südliche Richtung nach Kloster Mallersdorf machen sollten, wo Pezzls Vater Klosterbäcker gewesen war, verwarf den Gedanken aber alsbald wieder. Viel zu sehen gäbe es dort wahrscheinlich nicht und ich scheute den beschwerlichen Weg auf schlecht ausgebauten Pfaden. Er würde uns nur einen unnützen Tag zusätzlicher Reisezeit und ein wenig bequemes Quartier bescheren. Also weiter der Donau entlang unserem nächsten Ziel entgegen.

»Wenn Pezzl in seiner Beschreibung recht hat, dürften wir heute Abend gut und preiswert speisen. Hör, was er über Straubing schreibt:

*Alle Lebensmittel sind in sehr geringem Preise hier. Die Stadt steht mitten in dem besten Kornmagazin. Das Vieh hat gute Weide. Die Donau gibt vortreffliche Karpfen … Wildpret, Butter und Eier kommen aus dem sogenannten Wald … Diese Umstände tragen vermutlich das meiste dazu bei, dass die Straubinger so aufgeräumt und so sehr zur Bonvivanterie geneigt sind.*

Pezzl schreibt auch, dass es dort viele Wirtshäuser gibt. Lassen wir uns also überraschen.«

In der Tat fuhren wir durch eine fruchtbare Gegend. Ottilie blickte mit sichtlichem Wohlgefallen auf die vorbeiziehenden Felder.

»Hier die Ernte einzubringen, dürfte ein echtes Vergnügen sein. Ganz anders als auf den steinigen Äckern bei uns daheim. Man könnte glatt neidisch werden, wenn man das sieht.«

Im Gegensatz zu mir hatte sie in der vollbesetzten Kutsche einen Fensterplatz ergattert. Ich dagegen saß eingezwängt zwischen einem beleibten, übel nach Schweiß riechendem Geistlichen und einem jungen Mann, der offenbar noch seinen Rausch vom Tag oder der Nacht zuvor ausschlafen musste und dabei von Zeit zu Zeit laut schnarchte. So hatte ich wenig Muße, mich der Landschaft zu widmen. Zu meinem Leidwesen blieben beide bis Straubing unsere Begleiter. Eine gute Mahlzeit und einen kräftigen Schluck Wein hatte ich mir am Ende dieses Tages wahrhaftig verdient gehabt! Unsere Erwartungen diesbezüglich wurden nicht enttäuscht. Das Essen, das man uns servierte, war deftig und ohne besondere Raffinesse zubereitet, aber wohlschmeckend. Hungrig wie wir waren, machten wir uns vergnügt über die üppigen Würste, das kräftige Brot und das Kraut her. Wein hatte unsere Unterkunft allerdings wenig zu bieten, dafür war das Bier angenehm kühl und süffig. Satt, zufrieden und todmüde schliefen wir ein, sobald wir unsere müden Häupter auf die Kissen gebettet hatten. Morgen würde es in aller Frühe weitergehen.

Unsere Ankunft in Passau am darauffolgenden Tag hätte nicht schöner sein können. Die Stadt empfing uns im Abendrot und unter feierlichem Glockengeläut vom nahen Dom her. Es war der Tag der letzten Maiandacht.

»Schade, dass wir nicht ein wenig früher hier eingetroffen sind«, meinte Ottilie. »Dann hätten wir der Andacht beiwohnen können. Der Dom ist sicher wunderbar reich mit Blumen geschmückt. Na ja. Wenigstens bleibt uns morgen früh noch ein bisschen Zeit zur Besichtigung.«

Pezzl erwähnte in seiner Beschreibung Passaus auch eine gut sortierte Buchhandlung, die ich gerne aufgesucht hätte. Angeblich führte ein gewisser Herr Rothwinkler dort sogar Werke von Rabelais, Voltaire und Grécourt. Zumindest war es so gewesen, als Pezzl sein Buch geschrieben hatte. Das war allerdings mittlerweile bereits acht Jahre her. In der Zwischenzeit hatte sich manches verändert und die jüngsten Ereignisse in Frankreich ließen es vielleicht nicht mehr geraten sein, französische Literatur zu vertreiben. Heute war es für einen Besuch bereits zu spät und auch morgen würden wir sicher keine Zeit dazu finden. Andererseits waren wir ja bald in Wien. Dort würde ich nach Lust und Laune stöbern können. An diesem Abend genossen wir den milden Mai im Freien. Wir nutzten die Dämmerstunde, um uns nach der langen Fahrt eng gedrängt mit weiteren Reisenden in der unbequemen und stickigen Kutsche an der Donaupromenade nun endlich ein wenig die Beine zu vertreten und die frische Luft zu genießen, die vom Fluss her wehte.

»Soweit ich weiß, vereinigen sich gleich hinter Passau die Flüsse Ilz und Inn mit der Donau. Der Fluss wird dann merklich breiter. Das werden wir morgen bald nach unserer Abreise von hier sehen.«

Den folgenden Vormittag wollten wir für eine kurze Besichtigung nutzen. Wie der Steffl in Wien war auch der Passauer Dom dem heiligen Stefan geweiht. Vor dem Kirchenportal begegneten wir einem Mann auf Krücken. Seine Kleidung war schäbig und verdreckt. Sein linker Fuß war verkrüppelt und ebenso seine Hand, so dass er Mühe hatte, seine linke Krücke überhaupt zu halten. Ganz offensichtlich ein Bettler, wie man sie so oft auf den Eingangsstufen der großen Kirchen vorfand. Die wenigen Münzen, die ihnen Mitleidige zusteckten, reichten kaum für ein kümmerliches Leben. Angesichts der Unzahl dieser ärmlichen Kreaturen war es aber unmöglich, sie alle zu unterstützen.

»Wünschen die Herrschaften eine Kirchenführung?«

Dieses ungewöhnliche Angebot erstaunte mich und ich nickte nur zögerlich. Ein wenig Zeit hatten wir bis zur Abfahrt unserer Kutsche noch. Nicht, dass ich mir von dieser Elendsgestalt irgendwelche kunsthistorischen Kenntnisse erwartet hätte, aber er tat mir leid. Er schien noch relativ jung zu sein, dennoch war sein Gesicht bereits ausgezehrt. Wahrscheinlich litt er dauerhaft unter Schmerzen. Zu meinem Erstaunen bewies er im Kircheninneren mehr Kenntnisse, als ich es ihm zugetraut hätte. So erfuhren wir etwa, dass das mittelalterliche Gotteshaus bei einem Stadtbrand schwer beschädigt worden und große Teile schließlich eingestürzt waren. Infolgedessen habe man die Kathedrale nach den Plänen eines italienischen Architekten im neuen Stil wieder aufgebaut.

»Hier seht, die vergoldete Kanzel. Ist sie nicht ein Prachtwerk? Geschaffen hat sie übrigens ein Wiener Künstler, der Hoftischler Johann Georg Series. Auch zu den Seitenaltären gäbe es noch eine Menge zu sagen. Vor allem aber möchte ich die verehrten Herrschaften auf unsere Orgel aufmerksam machen. Sie besitzt drei Manuale, eine Seltenheit, die es sonst nur noch im Salzburger Dom gibt. Außerdem hat sie eine 32'-Fußlage. Das bedeutet, dass die längste

Orgelpfeife sechsmal größer als ein Mensch ist. Wie gesagt, das ist eine echte Seltenheit. Wirklich schade, dass Ihr sie jetzt nicht hören könnt. Ich versichere Euch, das Orgelspiel hier ist ein wirklicher Genuss! Man könnte fast meinen, man sei schon im Himmel.«

Allmählich konnte ich meine Neugierde nicht mehr bremsen. Woher hatte diese armselige Gestalt all dieses Wissen?

»Das ist eine lange Geschichte, mein Herr. Ich bin im Waisenhaus aufgewachsen, meine Eltern habe ich nie kennengelernt und auch sonst keine Verwandten. Aber weil ich eine sehr schöne Singstimme hatte, sind die Patres auf mich aufmerksam geworden. Man hat mich schließlich im Domchor untergebracht und weil ich auch sonst musikalische Begabung bewies, hat man mich im Orgelspiel unterrichtet. Ich durfte bereits aushilfsweise zu einigen Gelegenheiten spielen; doch dann ereilte mich ein Unglück. Ein großer Stein fiel von einer Baustelle herab und zerschmetterte mir Hand und Fuß. Da war es mit meiner Organistenlaufbahn natürlich aus.« Er seufzte. Dann fuhr er fort: »Die Kirchenleute kennen mich noch von früher her und dulden es, dass ich von Zeit zu Zeit Fremden wie Euch unseren Dom zeige und mir so ein paar Kreuzer verdiene.«

Unser Führer hätte uns gerne noch weitere Kunstwerke gezeigt, doch dazu reichte die Zeit nicht mehr. So verabschiedeten wir uns also.

»Was für eine traurige Geschichte! Ich hoffe, du hast ihm wenigstens einen ordentlichen Lohn zugesteckt, diesem armen Kerl. Ich begreife einfach nicht, wie hart das Leben bisweilen sein kann. Da schafft es dieser junge Mann durch eigene Tüchtigkeit aus dem Waisenhaus heraus in eine einigermaßen gesicherte Existenz zu gelangen und dann schlägt das Schicksal erneut erbarmungslos zu. Gottes Wege sind unergründlich, pflegt man in solchen Fällen zu sagen. Aber ganz ehrlich, Francobaldi, manchmal könnte man bei solchen Schicksalen doch fast an seiner Güte und Gnade zweifeln.«

Das Schicksal jenes jungen Mannes ging uns auch während der Fahrt noch nach. Wir saßen die meiste Zeit schweigend. An diesem Tag wollten wir Linz erreichen. Ich freute mich schon, Ottilie die Stadt zu zeigen. Das würde uns wieder auf andere Gedanken bringen. Doch es kam anders. Es war schon den ganzen Vormittag über schrecklich schwül gewesen. Das verhieß nichts Gutes und tatsächlich gerieten wir etwa auf halber Strecke in eine heftige Gewitterfront. Es blitzte und donnerte. Doch vor allem goss es wie aus Kübeln. Schwere Regentropfen prasselten hernieder. Im Nu waren die Wege teilweise ausgespült und kaum noch passierbar, so dass wir nur noch langsam vorankamen. Schließlich blieben wir gar mit einem Rad in einem tiefen Schlammloch stecken. Der Kutscher fluchte so laut, dass wir es auch im Wageninneren hören konnten. Er hatte wahrhaftig Grund dazu. Denn so sehr er sich auch bemühte, er bekam die Kutsche nicht mehr flott. Ja ganz im Gegenteil: Je länger er es versuchte, desto tiefer versank das Rad im Matsch. Die Kutsche neigte sich schon bedenklich. Es half alles nichts. Wenn wir keinen Radbruch riskieren wollten, mussten wir Männer uns aus dem Wagen bequemen. Neben mir war nur noch ein weiterer Herr als Passagier an Bord, außerdem drei Frauen. Zu zweit bemühten wir uns, dem Kutscher zu helfen, das Rad wieder freizubekommen. Doch die Mühe war vergeblich. Mitsamt den verbliebenen Insassen war das Gefährt einfach zu schwer. Also mussten schließlich auch die Damen aussteigen und sich Wind und Wetter aussetzen.

»Hau ruck auf drei! Eins, zwei …«

Endlich gelang es uns mit vereinten Kräften, das Rad hochzuheben und aus dem Schlammloch zu ziehen. Wir waren alle nass bis auf die Knochen und von oben bis unten mit Dreck bespritzt. Aber wenigstens konnten wir unsere Fahrt fortsetzen. Bald schon herrschte im Wageninneren eine unangenehm dampfige, von Schweiß getränkte Luft. Mit gut zwei Stunden Verspätung kamen wir endlich durchgerüttelt und ausgefroren erst weit nach Einbruch der Dunkelheit in Linz an. Die Wirtin kredenzte uns nur unwillig zu dieser späten Stunde noch etwas zu essen. Brot, Schmalz und ein wenig kalter Braten waren alles, was wir noch bekommen konnten. Aber hungrig wie wir waren, nahmen wir auch diese einfache Mahlzeit dankbar an.

»Wenn es dir recht ist, fahren wir morgen nur bis Ybbs. Das sind etwa fünfzig Meilen. Dann könnten wir morgen ausschlafen und erst die spätere Postkutsche nehmen. Nach der langen, unerquicklichen Fahrt heute haben wir uns etwas Ruhe verdient. Außerdem könnten wir dann übermorgen bequem das Kloster Melk erreichen. Das möchte ich dir unbedingt zeigen.«

Ottilie war mit meinem ersten Vorschlag einverstanden. An einem Besuch des Klosters lag ihr zu meiner Enttäuschung allerdings wenig.

»Das heben wir uns für die Rückreise auf«, entgegnete sie.

Todmüde von der anstrengenden Reise sank ich schließlich auf mein Kissen.

»Meinst du, das Fräulein wird mich überhaupt empfangen?«

Ich war schon fast eingeschlummert. Ottilies Frage drang kaum mehr in mein Bewusstsein vor. Ich hatte auch keine Ahnung, wovon sie sprach und war viel zu müde, um darüber nachzudenken. So antwortete ich ihr nur noch mit einem Brummen und schon war ich eingeschlafen.

Am nächsten Morgen waren unsere Kleider wieder leidlich trocken und einigermaßen sauber, nachdem meine Frau sie gründlich ausgebürstet hatte. Das Gewitter war vorüber, die Luft angenehm erfrischt und wir konnten unsere Reise fortsetzen. Mit uns stieg nur noch eine Frau ein. Sie hatte einen großen Korb frühreifer Sauerkirschen bei sich und Ottilie und sie kamen sehr bald in eine angeregte Unterhaltung über Kirschen im Allgemeinen und Speziellen und mögliche Verarbeitungsformen von Kirschen, Johannis- oder Stachelbeeren und was sonst noch alles. Derlei Weiberthemen interessierten mich nicht und so schaute ich gedankenverloren hinaus in die Landschaft. Unvermittelt kam mir Ottilies Frage von gestern in den Sinn: ›Meinst du, das Fräulein wird mich überhaupt empfangen?‹ Plötzlich wurde mir bewusst, welche Überwindung es Ottilie kosten musste, Fräulein von Gleizenstein überhaupt um eine Unterredung zu ersuchen. Das Fräulein war immerhin eine Adlige und meine Frau, wie die meisten Bürgerlichen, den Umgang mit höher gestellten Persönlichkeiten nicht gewohnt. Sie mied ihn so gut sie konnte. Meine Freundschaft mit Graf Cobenzl und anderen Personen von Stand aus seinem Umkreis hatte sie stets mit Verwunderung, ja Unverständnis betrachtet. Sie hatte kein Wort dagegen verloren, aber ich hatte bei mehr als einer Gelegenheit gespürt, wie wenig geheuer ihr diese Vermengung, ja Aufhebung der gesellschaftlichen Standesgrenzen stets gewesen war. *Schuster, bleib bei deinen Leisten!* lautete ihr Wahlspruch. So unbefangen und offen sie mit Ihresgleichen sprach, so scheu zeigte sie sich bei den seltenen Begegnungen mit gesellschaftlich höher gestellten Persönlichkeiten. Unter gewöhnlichen Umständen wäre sie nicht im Traum darauf gekommen, ein adliges Fräulein um eine Unterredung zu bitten oder ihr gar ein Anliegen vorzutragen. Unter gewöhnlichen Umständen hätte dazu auch keinerlei Anlass bestanden. Aber für Ottilie, das wurde mir jetzt schlagartig klar, waren die Umstände alles andere als gewöhnlich. Erst jetzt begriff ich, wie ernst es ihr mit ihrem Vorhaben war. Die Reise war für sie keineswegs zu ihrem Vergnügen gedacht, wie das bei mir der Fall sein mochte. Meine Frau hätte diese Fahrt selbst dann auf sich genommen, wenn sie durch Gebirge oder Wüsteneien geführt hätte. Sie wollte ihre Tochter unbedingt zurückholen – zum Zwecke der Verheiratung. Dafür war sie bereit, jede Mühe auf sich zu nehmen. Je näher wir unserem Ziel kamen, desto entschlossener schien sie mir. Für Sehenswürdigkeiten, die mich faszinierten und die ich ihr unbedingt zeigen wollte, hatte sie keinen Blick mehr. Ottilie war ganz offenkundig auf einer Mission.

# *Wien*

Kloster Melk, die schöne Wachau, das berühmte Schloss Dürnstein, Krems … Landschaften und Sehenswürdigkeiten zogen an uns vorüber, ohne dass meine Ottilie auch nur das geringste Interesse an einer Besichtigung zeigte. Bei jedem meiner Vorschläge vertröstete sie mich auf die Rückreise. Dann wäre noch Zeit genug für diese Vergnüglichkeiten und außerdem könnte Babette dabei sein. Was diesen Aspekt anbetraf, war ich mir keineswegs so sicher. So wie ich Babette kannte, würde sie den Wünschen ihrer Mutter so gut sie es vermochte Widerstand leisten. Viel konnte sie freilich nicht ausrichten. Vor meinem geistigen Auge sah ich die dräuenden Wolken eines Familienkrachs heraufziehen. Ich hatte mich aus der ganzen Angelegenheit eigentlich heraushalten wollen, doch mit jeder Umdrehung der Wagenräder spürte ich deutlicher, dass ich alsbald zwischen die Fronten von Mutter und Tochter geraten könnte. Eine äußerst ungemütliche Vorstellung. Jede von beiden würde sich meine Unterstützung für ihr Anliegen erbitten und das nicht ohne Grund. Schließlich war ich seit unserer Eheschließung ganz formal der Vormund meiner unmündigen Stiefkinder. Wenn ich beschließen beziehungsweise erlauben würde, dass Babette in Wien bliebe, wäre Ottilie machtlos. De jure hatte ich das Recht in dieser Frage zu entscheiden, wie es mir beliebte. Allerdings hatte ich seit Beginn unserer Ehe Ottilie in allen Fragen, die ihre Kinder betrafen, freie Hand gelassen. Ihr nun ausgerechnet in dieser heiklen Situation in die Parade zu fahren, schien mir höchst unklug. Außerdem war ich mir sicher, dass Babette bei Fräulein von Gleizenstein in guten Händen und wohlbehütet war. Andernfalls hätten mein Bruder und meine Schwägerin ihrem Umzug dorthin niemals zugestimmt. Die beiden hatten Babette schließlich wie eine Tochter bei sich aufgenommen. In jedem ihrer Briefe äußerten sie sich begeistert über meine Stieftochter. Die Übersiedelung Babettes zu Fräulein von Gleizenstein war nur deshalb geschehen, weil wir drei darin eine einmalige Gelegenheit sahen, ihre Bildung zu vervollkommnen. Auch Ottilie war anfangs durchaus damit einverstanden gewesen. Umso unverständlicher war mir nun ihre Eile, mit der sie Babette wieder nach Eichstätt holen wollte. Je mehr wir uns Wien näherten, desto klarer wurde mir, dass ich in dieser leidigen Angelegenheit wohl um ein klärendes Gespräch mit meiner Frau nicht herumkam. Je eher, desto besser. Ansonsten würde uns die Missstimmung den ganzen Aufenthalt in dieser schönen Stadt zunichtemachen. Während der Fahrt war an eine derartige Unterredung allerdings nicht zu denken. Die Angelegenheit war zu delikat und nicht für die Ohren unserer Mitreisenden bestimmt.

So kamen wir endlich in Wien an, ohne zuvor noch Gelegenheit zu ebendieser Aussprache gehabt zu haben. Wir quartierten uns im Hotel »Zur weißen Rose« ein, einem sehr gut geführten Haus und in unmittelbarer Nähe des Steffls gelegen. Mein Bruder hatte es mir empfohlen. Wir wollten ihm und seiner Frau nicht zur Last fallen und Graf Cobenzl, der uns ursprünglich angeboten hatte, seine Gäste zu sein, war vor einigen Tagen nach Budapest abgereist. Wie ich erfuhr, war er im Gefolge unseres künftigen Kaisers Franz, der in diesen Tagen vom Erzbischof und Fürstprimas József Batthyány zum Apostolischen König von Ungarn gekrönt werden sollte. Der ältere der beiden Cobenzl-Brüder würde in allernächster Zukunft sicher einen gewaltigen Zuwachs an Ansehen und Einfluss gewinnen, das stand für mich mittlerweile außer Frage. Wie klein die Welt doch ist, schoss es mir durch den Kopf. Da bin ich nun plötzlich gut bekannt mit einer Persönlichkeit aus dem engsten Umfeld unseres künftigen Kaisers. Die Abwesenheit des Grafen kam mir im Moment jedoch ganz gelegen. So konnte ich mich zuerst, wenn auch ungern, so doch in aller Ruhe, den dringenden familiären Problemen widmen. Davor aber würden wir uns noch mit Adam und seiner Schwester treffen und im Prater flanieren. Es wurde ein vergnüglicher Nachmittag. Ottilie war überglücklich, ihre beiden Jüngsten wieder zu sehen. Ich freute mich natürlich auch.

»Lasst euch anschauen, ihr zwei! Du bist ja tatsächlich ein Herr Studiosus, mein Lieber, und aus unserer Babette ist eine richtige Dame geworden!«

Bei meinen Worten merkte ich Ottilie ihren Mutterstolz an. Sie hatte auch allen Grund dazu. Vom Praterstern aus spazierten wir unter den schattenspendenden Bäumen die Hauptallee entlang und kehrten im Dritten Kaffeehaus ein. Auf der Terrasse des niedrigen Häuschens ließ sich angenehm verweilen. Die ersten Erdbeeren waren reif und so stärkten wir uns mit großen Stücken Erdbeertorte, Limonade und Kaffee.

»Wenn ihr schon in Wien seid, müsst ihr unbedingt die Konditorei von Dehne am Michaelerplatz aufsuchen. Seine Kreationen sind in der ganzen Stadt berühmt. Besonders der feine Guglhupf und die exquisiten *petit fours* werden allgemein sehr gelobt. Das Fräulein bezieht regelmäßig von ihm, wenn sie Freundinnen zum Nachmittagskaffee einlädt oder zu anderen besonderen Gelegenheiten.«

»Petifur, das Wort habe ich noch nie gehört. Was ist das?«

Babette erklärte ihrer Mutter, dass es sich dabei um ein sehr feines, kleines Gebäck aus Biskuitteig handele, das mit verschiedenen Cremes gefüllt und dick mit Zuckerguss verziert sei. Ottilie entgegnete nichts. Aber es war ihr anzumerken, wie beeindruckt sie vom Wissen ihrer Tochter war.

»Und dann solltet ihr – am besten an einem Sonntag – Richtung Nikolsdorf in die Weingärten fahren. Ich kenne dort draußen ein schönes Wirtshaus. Die schenken guten Wein aus und bieten herrliche Jausen. So nennt man die Brotzeiten hier.« »›Zum silbernen Kegel‹ heißt es«, ergänzte Adam die Vorschläge seiner Schwester. »Es ist leicht zu finden, ihr könnt es gar nicht verfehlen. Die Wirtschaft liegt gleich beim Margaretener Schloss. Der Wirt ist ein recht geselliger und origineller Mann, der viele Schwänke zu erzählen weiß.«

»Meine Kinder! Ich kann kaum glauben, was ihr alles kennt und wisst. Ihr seid ja beide schon richtige Wiener! Kaum sitzen wir hier in dieser wunderbaren Umgebung, an der ich mich kaum sattsehen kann, seid ihr in Gedanken schon wieder längst bei weiteren möglichen Lustbarkeiten.«

Es dauerte nicht lange und Adam übernahm die Führung, als wir uns schließlich auf den Weg in den Wurstelprater machten. Er kannte sich bestens aus. Sicher hatte er dem Park schon so manchen Besuch abgestattet. Ich lächelte ein wenig wehmütig, als ich an meine eigenen Besuche im Prater zu Studentenzeiten mit meinen Kommilitonen zurückdachte. Zu meinem großen Erstaunen stellte ich jetzt fest, dass sich seit meinem letzten Besuch so einiges verändert hatte. Der Fortschritt hatte auch hier nicht Halt gemacht. Zu meiner Studentenzeit hatte es noch deutlich weniger Buden gegeben. Kein Wunder, denn damals war der Prater, der bis dahin nur ausgewählten Personen zugänglich gewesen war, von seiner Majestät Joseph II. gerade erst für die Öffentlichkeit freigegeben worden. Wir Jungen hatten uns damals mit Ballonschlagen, Kegelscheiben und natürlich auch mit Wein, der reichlich floss, delektiert. Später dann war ich ein paar Mal mit meiner ersten Frau Clara hier gewesen und wir hatten das Feuerwerk auf der Praterwiese bestaunt.

»Da, das wird euch gefallen: mechanische Vögel! Die müsst ihr euch unbedingt ansehen! So etwas habt ihr bestimmt noch nie gesehen: Sie piepsen, zwitschern und flattern, dass man meinen könnte, sie seien echt.« Mit diesen Worten zog uns Adam in eine der niedrigen Buden. Die Holzbänke drinnen waren schon reichlich gefüllt, so dass wir Schwierigkeiten hatten, noch gute Plätze zu ergattern. Die Vögel schienen in der Tat eine bekannte Attraktion zu sein.

»Was meinst du, Babette, wie wäre es mit einer Fahrt auf dem Ringelspiel? Traust du dich?«

Adam hatte seinen Vorschlag kaum ausgesprochen, da war Babette auch schon auf eines der hölzernen Pferde aufgesprungen. Ottilie blickte ihr mit einer Mischung aus Bewunderung und Wehmut hinterher.

»Da möchte man doch glatt noch einmal jung sein. Derlei Vergnüglichkeiten hat es zu meiner Zeit nicht gegeben. Schau, wie die beiden strahlen und wie sie sich amüsieren – und mir wird allein schon vom Zuschauen fast schwindlig.«

Überhaupt kamen meine Frau und ich kaum mehr mit dem Sehen und Staunen mit, so schnell wurden wir von den beiden von einer Bude zur nächsten gezogen. Die Stunden vergingen wie im Flug und es war bereits spätabends, als wir alle gemeinsam in einer Droschke wieder der Stadt zufuhren. Die Stimmung war gelöst und heiter wie schon lange nicht mehr. Vielleicht würde Ottilie doch noch von ihrem unsinnigen Vorhaben ablassen, hoffte ich. Der heutige Tag hatte ja bereits eindrucksvoll gezeigt, welche Erlebnisse sich Babette hier boten. Aber als wir das Mädel vor der Wohnung des Fräuleins aussteigen ließen, sah ich, wie Ottilie ihr einen Brief zusteckte.

»Den gibst du bitte Fräulein von Gleizenstein«, schärfte sie ihrer Tochter ein. Ich musste nicht fragen, was darin stand. Ich wusste es ohnehin. Vergnüglichkeiten hin oder her, Ottilie hatte den eigentlichen Grund ihres Hierseins nicht vergessen und ihre Meinung auch nicht revidiert. Keine Frage, wir mussten reden. Dringend! Aber nicht heute …

Ausgerechnet das Fräulein war es schließlich, das mir die nötige Zeit verschaffte, mich auf das unerfreuliche Gespräch mit meiner Frau vorzubereiten. Denn bereits am Folgetag ließ sie uns über ihr Dienstmädchen ausrichten, dass sie Ottilie zwar sehr gerne empfange, in den kommenden zehn Tagen jedoch leider verhindert sei, da sie zu einer Familienfeier auf das elterliche Schloss fahre. Babette hatte sie ursprünglich mitnehmen wollen, aber nun, da ihre Eltern in Wien zu Besuch seien, sehe sie selbstverständlich gerne davon ab.

»Da haben wir unsere Babette also die nächsten Tage ganz für uns.«

Ganz erfüllte sich diese Hoffnung allerdings nicht. Denn wie sich herausstellte, hatte Babette in Abwesenheit ihrer Dienstherrin einiges zu erledigen. Neben ihren sonstigen Pflichten wollte sie die Zeit auch nutzen, um ein Klavierstück als Geburtstagsüberraschung für das Fräulein einzustudieren und ihr zu ihrem Ehrentag auch einige ganz besonders exquisite Taschentücher zu besticken. Zu meiner Überraschung nahm Ottilie diese Ankündigung ihrer Tochter recht gelassen entgegen.

»Ich habe sie ja in wenigen Wochen ohnehin wieder um mich. Da macht mir die Trennung jetzt nichts aus«, erklärte sie.

Den folgenden Tag verbrachten wir mit meinem Bruder und seiner Frau. Wie erwartet, verstanden wir vier uns prächtig und so fassten wir für den Sonntag einen gemeinsamen Ausflug in den Park von Schönbrunn ins Auge. Zumindest bei dieser Gelegenheit wollten auch Adam und Babette mit von der Partie sein. Es war ein Tag wie gemalt, geradezu perfekt für unser Vorhaben. Die Sonne strahlte von einem leuchtend blauen Himmel. Wie ich erwartet hatte, war Ottilie von der Weitläufigkeit der gesamten Anlage regelrecht überwältigt. Ich konnte es ihr nicht verdenken. Die Sommerresidenz der Habsburger und die dazu gehörigen Parkanlagen mit ihren Brunnen und Skulpturen waren in ganz Europa berühmt. Verglichen mit den Ausmaßen Schönbrunns war die Sommerresidenz der Eichstätter Fürstbischöfe nur ein kläglicher Versuch, Macht und Größe zu demonstrieren. Ein Satz, den Fürstbischof Johann Anton damals bei unserer ersten Begegnung gesagt hatte, kam mir wieder in den Sinn: ›Eichstätt ist nicht Wien‹. Wohl wahr. In den Anlagen Schönbrunns war der Unterschied geradezu augenfällig. Gemächlichen Schrittes wandelten wir vom Großen Parterre mit dem gewaltigen Neptunbrunnen hinauf zur Gloriette, von wo man einen herrlichen Blick auf das Schloss hatte.

»Wir müssen unbedingt auch noch die Menagerie besuchen, Mama! Es ist nicht sehr weit. Nur die Anhöhe hinunter und schon sind wir fast da. Ich war schon einmal mit Fräulein von Gleizenstein dort. Sonntags ist sie nicht nur für den kaiserlichen Hof, sondern auch für alle anständig gekleideten Personen zugänglich.«

Unwillkürlich fasste sich Ottilie bei dieser Erläuterung ihrer Tochter an ihre Sonntagshaube. Ganz offensichtlich war sie sich nicht sicher, ob ihre Erscheinung auch tatsächlich angemessen sei. Doch Babette, die die Geste ebenfalls bemerkt hatte, beruhigte sie.

»Stell dir vor, du wirst dort einen Elefanten sehen! Das glaubt dir daheim in Eichstätt bestimmt keiner. Es gibt auch Wölfe und Bären. Aber keine Angst, alle Tiere sind wohlverwahrt in Käfigen.«

Ausgelassen, wenn auch erschöpft von den vielen Eindrücken, kehrten wir abends in unsere Unterkunft zurück.

»Elefant … riesig … Unmengen an Futter … glaubt mir keiner«, meinte ich meine Gattin im Halbschlaf murmeln zu hören. Aber vielleicht träumte ich das auch schon. Seit sie ihren Brief abgegeben hatte, wirkte Ottilie jedenfalls deutlich erleichterter, fast unbeschwert. Sie schien die Stadt erst jetzt so richtig wahrzunehmen. Wir streiften stundenlang durch die Straßen und Gassen. Ottilie schien nie müde zu werden. Plötzlich war sie an allem interessiert, wollte alles sehen und kennenlernen und stellte mir tausend Fragen über dieses und jenes Bauwerk. Die Zeit flog nur so dahin. Ich hatte mir eigentlich vorgenommen, dem einen oder anderen Bekannten, den ich von früher her kannte, einen Besuch abzustatten, wenn ich schon einmal hier war. Doch nun wollte ich erst einmal unbeschwerte Tage mit Ottilie genießen, ohne leidige Diskussionen und familiäre oder politische Turbulenzen. Es machte mir Freude, für meine

Frau den Fremdenführer zu spielen. Ihre Begeisterung, ihr Interesse an all dem Neuen und Unbekannten ließen auch mich meine ehemalige Heimatstadt mit neuen Augen sehen. Von der Ferne zeigte ich ihr die weitläufigen Trakte der Hofburg, soweit sie für gewöhnliche, am Hof nicht zugelassene Personen überhaupt einsehbar waren. Wir fuhren mit dem Fiaker zum Theater am Kärntnertor und schlenderten an einem der nächsten Tage zu dem noch bedeutenderen Theater nebst der Burg am Michaelerplatz.

»Was meinst du, Francobaldi, ob wohl die Möglichkeit besteht, einmal eine Vorstellung zu besuchen? Ich denke, wir sollten die Gelegenheit nutzen. In solch einem großen Haus war ich noch nie und wann die nächste Theatertruppe nach Eichstätt kommt, steht in den Sternen. Ganz zu schweigen von dem Können, das sie an den Tag legen. Da ist man hier sicher Besseres gewohnt.«

Ich versprach, mich demnächst um Billetts zu bemühen. Fürs Erste aber nutzten wir die Gelegenheit und setzten Babettes Vorschlag in die Tat um, uns süße Köstlichkeiten aus Dehnes Konditorei zu gönnen. Die Stunden waren ausgefüllt und vergingen wie im Flug. Wir fuhren über den Fluss Wien hinaus zur Karlskirche. Ich erläuterte meiner Frau, dass sie Kaiser Karl nach einem Gelübde hatte errichten lassen, das er Anno '13, während der letzten großen Pestepidemie geleistet hatte. Besonders beeindruckend waren die Kuppel und die beiden gewaltigen Säulen zur Rechten und zur Linken des Hauptportals. Nach dem Vorbild der Trajanssäule in Rom hatte ihr Erbauer dort Reliefs mit Szenen aus dem Leben des heiligen Karl Borromäus anbringen lassen.

»Ich würde auch gern die Gebäude der Universität sehen, zumindest von außen, wenn das möglich ist. Dann habe ich wenigstens ein Bild davon, wo Adam den Großteil seiner Tage zubringt.«

Diesem Wunsch entsprach ich mit dem größten Vergnügen. Ein Besuch meiner Alma Mater ließ bei mir die Erinnerung an meine eigene, glückliche Studienzeit lebendig werden. Alles zog in heiterem Reigen an uns vorbei: der Steffl, der Schlosspark von Belvedere, die zahllosen Läden der Stadt, die Kaffeehäuser und Parks. Wir flanierten auf den breiten Stadtmauern und Ottilie konnte sich kaum sattsehen an den elegant gekleideten Herrschaften um uns herum. Es waren unbeschwerte Tage und wir genossen sie in vollen Zügen.

## *Enttäuschungen*

Einige Tage später war Cobenzl endlich wieder in Wien. Er schickte ein Billett in den Laden meines Bruders, in dem er mich für den übernächsten Tag in sein Landhaus auf dem Reisenberg einlud. Er bot mir an, mich von seinem Kutscher abholen zu lassen, falls es mir genehm sei. Es war mir in der Tat sehr genehm, denn ansonsten hätte ich mir für den Tag wohl eine Droschke mieten müssen. Die Fiaker fuhren sicher nicht so weit hinaus und es war mehr als fraglich, ob überhaupt einer von ihnen den Weg zu Cobenzls Landsitz gekannt hätte. Ich freute mich. Sicher wusste der Graf allerhand Neues zu berichten. Ich brannte darauf, endlich Genaueres über die Lage in Frankreich und das weitere Vorgehen Österreichs zu erfahren. Zudem würde ich endlich den Park bestaunen können, von dem mir mein verstorbener Freund in Eichstätt so oft vorgeschwärmt hatte. Die Aussicht sei fantastisch, hatte er behauptet. Bei gutem Wetter blicke man von dort über die ganze Stadt, sehe die Türme des Steffls und die Donau und auch auf die benachbarten Anhöhen des Wienerwalds, auf den Kahlenberg und den Leopoldsberg.

Unser Weg führte stadtauswärts über Döbling in Richtung Grinzing. Die Straßen waren gesäumt von niedrigen Handwerker- und Weinbauernanwesen. Auf den Hügeln dahinter erstreckten sich die Weingärten. Ich hatte tatsächlich fast schon vergessen, wie lieblich die Gegend um Wien war. Umso mehr überwältigte mich nun der Blick aus der Kutsche. Ich konnte mich gar nicht mehr sattsehen. Ungefähr ab Döbling ging es sanfte Hügel hinauf. Kurz hinter dem Grinzinger Marktplatz führte der Weg Richtung Reisenberg dann immer steiler bergan. Die Pferde kamen schließlich nur noch langsam voran. Wir fuhren abwechselnd an Weingärten vorbei und durch schöne Laubwälder, die hauptsächlich aus alten Buchen bestanden und angenehmen Schatten spendeten. Die Luft war mild und duftete würzig. Nach fast zwei Stunden Fahrt erreichte ich schließlich Cobenzls ausgedehnte Besitzung. Er hatte in seinem Billett von einem Landhaus gesprochen. Nun sah ich, dass diese Bezeichnung deutlich untertrieben war. Das stattliche Gebäude, vor dem wir schließlich hielten, glich weit eher einem Schlösschen denn einem einfachen Haus. Ein Bediensteter führte mich durch weitläufige Gänge in einen Salon. Der Graf werde bald kommen, er sei leider noch verhindert, ließ er mir ausrichten. So wartete ich also geduldig – und durstig. Denn zu meinem Leidwesen hatte mir der Lakai nichts zu trinken angeboten. Als Cobenzl nach einer guten halben Stunde endlich erschien, begrüßte er mich höflich, aber reserviert. Ich war ihm erkennbar ein nicht sehr willkommener Gast. Wahrscheinlich bedauerte er die ausgesprochene Einladung bereits.

»Tut mir leid, dass ich Euch warten lassen musste. Aber die Staatsgeschäfte, Ihr versteht. Ich war, wie Ihr wisst, bereits unter Kaiser Joseph im Staatsdienst. Zweifellos ein großer und kluger Mann. Anno '77 hatte ich die Ehre, ihn auf seine Reise nach Frankreich zu begleiten. Seine Majestät stand seiner Schwester, der französischen Königin Marie Antoinette, sehr nahe und hat großen Einfluss auf das Königspaar ausgeübt. Nichtsdestotrotz war sein Handeln leider nicht in allen Bereichen glücklich, wenn ich das so sagen darf. Er hat seinen Schwager, Ludwig von Frankreich, bereits damals zu Reformen gemahnt. Andernfalls drohe eine Revolution. In diesem Punkt hat er zweifelsohne Weitsicht bewiesen. Doch waren seine Warnungen leider vergeblich, wie wir alle jetzt leidvoll erfahren mussten. Wie richtig seine Devise *Alles für das Volk, nichts durch das Volk* war, erkennen wir freilich erst jetzt, wenn wir nach Frankreich blicken. Wie wird es dort nach der Revolution mit dem König wohl weitergehen? Wird sich Frankreich zu einer konstitutionellen Monarchie entwickeln oder eine gänzlich andere Verfassungsform annehmen? Das wiederum hätte sicherlich unabsehbare Folgen und würde mit allerhöchster Wahrscheinlichkeit alle europäischen Königshäuser gegen das Land aufbringen. Diese Fragen bewegen im Moment ganz Europa. Man hat das Gefühl, die Welt hielte den Atem an. Aber genug davon. Ich hatte auch die Ehre, unserem Staat unter Kaiser Leopold, dem Nachfolger Josephs, zu dienen. Leopold verstarb leider viel zu früh und nach allzu kurzer Regierungszeit. Die Wege des HERRN sind eben unergründlich. Hoffen wir unter unserem neuen Regenten also das Beste für die Zukunft.«

Cobenzl erging sich in nichtssagenden Monologen über die Jugend und politische Unerfahrenheit des künftigen Kaisers Franz und wie sehr dieser daher seinen, Cobenzls, Rat zu schätzen wisse. Über ein mögliches weiteres Vorgehen Österreichs gemeinsam mit Preußen verlor er kein Wort. Ich erfuhr nichts, was ich nicht schon aus den Zeitungen gewusst hätte. Der Graf beherrschte die Kunst zu sprechen, ohne etwas zu sagen aufs Vortrefflichste. Im Gegensatz zu seinem verstorbenen Bruder erschien er mir darüber hinaus reichlich selbstgefällig. Bei unserer kurzen Begegnung in Eichstätt war mir das noch nicht aufgefallen, nun aber erfüllte mich unser Gespräch mit wachsendem Widerwillen. Das einzige, was uns in dieser Situation verband, war der Umstand, dass wir uns offenkundig beide gleichermaßen danach sehnten, diese Zusammenkunft unter Wahrung der Form endlich beenden zu können.

»Ist Euch eigentlich bekannt, wie mein Bruder damals nach Eichstätt kam?«

Ich verneinte.

»Nun, das war so: Er studierte in Rom Philosophie, hatte aber wenig Lust, sich an die strengen Regeln zu halten, die ihm das Kolleg auferlegte. So zettelte er mit einigen älteren Kameraden, unter ihnen auch ein Neffe des Papstes, ein Komplott gegen die Oberen an. Die jungen Leute wollten eine Lockerung des Reglements erzwingen. Die Leitung sah sich schließlich veranlasst, meinen Bruder als Rädelsführer von seinen Genossen zu trennen. Man schickte ihn unter Verweis auf seine zarte Gesundheit zur Luftveränderung nach Albano. Gleichzeitig schrieb man an meinen Vater und bat ihn, seinen Sohn aus dem Kolleg zu nehmen. Der hatte für Ludwig bereits eine Praebende im Eichstätter Domkapitel. Damals regierte dort noch Graf Strasoldo als Fürstbischof. Mein Vater war gut mit ihm bekannt. Strasoldo stammte ja aus Graz und die Familie hatte im unweit gelegenen Görz, wo wir unseren Stammsitz haben, Besitzungen in der Nachbarschaft.«

Ich fand es nicht gerade schmeichelhaft von Cobenzl, mir die Jugendverfehlungen meines Freundes so kurz nach dessen Ableben auf dem Tableau zu servieren. Also schwieg ich. Mein Gastgeber aber schien meine Verstimmung nicht zu bemerken. Immerhin besann er sich nun endlich auf seine gute Kinderstube und die Etikette und ließ uns eine Erfrischung servieren. Nach einer sich endlos hinziehenden weiteren guten halben Stunde war es schließlich so weit. Der Graf schickte sich an, mich unter Verweis auf seine weiteren dringlichen Geschäfte mit dem größten Bedauern hinauszukomplimentieren. Er hatte bereits nach dem Diener geläutet, der mich zur Tür bringen sollte, da schien es ihm noch geboten, sich der guten Form halber zu erkundigen, wo ich untergebracht sei.

»In der »Weißen Rose« also. Eine gute Wahl. Wusstet Ihr, dass Mozart bis zu seinem Tod in unmittelbarer Nachbarschaft gelebt hat? In der Rauhensteingasse. Er war übrigens öfter auch hier draußen bei mir zu Gast. Er meinte, der Park sei eine Quelle der Inspiration für ihn. Apropos: Ist Euch bekannt, dass er anlässlich der Krönung Leopolds zum König von Böhmen die Oper *La clemenza di Tito* komponierte? Damals hofften wir alle auf eine lange Friedenszeit unter einem als Titus verklärten fähigen Herrscher. Das ist noch kaum ein Jahr her und nun schwand diese Hoffnung mit Leopolds frühem Tod bereits wieder dahin. Schade auch, dass Mozart diese Welt so früh verlassen musste. Sein Tod bedeutet einen unersetzlichen Verlust für die Musikwelt. Sein plötzliches Ableben im Dezember letzten Jahres hat in der Stadt übrigens für einige Gerüchte gesorgt. Hinter vorgehaltener Hand war bisweilen gar von Mord die Rede. In seinem jüngsten Singspiel, der *Zauberflöte,* gebe es angeblich Anspielungen, die einigen nicht gefallen hätten. Offiziell ist es ein Stück über die ägyptischen Geheimnisse. Manche munkeln allerdings, dass sich hinter den ägyptischen Mysterien darin unschwer die Riten der Logenbrüder erkennen lassen. Die ersten Entwürfe für das Stück hat er übrigens hier oben begonnen. Insbesondere die Grotte am Bach im Park habe ihn inspiriert, hat er mir einmal erzählt. Kennt Ihr das Stück? Was für eine dumme Frage, verzeiht! Ihr könnt es ja gar nicht kennen. Außerhalb Wiens kam es meines Wissens noch nirgends zur Aufführung. Nun, dann solltet Ihr die Gelegenheit umso mehr nutzen und es Euch unbedingt ansehen, solange Ihr in der Stadt seid. Man spielt es draußen in Wieden im Freihaustheater. Mein Freund, Graf Zinzendorf, hat die Uraufführung besucht. Die Bühnendekoration und die Kostüme müssen spektakulär sein. Schikaneder hat bei der Inszenierung weder Kosten noch Mühen gescheut. Man spricht von über fünftausend Gulden, die er dafür aufgewendet haben soll. Bleibt zu hoffen, dass sich dieser nicht gerade bescheidene Betrag wieder einspielen lässt. Die Meinungen über das Stück sind nämlich geteilt. So ähnlich wie eben auch die über die Todesumstände seines Schöpfers. Mord oder Frieselfieber, wie auf dem Totenschein angegeben? Vielleicht wäre es eine interessante Aufgabe, das herauszufinden. Was meint Ihr, Francobaldi? Ein Mann wie Ihr könnte vielleicht Licht in diesen verworrenen Fall bringen. Mein Bruder hat mir in seinen Briefen ausführlich von Euren Leistungen damals in Eichstätt berichtet. Mein Kompliment übrigens! Ja, in der Tat, wenn ich jetzt so darüber nachdenke, scheint Ihr mir durchaus der richtige Mann für diese Angelegenheit. Der Fall könnte sogar von einiger politischer Brisanz sein. Denn Ihr müsst wissen, die Stimmung gegenüber den sogenannten Geheimgesellschaften, seien es Freimaurer oder Illuminaten, hat sich bei Hofe mittlerweile deutlich geändert. Man steht ihnen inzwischen weit kritischer gegenüber als ehedem zuvor. Wenn sich nun gar herausstellen sollte, dass eines oder mehrere Mitglieder einer geheimen Loge Schuld an Mozarts Ableben trügen … Nun, ich weiß nicht, welche Konsequenzen das nach sich ziehen könnte. Es gäbe seiner Majestät vielleicht sogar eine Begründung an die Hand, entschiedener gegen Freimaurer und Konsorten vorzugehen. Also überlegt es Euch, werter Monsieur. Ihr könntet auf alle Fälle auf mich zählen, falls Ihr Euch der Sache annehmen würdet. Und danke noch einmal für Eure überaus wertvolle Unterstützung bei den Erbangelegenheiten meines Bruders. Ihr wart mir wirklich eine große Hilfe. Der Kaufvertrag für den Garten ist so gut wie abgeschlossen. Freiherr von Hompesch wird ihn demnächst unterzeichnen. Falls ich Euch einmal zu Gefallen sein kann, lasst es mich bitte wissen. Au revoir!«

Ich verabschiedete mich. Was für ein vergeudeter Nachmittag! Ich hätte ihn wahrhaftig in anregenderer Gesellschaft zubringen können. Nicht einmal vom Park hatte ich, abgesehen von der Zufahrt zum Schloss, etwas gesehen, weder die besagte Grotte noch den legendären Baumtempel. Und was sollte dieses Gerede über Mozarts angeblich rätselhaften Tod, das ja geradezu eine Aufforderung, um nicht zu sagen ein Wink mit dem Zaunpfahl gewesen war? Ich würde mich auf gar keinen Fall darauf einlassen! Mochte sich Cobenzl ohne meine Hilfe profilieren, soviel er wollte. Ich hatte von ungeklärten Todesfällen, möglicherweise gar Verbrechen nach meinen Erfahrungen in Eichstätt, ein für alle Mal genug und würde meine Nase ganz sicher nicht in diese brisante Angelegenheit stecken.

Das Singspiel, von dem der Graf gesprochen hatte, hatte allerdings meine Neugier geweckt. Ich sehnte mich nach unbeschwerten, unterhaltsamen Momenten und das Wenige, was Cobenzl über die *Zauberflöte,* diese vermeintliche Freimaurer-Oper, erzählt hatte, klang doch recht außergewöhnlich. Gleich bei meiner Rückkehr würde ich Ottilie diesen Vorschlag unterbreiten. Vielleicht ergab sich ja eine Gelegenheit, das Stück zu sehen. Enttäuscht über den Verlauf des Nachmittags bestieg ich die Kutsche, die mich wieder zurückbringen sollte. Ein seltsames Gefühl quälte mich, vielmehr eine Empfindung, als sei ich in eine bereits überwundene Vergangenheit zurückgeworfen worden. Worin genau meine Verstimmung bestand, war mir zunächst selbst nicht recht klar. Während der langen Fahrt hatte ich jedoch ausgiebig Gelegenheit, darüber nachzudenken und während ich so die jüngsten Erlebnisse Revue passieren ließ, wurde mir allmählich klar, was mir so sauer aufstieß: Es war Cobenzls zugleich freundliche und doch herablassende Art gewesen, mit der er mich behandelt hatte. Ganz im Gegensatz zu seinem Bruder, der stets freundschaftlich und auf Augenhöhe mit mir verkehrt war, hatte mich der Graf den Standesunterschied zwischen uns deutlich spüren lassen. Ich fragte mich, woran das liegen mochte. War es einfach das Naturell des älteren Cobenzl, einfach seine Art, wie er gewöhnlich mit Menschen umging? Nach allem, was mir sein Bruder über ihn erzählt hatte, schien mir das wenig wahrscheinlich. Wollte mir der Graf vielleicht zu verstehen geben, welch vornehmen Geschlecht mein Eichstätter Freund entstammte und welche Ehre es für mich bedeutet hatte, mit ihm Umgang zu pflegen? Oder war der Grund dafür in ganz anderen Umständen zu finden? Hatten gar die Vorkommnisse in Frankreich dazu geführt, dass der Traum von einem gleichberechtigten Miteinander zwischen Adeligen und Bürgern, wie ich es aus meinem Freundeskreis in Eichstätt gewohnt gewesen war, ausgeträumt war? Ich wusste es nicht. Ich sehnte mich danach, in unser Quartier zurückzukommen und Ottilie mein Herz auszuschütten. Bei ihr wollte ich Trost und Verständnis finden.

Aber wie so vieles in letzter Zeit, kam auch das anders als erhofft. Meine Frau war bei meiner Ankunft im Gasthaus erkennbar schlechter Laune. Ich konnte mir denken, was vorgefallen war: Babette wollte von dem Wunsch ihrer Mutter, mit uns nach Hause zurückzukehren, nichts wissen. Es half alles nichts. Der Tag war ohnehin schon unerfreulich. Da konnte ich auch das so lang aufgeschobene Gespräch endlich hinter mich bringen.

»Darf ich raten? Du hast mit Babette gesprochen und sie will nicht.«

Ottilie antwortete nicht.

»Nun, ehrlich gesagt verstehe ich nicht so ganz, weshalb du das Mädchen gegen seinen Willen so unbedingt und so schnell wie möglich wieder zurückbringen willst. Du siehst doch selbst, dass es ihr hier gut geht.«

Ottilie schwieg immer noch, aber in ihren Augen war ein gefährliches Funkeln. Eine Tigerin vor dem Sprung. Sie holte tief Luft.

»Nein, in der Tat. Du verstehst es nicht. Also gut. Dann will ich versuchen, es dir zu erklären. Weißt du, was man in Eichstätt sagen wird, wenn Babette noch länger hier bleibt?«

Ich schüttelte nur verständnislos den Kopf.

»Der Witwe Hofstaetter ist ihr Erfolg zu Kopf gestiegen. Sie hält sich jetzt für etwas Besseres. Nicht nur, dass der Sohn studiert. Nein, nun will sie aus ihrer Jüngsten auch noch eine vornehme Dame machen! Das wird man sagen!«

»Witwe Hofstaetter – wieso Witwe Hofstaetter? Du bist Madame ...«

»Ja, mein Lieber, das weiß ich sehr wohl, wer ich bin. Aber für die Bäckerin, die Metzgerin, die Krämerin, für den Schuster und den Schneider da bin und bleibe ich die Witwe Hofstaetter. Mein verstorbener Mann, der Heinrich Hofstaetter, der war ein braver Handwerker, ein Mann wie sie auch. Den haben sie gekannt. Meine erneute Eheschließung aber betrachten sie mit einem leisen Argwohn. Nicht nur, weil du nicht aus der Gegend stammst. Nein, du bist ihnen in jeder Hinsicht fremd.«

Ich traute meinen Ohren nicht. Was redete Ottilie denn da?

»Aber ...«

»Ich kann mir schon ungefähr denken, was du sagen willst«, fiel sie mir ins Wort. »Du willst wissen, wie ich auf die Idee komme, du seist für die Leute nach all den Jahren immer noch ein Fremder. Schließlich begegnet dir jedermann mit Hochachtung und grüßt dich freundlich. Und dann willst du mir wahrscheinlich entgegnen, dass ich mir das Gerede der Leute sicher nur einrede und selbst wenn ich recht hätte, was mich ihr dummes Geschwätz denn überhaupt interessiert. Es könnte mir doch gleichgültig sein, was die Leute hinter meinem Rücken tratschen. Tja, wie soll ich dir das erklären? Warum bist du immer noch ein Fremder in der Stadt? Das ist recht einfach: Du bist und bleibst für die Leute ein hoher Beamter des fürstbischöflichen Hofs, ob nun pensioniert oder nicht, spielt da keine Rolle. Die Fürstbischöfe aber, ob sie nun Strasoldo, von Zehmen oder Stubenberg heißen, sie kommen stets von außerhalb. Nicht anders verhält es sich mit den Mitgliedern des Domkapitels. Auch sie kommen von irgendwo her und oft verlassen sie die Stadt auch wieder und gehen anderswo hin, wenn es ihrer Karriere förderlich ist. Wir Bürger der Stadt haben darauf keinen Einfluss. Wir können nur hoffen, dass die Herrschaft eine milde und gerechte ist. Die hohen Herren leben ihr Leben, wir leben unseres. Sie wohnen am Dom- oder Residenzplatz, im geistlichen Teil der Stadt. Wir leben je nach Stand und Vermögen um den Marktplatz herum, also im weltlichen, im bürgerlichen Teil. Die Herrschaft lässt ihre Bauten von fremden, von welschen Bauleuten errichten, weil ihnen die einheimischen nicht gut genug sind. Sie verkehren in der Domkapiteltrinkstube, wo sie keine Steuern zahlen, und nicht in unseren Wirtshäusern. Mit einem Wort: Die Sphären sind klar voneinander getrennt.

»Aber die halbe Stadt arbeitet doch für den fürstbischöflichen Hof.«

»Ja, aber auch da gibt es feine Unterschiede. Die hohen Beamten wie die Gerstners, Kluegs, Sausenhovers und wie sie alle heißen, die leben zwar seit Generationen in der Stadt, aber sie bleiben unter sich. Sie heiraten ihre Vettern und Basen. Die Gerstners die Kluegs und umgekehrt. Und wenn es niemand aus der weiteren Verwandtschaft ist, dann bleibt man doch unter Seinesgleichen und heiratet vielleicht einen Professor aus Ingolstadt. Wie seinerzeit die Afra Sausenhover. Mit uns einfachen Bürgern, uns Handwerksleuten und kleinen Händlern, haben sie jedenfalls wenig zu tun. Und was die übrigen betrifft, die Gärtner oder Hofmusikanten, die Diener oder Köche, Wachleute, Stallknechte oder auch die niedrigen Beamten wie die einfachen Schreiber oder Polizisten: Sie alle verkehren nicht privat mit den Herren von Stand. Sie haben keinen Dompropst zum Freund. Und um ganz ehrlich zu sein: Nicht jedem war deine Freundschaft mit Cobenzl ganz geheuer. Sein Lebenswandel – nun, da muss ich nichts darüber sagen. Das weißt du alles selbst.«

Ich wusste in der Tat, wovon Ottilie sprach. Mein Freund hatte eine Liaison mit der Tochter des Zinngießermeisters gehabt, die nicht folgenlos geblieben war. Hinter vorgehaltener Hand tuschelte man in der ganzen Stadt davon. Nun, nach seinem Tod, wäre das Gerede sicherlich lauter und bösartiger geworden. Die ledige Mutter und ihr Bastard hätten den Zorn der Stadt abbekommen. Doch hatte Cobenzl in seinem Testament dem unglückseligen Geschöpf die stattliche Summe von tausend Gulden vermacht. Das schützte Mutter und Kind vor allzu heftigen öffentlichen Anfeindungen. Mit etwas Glück würde sich bei dieser Summe auch noch ein Ehemann finden lassen, der über den Fehltritt hinweg sah. Ottilie riss mich aus meinen Gedanken, als sie fortfuhr:

»Auch eure Träume von der Aufhebung der Standesgrenzen haben nicht jedem gefallen. Manch einem erscheinen sie gar gotteslästerlich. Auch wenn zu Lebzeiten des Dompropstes keiner gewagt hätte, das laut auszusprechen. Aber Cobenzl ist tot und die Zeiten haben sich geändert. Und was mich betrifft … nun, durch meine Ehe mit dir, da bin ich gewissermaßen ja auch von der biederen Handwerkergattin oder -witwe in diese andere, fremde Sphäre hinüber gewechselt. Das ist für die Leute schwer zu verstehen und einige gönnen mir diesen gesellschaftlichen Aufstieg auch ganz sicher nicht. Ich kann mir sogar vorstellen, dass manche Beamtengattin enttäuscht darüber war, dass du mich zur Frau gewählt hast, wo sie doch eine Tochter im heiratsfähigen Alter gehabt hätte, eine Jüngere und noch dazu aus gutem Hause und mit feinen Umgangsformen, die sie gerne mit dir vermählt gesehen hätte. Man traut sich natürlich nicht, mir das ins Gesicht zu sagen. Aber ich bin sicher der eine oder andere wartet nur darauf, dass ich auf meinem Weg ausgleite, dass ich von dem hohen

Ross stürze, auf dem ich seit einigen Jahren als Frau eines hohen Beamten vermeintlich sitze. Mit bei den Ersten dürften mein früherer Schwager und seine Frau sein, Laurenz und Maria Hofstaetter. Du kennst sie. Jetzt fragst du dich wahrscheinlich, was das alles mit Babette zu tun hat. Auf den ersten Blick vielleicht nichts. Aber wenn man nur ein bisschen weiter denkt, dann sehr viel. Was ist, wenn die Gleizenstein meiner Babette in zwei, drei oder vier Jahren überdrüssig ist? Dann ist das Mädel zu alt zum Heiraten. Was soll dann aus ihr werden? Eine alte Jungfer, die widerwillig im Haus ihres Bruders und ihrer Schwägerin geduldet wird? Sie ist es, die dann all das bösartige Gerede abbekommen wird. Laurenz und Maria werden bei jeder sich bietenden Gelegenheit betonen, dass sie ja von vorneherein gegen diese Schnapsidee mit Wien waren und auch all die verbitterten alten Weiber werden an Babette ihr Mütchen kühlen! ›Wir haben es ja gewusst‹, werden sie dann sagen. ›Hochmut kommt vor dem Fall. Sie wollte ja unbedingt etwas Besseres sein und das hat sie jetzt davon!‹«

Bei diesen Worten musste ich unwillkürlichen an den unerfreulichen Nachmittag beim Grafen denken. Mochte Ottilies Gedankengang an der einen oder anderen Stelle vielleicht nicht ganz logisch sein, so steckte doch sicher ein Körnchen Wahrheit darin. Das war nicht zu leugnen. Die Gunstbezeugungen der hohen Herrschaften konnten in der Tat wechselhaft sein. Ich hatte es gerade heute am eigenen Leib erfahren. Trotzdem. Ich konnte und wollte mich Ottilies Überzeugungen nicht anschließen. Ich wusste aber auch nicht, was ich darauf entgegnen sollte. Der Rest des Abends verlief recht schweigsam. Wir gingen früh zu Bett. Ich konnte lange nicht einschlafen. Ottilies Worte gingen mir durch den Kopf, während meine Frau, die ihrem übervollen Herzen endlich Luft gemacht hatte, leise schnarchend selig neben mir schlief.

Nein, diese Tage in Wien hatte ich mir wahrhaftig anders vorgestellt!

## Theaterluft

Endlich war Fräulein von Gleizenstein von ihrer Reise zurückgekehrt und ließ Ottilie wissen, dass sie sie gerne am nächsten Tag empfangen werde. Ich nutzte die freien Stunden dazu, mich mit Giacomo zu einer geschäftlichen Unterredung zu treffen. Mein Bruder hatte auf meine Bitte hin vor einiger Zeit eine gewisse Summe für mich an der Wiener Börse angelegt und mir damit einen nicht unerheblichen Gewinn beschert. Jetzt wollten wir uns besprechen, wie mit dem Geld weiter verfahren werden sollte. Im Gegensatz zu mir bereitete es Giacomo Freude, sich mit finanziellen Fragestellungen auseinander zu setzen und er interessierte sich sehr für das noch junge Börsengeschäft. Wenn ich ehrlich war, lagen mir im Moment Anlagemöglichkeiten noch weniger am Herzen als sonst und eigentlich hatte ich weder Lust noch Nerven mich jetzt mit diesem Thema auseinanderzusetzen. Im Grunde war ich zufrieden, wenn wir bequem und sorgenfrei leben konnten und strebte nicht nach weiterem Reichtum. Dennoch musste ich mich der Frage stellen und eine Entscheidung treffen. Schon allein um Giacomo nicht zu enttäuschen. Bereits während des Gesprächs mit meinem Bruder graute mir vor Ottilies Rückkehr. Ich war nicht wirklich bei der Sache und so war unsere Unterredung schneller beendet, als ich erwartet hatte. Ich vertraute meinem Bruder voll und ganz und wies ihn einfach an, nach Gutdünken weiter zu verfahren.

Im Augenblick stand mir der Sinn nicht nach Geselligkeit und ich wollte am liebsten allein sein. Ottilies Stimmung würde bei ihrer Rückkehr nicht die beste sein, fürchtete ich. Selbst wenn das Fräulein – wovon ich ausging – bereit wäre, Babette kurzfristig aus ihrem Dienst zu entlassen, so war die von dieser ihr bevorstehenden Entwicklung garantiert alles andere als begeistert. Wie ich meine Stieftochter kannte, würde sie mit ihrer Meinung nicht hinter dem Berg halten und ich konnte mir durchaus vorstellen, dass sie ihrer Mutter sogar im Beisein des Fräuleins Widerworte gab. Um kein Geld der Welt hätte ich bei dieser wenig erbaulichen Unterredung dabei sein wollen. Und ich wollte Ottilie auch nicht unmittelbar danach unter die Augen treten. So entschloss ich mich, nach dem Treffen mit Giacomo noch ein wenig im Augarten herumzustreifen. Sollte sie ruhig vor mir im Hotel ankommen. Vielleicht wäre ihre schlechte Laune dann schon ein wenig verraucht, bis ich eintraf. Zu meinem grenzenlosen Erstaunen aber fand ich bei meiner Heimkehr eine ganz offensichtlich entspannte, ja gut gelaunte Ottilie vor. Mehr noch, ich traute meinen Augen nicht: Sie hatte es sich in einem Fauteuil bequem gemacht und las in einem Buch!

»Was machst du denn da?« In meiner Verwirrung fiel mir nichts anderes ein, wiewohl die Antwort doch so offensichtlich war.

»Das siehst du ja. Ich lese. Das hat mir das Fräulein gegeben: *Pomona für Deutschlands Töchter* heißt es. Eine Zeitschrift für Frauen. Ich wusste gar nicht, dass es so etwas gibt. Du vielleicht?«

Nein, in der Tat, ich hatte davon noch nie gehört. Dieser Tag barg eben so mancherlei Überraschung.

»Na ja«, fuhr Ottilie fort, »eigentlich gibt es das auch gar nicht mehr. Die Zeitschrift ist nur ganz kurz erschienen und diese Ausgabe schon an die zehn Jahre alt. Fräulein von Gleizenstein hat damals alle Ausgaben zu einem Buch binden lassen und aufbewahrt, weil sie die Idee einer Zeitschrift von Frauen für Frauen faszinierend fand. Du musst nämlich wissen, dass die Texte alle von einer Frau stammen. Babette hat dem Fräulein wohl einmal die Geschichte der Sophie Kettner erzählt. Du weißt schon, die Frau, die als Mann verkleidet Soldat im Heer der Kaiserin Maria Theresia war. Diese Geschichte hat meine Babette als Kind schon geliebt. Ich weiß nicht, wie oft ich sie ihr erzählen musste. Jedenfalls sind wir so im Plaudern auf die Kettner gekommen und von da so allgemein auf alles Mögliche, was uns Frauen betrifft, und schließlich eben auch auf diese Zeitschrift.

»Ich dachte immer, du machst dir nichts aus Lesen?«, entgegnete ich bissiger als ich es beabsichtigt hatte. Ottilie ließ sich dadurch aber nicht aus der Ruhe bringen.

»Ja, das stimmt. Das dachte ich bisher auch immer. Daheim komme ich ja auch gar nicht dazu. Da gibt es im Haushalt immer etwas zu tun. Hier dagegen habe ich Zeit. Außerdem, wie ich gerade sagte, stammen die Texte alle von einer Frau. Das gefällt mir. Ich wusste ja gar nicht, dass auch Frauen schreiben. Die Autorin heißt übrigens Sophie von la Roche. Sagt dir der Name etwas?«

Er sagte mir nichts und das kümmerte mich im Moment auch nicht weiter. Ich brannte darauf zu erfahren, wie das Treffen verlaufen war.

»Also, jetzt erzähl' doch mal. Wie ist das Fräulein so und wie habt ihr euch geeinigt?«

»Wie sie ist? Nun, ich möchte sagen, sehr sympathisch. Überhaupt ganz anders als ich sie mir vorgestellt habe. Ich konnte sie mir nur entweder verbiestert als alte verbitterte Jungfer vorstellen oder als halb liederliches Frauenzimmer. Aber sie ist weder das eine noch das andere. Sie hat mich gastfreundlich empfangen und mich mit einem fantastischen Mohnstrudel üppig bewirtet. Von unserer Babette ist sie ganz begeistert. Sie hat sie in den höchsten Tönen gelobt. Aber am besten machst du dir selbst ein Bild von ihr. Am kommenden Freitag hättest du Gelegenheit dazu. Fräulein von Gleizenstein hat uns nämlich eingeladen, gemeinsam mit ihr und Babette ein Singspiel zu besuchen: *Die Zauberflöte* heißt es. Mozart hat es erst kurz vor seinem Tod komponiert. Es soll sehr schön sein. Ich weiß ja, dass du seine Musik schätzt und so habe ich mehr oder weniger bereits zugesagt. Und was die Sache mit Babette angeht – tja, das Fräulein war so nett und wir haben uns so angeregt unterhalten. Da wollte ich mit meinem Anliegen nicht gleich mit der Tür ins Haus fallen. Rundheraus: Ich habe ihr meine Bitte noch gar nicht vorgetragen.«

Was sagte man dazu! Da lag sie mir seit Tagen, ja Wochen in den Ohren, es hatte ihr nicht schnell genug gehen können, nach Wien zu kommen und das Fräulein aufzusuchen – und jetzt? Jetzt kam sie unverrichteter Dinge nach Hause! Ich schwankte zwischen Wut und Spott. Nur mit Mühe gelang es mir, mein Temperament zu zügeln. Immerhin würde ich früher als erhofft in den Genuss des Singspiels kommen, zu dessen Besuch mir Cobenzl geraten hatte.

Die echte Wiener Theaterluft! Zu meinem Erstaunen bemerkte ich jetzt, dass ich sie über die Jahre vermisst hatte. Obwohl ich in Wien immer ein begeisterter Theatergänger gewesen war, kannte ich das Freihaus nicht. Kein Wunder: Es war erst zwei Jahre vor meinem Wegzug aus der Stadt eröffnet worden und damals hatte ich mit Claras Krankheit und dann mit ihrem Tod wahrhaftig anderes im Kopf gehabt. Äußerlich glich das Freihaus eher einer Scheune als einem Theater. Umso gespannter war ich, was uns drinnen erwarten würde. Standesgemäß saßen wir nicht unten im Parkett, sondern in einer Loge, die einen exzellenten Blick auf das Bühnengeschehen bot. Die Kulissen waren in der Tat atemberaubend. Bereits die ersten Takte entführten uns in eine wundersame Welt voller Magie. Die war zwar nicht frei von Widersprüchen, aber überaus charmant. Von Zeit zu Zeit beobachtete ich Ottilie und Babette aus den Augenwinkeln. Beide waren ganz dem Geschehen hingegeben. Meine Frau hatte sich extra für diesen Anlass eine schöne schwarze Haube mit feinem Spitzenbesatz und ein farblich passendes Schultertuch gegönnt. Sie trug ihr bestes Kleid, grau mit violettem Einsatz. Babette sah reizend aus in ihrem roséfarbenen, mit dunkelroten Rosen gemusterten Kleid. Während auf der Bühne die drei Damen um den schlafenden Prinzen Tamino standen, fiel mein Blick auf Fräulein von Gleizenstein. Auch sie war ganz dem Geschehen hingegeben. Das gab mir Gelegenheit, unsere Gastgeberin unauffällig etwas genauer in Augenschein zu nehmen. Von Babettes Erzählungen wusste ich, dass sie bereits an die vierzig war. Doch sah man ihr das beileibe nicht an. Schlank, zartgliedrig und hochgewachsen wie sie war und in ihren anmutigen Bewegungen hätte sie auch ohne weiteres als Dreißigjährige durchgehen können. Sie hatte ein schönes, ebenmäßiges Gesicht, seelenvolle und gleichzeitig lebhafte dunkle Augen und war überhaupt eine elegante Erscheinung. Ihre Haare waren kunstvoll gesteckt und gepudert. Sie trug ein schlichtes, aber raffiniert geschnittenes blaues Kleid, das ihre Figur vortrefflich zur Geltung brachte. Trotz ihres fortgeschrittenen Alters war sie durchaus noch attraktiv. Ich fragte mich unwillkürlich, wie es kam, dass sie unverheiratet geblieben war. Eine schöne Frau wie sie hätte in ihrer Jugend doch jede Menge Verehrer haben müssen. Zumal sie ja auch, soweit ich das nach Babettes Schilderungen und aus unserer eigenen, kurzen Bekanntschaft feststellen konnte, ein gewinnendes, offenes Wesen hatte. Ganz unvermögend war sie offenkundig auch nicht. Das Bühnengeschehen ließ mir keine Zeit, weiter über diesen Umstand nachzugrübeln. Denn gerade betrat eine neue Figur die Bühne und zog mit ihrem Aufzug alle in Bann. Schikaneder, der Verfasser des Librettos, gab den Vogelhändler Papageno. Ganz im Federkostüm und mit einem Käfig auf dem Rücken war er eine höchst wundersame Gestalt. Das Geschehen nahm seinen Lauf und ich war in der Tat hingerissen. Um der Handlung besser folgen zu können, hatte ich mir am Eingang das Heft mit den Arientexten gekauft. Und dann kam sie, die Königin der Nacht! Sie sang, wie ich es noch nie in meinem Leben gehört hatte.

*O zittre nicht, mein lieber Sohn! …*
*Ein Jüngling, so wie du, vermag am besten*
*Dies tiefgebeugte Mutterherz zu trösten*
*Zum Leiden bin ich auserkoren*
*Denn meine Tochter fehlet mir*
*Durch sie ging all mein Glück verloren*
*Ein Bösewicht entfloh mit ihr …*

Bei diesen Worten der geheimnisvollen Herrscherin musste ich unwillkürlich an Ottilie und ihren Kampf um die entschwundene Tochter denken und konnte mich eines Lächelns nicht erwehren.

In der Pause zwischen den beiden Akten sah ich zu meiner Überraschung Graf Cobenzl in der Menge. Auch er hatte unsere kleine Gruppe ganz offensichtlich entdeckt. Ich weiß nicht, ob ihm einfach langweilig war, weil er ohne Begleitung unterwegs war oder ob ihn einfach die Neugier trieb zu erfahren, was es mit unserer ungewöhnlichen Gruppe auf sich hatte. Jedenfalls steuerte er nun zielstrebig auf uns zu.

»Mademoiselle von Gleizenstein, was für eine nette Überraschung! Wir haben uns ja ewig nicht mehr getroffen! Ich sehe, Ihr seid wohlauf und in netter Begleitung. Das freut mich. Ich wusste gar nicht, dass Ihr mit Monsieur Francobaldi bekannt seid. Die Welt ist doch wahrhaftig klein! Und das ist, wie ich annehme, die werte Gattin, Monsieur Francobaldi? Enchanté, Madame. Wir hatten noch nicht das Vergnügen. Und diese junge Mademoiselle ist demnach wohl die Tochter? Très jolie, très jolie!«

Ottilie und Babette konnten sich freilich denken, wer der fremde Herr war, der da so munter auf sie einredete. Die Etikette gebot mir aber, sie nun auch offiziell mit ihm bekannt zu machen und den Grafen vorzustellen.

»Nun, wie gefällt Euch das Stück? Schade, dass heute fast alle Logen unbesetzt geblieben sind. Man trifft kaum Bekannte. Mit Ausnahme Eurer charmanten Anwesenheit, versteht sich …«

Cobenzl redete wie ein Buch. Offenbar war er froh, uns hier anzutreffen und während der Pause nicht unstandesgemäß alleine herumstehen zu müssen. Ich hörte ihm nur mit halbem Ohr zu und wurde auf seine Worte erst aufmerksam, als mein Name fiel.

»… er war mir eine große Hilfe bei der Testamentsvollstreckung meines Bruders. Die beiden waren sehr gut befreundet. Ludwig, er war Dompropst im Fürstbistum Eichstätt, wie Ihr ja vielleicht wisst, hat mir in seinen Briefen oft von ihm berichtet. Besonders damals, als es Monsieur Francobaldi dort im Auftrag des Fürstbischofs mit einem rätselhaften Mordfall zu tun hatte. Hat er Euch davon erzählt? Nein? Dann solltet Ihr euch unbedingt davon berichten lassen! Monsieur Francobaldi wäre auch der richtige Mann, Licht ins Dunkel zu bringen, was die Gerüchte um Mozarts Tod betrifft. Davon bin ich überzeugt. Er versteht es, sehr diskret Ermittlungen anzustellen. Das hat er schon einmal eindrucksvoll bewiesen. Ich habe ihm bereits vor einigen Tagen vorgeschlagen, mit seinem scharfen Verstand die rätselhaften Umstände aufzuklären. Aber noch zeigt er zu meinem Bedauern kein Interesse. Vielleicht könnt Ihr ihn ja dafür gewinnen, Verehrteste …«

Was redete der Mann denn da! Ich hätte ihm am liebsten den Mund verboten. Mademoiselle von Gleizenstein aber hing geradezu an seinen Lippen. Sie maß diesem Geschwätz doch hoffentlich keinerlei Bedeutung zu! Zum Glück ertönte die Glocke zum Ende der Spielpause, bevor Cobenzl noch weiter ausholen konnte.

Die Fahrt im Fiaker zurück dauerte nur etwa fünf Minuten, kaum Zeit genug, um uns über das soeben Gesehene und vor allem Gehörte auszutauschen. Die Königin der Nacht hatte sich mit ihrer Arie im zweiten Teil noch selbst übertroffen.

## *Eine unerwartete Bitte*

»Was für ein wunderbarer Abend gestern!«, schwärmte meine Frau, während ich gerade genussvoll in mein duftendes Frühstücksbrot biss, das ich dick mit frischer Butter bestrichen hatte und einem herrlich cremigen, fast weißen Honig, wie ich ihn liebte. Man speiste köstlich in der »Weißen Rose«.

»Überhaupt man könnte meinen, man ist hier in Wien in einer anderen Welt«, fuhr sie fort, während ich einen Schluck meines starken Morgenkaffees genoss. »Es ist alles so aufregend: die Stadt mit ihren wundervollen Parks, die reizenden Menschen, die wir hier treffen und überhaupt ... Theater, Oper, Vergnüglichkeiten, wohin man schaut. Jeden Tag entdecke ich hier Neues. Und außerdem ...« Ottilie zögerte einen kurzen Moment, dann fuhr sie fort: »Ich glaube, ich muss dir Abbitte leisten. Vielleicht hast du ja doch recht, mein Lieber. Vielleicht sollte ich meine Meinung, was das Mädel anbetrifft, revidieren. Wie anmutig sie sich gestern gegenüber dem Grafen benommen hat! Ich bin mir dagegen wie ein dummes Schaf vorgekommen. Keinen Ton habe ich herausgebracht.«

Ich traute meinen Ohren nicht!

»Heißt das, Babette könnte deiner Meinung nach noch etwas länger hierbleiben?«

Tatsächlich, Ottilie schien nicht mehr grundsätzlich gegen diese Möglichkeit zu sein. Die dunklen Wolken an unserem Ehehimmel waren mit einem Mal verschwunden. Endlich herrschte wieder die gewohnte Harmonie zwischen uns und wir würden diese Tage unbeschwert genießen können. Wir würden wieder entspannt durch die Stadt flanieren und es uns im einen oder anderen Kaffeehaus gut gehen lassen. Wir würden noch einmal die Anlagen des Belvedere besuchen, die Karlskirche und meinen geliebten Steffl. Es gab noch so vieles hier zu entdecken, noch so viele Lustbarkeiten, die unser harrten. Wir hatten noch längst nicht alle Vorhaben in die Tat umgesetzt, als wir drei Tage später ein kurzes Einladungsschreiben erhielten. Fräulein von Gleizenstein lud uns zum Nachmittagskaffee ein. Natürlich mussten wir zusagen. Das gebot die Höflichkeit.

Die Wohnung des Fräuleins lag gewissermaßen ums Eck, nur wenige Schritte von unserem Hotel entfernt in der Grünangergasse. Wir machten uns also zu Fuß auf den Weg. Fräulein Eleonores Wohnung lag im ersten Stock und auf mein Klopfen hin öffnete sie zu meiner Überraschung höchstpersönlich. Die Wohnung schien nicht allzu groß. Die Möbel waren zwar nicht nach der allerneuesten Mode, jedoch sehr geschmackvoll.

»Herzlich willkommen also in meinen vier Wänden. Ihr seht, meine Behausung ist bescheiden, längst nicht so repräsentativ wie das benachbarte Palais Schwarzenberg, doch fühle ich mich hier sehr wohl. Hinten hinaus ersetzt mir der Blick auf einen herrlichen Garten einen weiteren Salon und hier vorne genieße ich die Aussicht auf die Turmspitze des Steffls. Aber bitte, nehmt doch Platz! Darf ich Euch Buchteln mit Powidl anbieten? Ganz frisch gebacken. Das Rezept stammt von meiner Köchin aus Böhmen. Sie hütet es wie ihren Augapfel. Die müsst Ihr probieren, sie sind wirklich köstlich. Und wenn ich mir einen Vorschlag erlauben darf: Eine so nette Bekanntschaft wie die unsere erlaubt doch mehr Vertraulichkeit und verlangt sozusagen nach mehr Intimität. Nennt mich doch bitte bei meinem Vornamen, Eleonore.«

Dieser Freundschaftsbeweis kam überraschend, schmeichelte Ottilie und mir aber umso mehr. Fräulein Eleonore schenkte uns den Kaffee ein und reichte das Gebäck. Ganz offensichtlich hatte das Dienstmädchen einen freien Tag. Höchst ungewöhnlich unter der Woche. Noch mehr erstaunte uns aber, dass auch von Babette keine Spur zu sehen war. Wir waren beide sicher gewesen, sie hier anzutreffen. Das Fräulein schien unsere Verwirrung zu bemerken.

»Ihr wundert Euch sicher, weshalb ich hier selbst bediene, und wahrscheinlich noch mehr darüber, wo unsere liebe Babette heute bleibt. Ich darf sie doch *unsere* nennen? Denn wisst Ihr, meine Freunde, das Mädchen ist inzwischen, mit Verlaub, fast wie eine Tochter für mich. Ich möchte sie gar nicht mehr missen. Auch wenn ich natürlich weiß, dass ihr Aufenthalt bei mir sicher in naher Zukunft ein Ende finden wird. Sie kommt schließlich allmählich ins heiratsfähige Alter. Heute jedoch, um ehrlich zu sein, habe ich sie ganz bewusst gemeinsam mit der Dienstmagd außer Haus geschickt.«

Fräulein Eleonore schwieg einen Augenblick. Zu meiner Verwunderung schoss ihr plötzlich die Röte ins Gesicht. Sie senkte den Blick und fuhr mit verhaltener Stimme fort: »Es gibt da nämlich eine Angelegenheit ... Wie soll ich sagen, eine Angelegenheit, die ich unbedingt ganz diskret und nur mit Euch alleine besprechen wollte.«

Bei diesen Worten erbleichte Ottilie.

»Es wird doch nicht ... es ist doch nicht ...«, stammelte sie. Im Gegensatz zu mir schien das Fräulein sofort zu begreifen, was meine Frau so erschreckte.

»Aber nein, liebe Frau Ottilie, denkt doch bitte nur so etwas nicht! Babette ist in meinem Haus gut behütet. Ich lasse sie nie alleine. Aber auch wenn es nicht unsere Babette betrifft, so sind Eure Gedanken sozusagen durchaus in die richtige Richtung gegangen.«

Nun begriff auch meine Frau erkennbar nichts mehr und schaute das Fräulein nur verständnislos an.

»Die Sache ist nämlich so«, fuhr Eleonore mit hochrotem Kopf fort. »Cobenzls Worte von neulich sind mir nicht mehr aus dem Sinn gegangen.«

Das durfte doch nicht wahr sein! Fing sie jetzt auch noch mit diesem angeblich mysteriösen Tod Mozarts an! Nein, nein und nochmals nein! Von ungeklärten Todesfällen hatte ich ein für alle Mal genug und ich würde mich unter keinen Umständen dazu bewegen lassen, in diesem Fall Ermittlungen irgendwelcher Art anzustellen. Ich machte mich also auf eine unerfreuliche Diskussion gefasst.

»Er hat ja Eure Diskretion gelobt, lieber Francobaldi, und erzählt, wie sehr Ihr ihm bei der Vollstreckung des Testaments geholfen habt. Wie gesagt, da ist mir eine Idee gekommen. Ich würde Euch sehr gerne um einen Gefallen bitten. Nichts Großes im Grunde, eher eine Petitesse. Aber andererseits doch überaus heikel. Sie erfordert unbedingt einen Mann, der nicht nur äußerst vertrauenswürdig, sondern auch verschwiegen ist. Diskret. Wenn Ihr versteht, was ich meine.«

Das tat ich durchaus nicht und ich war sicher, dass man mir diesen Umstand auch an meiner verblüfften Mine ablesen konnte.

»Gewissermaßen«, fuhr das Fräulein fort, »könnte man sagen, dass es sich auch in diesem Fall um eine Art Testamentsvollstreckung handeln würde.

Oder genauer gesagt um die Sichtung eines Nachlasses. Allzu viel dürfte das wohl nicht sein. Die betreffende Person war nicht sehr vermögend. Ich verspreche Euch, Ihr wärt zeitlich nicht lange beansprucht.«

Ich atmete innerlich erleichtert auf. Die Inventarisierung eines Nachlasses, das war es also. Diesen Gefallen konnte ich dem Fräulein in der Tat gerne leisten.

»Nun, wenn es sich, wie Ihr sagt, um eine nicht allzu große Hinterlassenschaft handelt, dann stehe ich Euch natürlich sehr gerne zu Diensten. Mein Beileid auch zum Hinscheiden des oder der Verblichenen. Ich nehme an, ein Verwandter von Euch?«

Das Fräulein schüttelte den Kopf.

»Nein, nein, so ist es nicht. Ihr missversteht mich. Aber das ist nicht weiter verwunderlich. Es ist meine eigene Schuld. Ich habe mich nicht deutlich ausgedrückt. Die Person, um die es geht, ist keineswegs mit mir verwandt. Trotzdem verbindet uns eine gemeinsame Geschichte. Oder vielmehr … wie soll ich sagen … ein trauriges Geheimnis. Ja, so könnte man es wohl ausdrücken. Es geht um meine einstige Gouvernante. Eine gewisse Jungfer Engelhart. Wir standen seit Jahren nicht mehr in Kontakt. Von ihrem Tod habe ich erst aus der Zeitung erfahren. Vor etwa zwei Wochen wurde dort nämlich amtlicherseits eine Anzeige veröffentlicht. Die Jungfer sei durch einen Sturz zu Tode gekommen und etwaige Verwandte möchten sich bezüglich des anzutretenden Erbes an die Behörde wenden. Nun weiß ich sicher, dass die Engelhart keine Verwandten hatte. Ihre Hinterlassenschaft, die wie gesagt, sicher nicht sehr groß ist, fällt also an den Staat. Das alles könnte mir gleichgültig sein und ginge mich nichts an, dennoch bin ich in großer, ja sogar in allergrößter Sorge. Ich fürchte nämlich, dass man bei der Durchsicht selbiger Hinterlassenschaft vielleicht etwas Kompromittierendes finden könnte.«

»Etwas Kompromittierendes? Verzeiht, aber ich verstehe nicht recht.«

»Nun, ich meine zum Beispiel Briefe, in denen mein Name genannt wird. Oder noch schlimmer, gewisse Aufzeichnungen, die die Engelhart gefertigt haben könnte. Wie ich schon sagte, verband uns beide ein trauriges Geheimnis. Das liegt alles sehr weit zurück. Es ist eine lange Geschichte. Aber ich fürchte, ich muss sie wenigstens in groben Zügen erzählen, um Euch ins Bild zu setzen. Ich gestehe, das fällt mir alles andere als leicht. Bislang habe ich noch zu keiner Menschenseele davon gesprochen und ich hatte auch nicht vor, mein Schweigen jemals zu brechen. Niemals und unter keinen Umständen. Doch mit Engelharts plötzlichem Tod haben sich die Verhältnisse leider grundlegend gewandelt und ich sehe mich jetzt dazu gezwungen. Ich flehe Euch an, ich beschwöre Euch, kein Wort von dem, was ich Euch nun anvertrauen werde, jemals nach außen dringen zu lassen. Niemals! Zu niemandem!«

Eleonore sah uns beide mit vor Angst geweiteten Augen eindringlich an. Etwas musste sie in der Tat sehr belasten. Aber ich konnte mir beim besten Willen nichts vorstellen, was sie so in Panik versetzen könnte. Meine Frau und ich versicherten ihr, Stillschweigen zu bewahren und das Geheimnis, das wir nun erfahren sollten, niemals preiszugeben.

»Ich stamme ursprünglich aus der Nähe von Jahrmarkt, oder Balassagyarmat, wie es auf Ungarisch heißt. Eine kleine Stadt, gut zweihundert Meilen von hier und etwa sechzig Meilen nördlich von Budapest. Meine Familie besitzt dort große Ländereien und ein altes Schloss. Es ist wunderschön dort. Ich erinnere mich an viele Abendspaziergänge den Ipel, einen Nebenfluss der Donau, entlang. Damals war ich jung und unbekümmert. Die Besitzungen sind mittlerweile auf meinen ältesten Bruder übergegangen, bei dessen sechzigsten Geburtstag ich unlängst war. Aber das tut jetzt nichts zur Sache. Als junges Mädchen war ich verlobt mit einem ebenso jungen Mann aus Böhmen. Den Namen der Familie möchte ich mit Rücksicht auf die damaligen Ereignisse nicht nennen. Wir waren verliebt bis über beide Ohren, ein Traumpaar, wie füreinander geschaffen. Der Himmel hing für uns voller Geigen, wie man so schön sagt. Es war geplant, dass ich nach der Verheiratung mit ihm in einem Flügel des Familienanwesens in Böhmen leben sollte. Auch die Hochzeitsfeierlichkeiten sollten dort stattfinden. Alles war bestens vorbereitet. Seine Familie war bereit, mich mit offenen Armen zu empfangen. Doch dann, genau eine Woche vor dem geplanten Hochzeitstermin, zwei Tage, bevor ich aus dem Schloss meiner Eltern in meine neue Heimat und in mein neues Leben aufbrechen sollte, erreichte uns die Botschaft, dass mein Verlobter verstorben war.

Er war bei einem Ausritt unglücklich gestürzt und hatte sich das Genick gebrochen. Von einem Moment auf den anderen war ich von einer Verlobten zur Witwe geworden, ohne je Ehefrau gewesen zu sein. Das heißt …«, wieder stockte sie und errötete heftig, »das stimmt so nicht ganz.«

»Oh mein Gott!«, Ottilie hielt sich entsetzt die Hand vor den Mund und schaute das Fräulein mit einem fragenden Blick an. Die erwiderte ihre Reaktion mit einem leichten Nicken. Die beiden schienen sich auch ohne Worte zu verstehen. Ich hingegen begriff gar nichts. Mein Unverständnis musste mir deutlich an der Mine abzulesen gewesen sein, denn Fräulein Eleonore wandte sich nun erklärend an mich: »Ihr müsst verstehen, lieber Francobaldi, wir waren jung, wir waren verliebt und die Hochzeit stand unmittelbar bevor. Die Engelhart hat ihre Pflichten als meine Gouvernante zu unserer Freude nicht allzu ernst genommen und uns einige trauliche Momente allein zu zweit gegönnt.«

Allmählich dämmerte mir, was das Fräulein sagen wollte.

»Ihr meint, Eure Rendezvous sind nicht … wie soll ich sagen … nicht ohne Folgen geblieben?«

»Genauso ist es. Doch von diesem Umstand bemerkte ich lange Zeit überhaupt nichts. Ich bitte Euch zu verstehen! Die plötzliche, allzu schmerzliche Wendung in meinem Leben traf mich buchstäblich wie ein Keulenschlag. Ich konnte keinen einzigen klaren Gedanken mehr fassen. Anstatt als Braut zu meiner Hochzeit reiste ich völlig unvermutet nun zur Beerdigung meines Liebsten. Ich war wie erstarrt. Ich habe nichts um mich herum mehr wahrgenommen. Nach dem Begräbnis saß ich wochenlang nur auf meinem Zimmer. Ich konnte nichts und niemanden um mich ertragen, ja ich konnte nicht einmal weinen, habe nur vor mich hingestarrt. Die Engelhart und meine Mutter hatten Mühe, mich dazu zu bewegen, wenigstens ein paar Bissen zu mir zu nehmen. Erst Monate später bemerkten die beiden, wie es eigentlich um mich stand. Ich selbst habe meinen Zustand überhaupt nicht wahrgenommen. Es war eine schlimme, eine schreckliche Zeit und ich möchte am liebsten nicht mehr daran zurückdenken. Ich habe es ehrlich gesagt auch jahrelang nicht. Bis zu jenem Moment, als ich den Aufruf in der Zeitung las.«

»Ja aber das Kind …?« wandte meine Frau nun zaghaft ein.

»Ich habe es nie zu Gesicht bekommen. Ich habe ehrlich gesagt auch kein Bedürfnis danach. Haltet mich bitte nicht für herzlos. Aber wie ich schon sagte, war ich damals wie erstarrt. Von einem Moment auf den anderen war meine Welt zusammengebrochen, hatten sich alle meine Träume in Luft aufgelöst. Ich stand allein und war ganz in meinem Kummer gefangen. Wie hätte ich mich da um ein Kind kümmern sollen? Meine Eltern dagegen setzten alles daran, einen Skandal zu vermeiden. Mein Fehltritt musste um jeden Preis unentdeckt bleiben. Also schickten sie mich gemeinsam mit der Engelhart fort, bis alles überstanden war. Das liegt schon so lange zurück, es scheint mir wie ein anderes Leben. Trotzdem möchte ich aber doch wissen, ob es meinem ... meinem Kind gut geht. Die Engelhart hat mich jahrelang um seinen Geburtstag herum aufgesucht und mir berichtet. Ob das alles der Wahrheit entsprochen hat, weiß ich nicht. Angeblich habe ich einen Sohn. Er wäre jetzt vierundzwanzig Jahre alt. Falls die Engelhart die Wahrheit gesagt hat, müsste sie über viele Jahre mit der Pflegemutter meines Kindes in Kontakt gestanden sein. Und seht, lieber Francobaldi, genau das ist es auch, was mich nun so beunruhigt. Was ist, wenn man bei der Durchsicht des Nachlasses Briefe findet, in denen mein Name in einem ganz bestimmten Zusammenhang fällt? Der Skandal wäre nicht auszudenken! Wie gesagt, ich habe mehr als mein halbes Leben geschwiegen. Außer meinen Eltern, die inzwischen verstorben sind, und der Engelhart wusste niemand davon und niemand sollte es je erfahren. Ihr seid bislang die Ersten und Einzigen und ich hoffe inständig, dass dies so bleiben möge. Versteht Ihr, es hat damals Jahre gedauert, bis ich meine Seelenruhe wieder gefunden habe. Mittlerweile habe ich hier in Wien einen großen Kreis an Freunden und Bekannten. Sie bedeuten mir viel und ich möchte sie auf keinen Fall verlieren. Ich habe mir unter großem Kummer mühsam ein neues Leben aufgebaut. Es ist zwar ganz anders, als ich das als junges Mädchen jemals gedacht hatte. Aber ich habe mich hineingefunden und bin zufrieden. Dieses Glück möchte ich nicht auch noch zerbrechen sehen. Die Sache von damals darf deshalb unter keinen Umständen ans Licht kommen! Gleichzeitig fürchte ich, dass man angesichts der Wohnungsnot, die in unserer Stadt herrscht, die Wohnung der Engelhart recht schnell räumen wird, um neuen Bewohnern eine Bleibe zu bieten. Seit

Tagen bin ich dessenthalben vor Schreck wie gelähmt und kann kaum an etwas anderes denken.

Als der Graf von Euren Erfahrungen mit Nachlässen erzählt hat, schien mir das wie ein erster Hoffnungsschimmer, ja geradezu wie ein Geschenk des Himmels, wenn ich das so sagen darf. Endlich schien sich ein möglicher Ausweg aus meiner verzweifelten Lage anzudeuten. Umso mehr natürlich, als Cobenzl nicht irgendwer ist. Zur Begründung könntet Ihr ihm sagen, dass ich meiner ehemaligen Gouvernante sehr verbunden war und ihr deshalb nun diesen letzten Liebesdienst erweisen möchte. Ich bin sicher, diese Begründung wird er schlucken, ohne irgendeinen Verdacht zu schöpfen, und wenn er Euch ein kurzes Empfehlungsschreiben ausstellt, ist garantiert jeder Beamte sofort bereit, Euch den Schlüssel zu Engelharts Wohnung auszuhändigen.«

Was für ein Malheur! Mit meinem unbedachten Angebot, Fräulein Eleonore behilflich zu sein, hatte ich mich ganz schön in die Bredouille geritten. Doch nun gab es kein Zurück mehr. So willigte ich also ein, mich in der Angelegenheit an Cobenzl zu wenden und ein kurzes Empfehlungsschreiben zu erbitten. Zumindest hatte ich damit unter Wahrung der Etikette und ohne ihn zu brüskieren eine überzeugende Ausrede parat, falls er mich noch einmal in dieser leidigen Mozart-Angelegenheit anwerben wollte. Immerhin wäre ich in seinen Augen mit einer anderen Aufgabe beschäftigt. Gleichzeitig hatte mir Fräulein Eleonore in Aussicht gestellt, dass die Durchsicht des Nachlasses nicht allzu viel Zeit in Anspruch nehmen würde. Das erwies sich allerdings als Irrtum.

# *Jungfer Engelharts Geheimnis*

Sobenzl stellte mir das Empfehlungsschreiben ohne Umschweife aus. Der zuständige Beamte nahm es gleichmütig und ohne erkennbares Erstaunen oder gar Einwendungen zur Kenntnis. Er hatte offenkundig nichts dagegen, dass jemand, und sei er auch ein Fremder, der Behörde Arbeit abnahm. Ich ließ die Gleizenstein in einem Billett wissen, dass sich der Schlüsselbund der Engelhart nun in meinem Gewahrsam befand, schob den Rest der lästigen Pflicht jedoch weiter vor mir her. Jeden Tag erfand ich einen neuen Grund, weshalb ich noch keine Zeit hatte, mich an die Sichtung des Nachlasses zu machen. Vor allem aber tat mir Babette leid. Unter diesen Umständen konnte sie natürlich keinesfalls länger hierbleiben. Auch wenn Ottilie und ich bislang noch nicht über unser weiteres Vorgehen diesbezüglich gesprochen hatten, verstand sich das von selbst. Überhaupt hatte meine Frau zu meinem maßlosen Erstaunen das Geständnis unserer neuen Freundin bislang mit keinem Wort kommentiert. Beim Abschied hatte sie dem Fräulein fast tröstend den Arm gestreichelt. Eine ungewöhnlich vertrauliche Geste, die mich umso mehr überraschte als Ottilie gemeinhin nicht zu Gefühlsausbrüchen in der Öffentlichkeit neigte. Ich hatte erwartet, dass sie bereits auf dem Rückweg ins Hotel ihren Gefühlen angesichts der mehr als überraschenden Neuigkeiten Luft machen würde. Aber nichts dergleichen war geschehen. Wir waren schweigend nebeneinander durch die Dunkelheit gelaufen. Auch in den folgenden Tagen verlor Ottilie kein Wort über Fräulein Eleonores überraschendes Geständnis.

So wenig Lust ich auch verspürte, ich konnte die lästige Pflicht nicht ewig vor mir herschieben. Und während meine Frau sich anschickte, sich einen vergnüglichen Nachmittag mit Adam zu machen und ihn bezüglich seiner Zukunftspläne zu befragen, machte ich mich still in meinen nicht vorhandenen Bart brummend auf die Suche nach einem Fiaker, der mich in die Weißgerbervorstadt bringen sollte.

»Wollen der Herr zu seiner eigenen Hinrichtung? Eine Hetz gibt's heute jedenfalls nicht.«

Ich starrte den Kutscher nur verständnislos an. Der Mann hatte offensichtlich seine ganz eigene Art von Humor.

»Nichts für ungut, der Herr! Ich mein' nur, weil ich dort hinaus unter der Woche eher selten einen Fahrgast habe. Die meisten von ihnen wollen ins Hetztheater. Früher haben da draußen an der Gänsweide ja auch noch Hinrichtungen stattgefunden. Aber das ist vorbei. Jetzt erinnert nur noch der Name der Arme Sünder Gasse dran. Also keine Hinrichtungen mehr da draußen und das Hetztheater hat nur sonntags eine Vorstellung.«

Natürlich! Das Hetztheater und die ehemalige Hinrichtungsstätte waren dort draußen. Zwei Orte, die mir mein Ziel nicht eben sympathischer machten. Ebenso wie die Gänsweide, auf der die Hinrichtungen vollzogen worden waren, kannte ich das Theater nur vom Hörensagen. Soweit ich wusste, war es eine kreisrunde hölzerne Arena. Sogenannte Hetzmeister trieben dort mit Hunden wilde Tiere wie Auerochsen, Bären, Hirsche, Luchse, Löwen, Stiere, Wildschweine oder auch Wölfe zum Vergnügen des Publikums umher. Vor Jahren, ich erinnerte mich, war mir ein Theaterzettel mit der Ankündigung derartiger Vergnüglichkeiten zufällig in die Hände gekommen und ich hatte ihn angewidert weggeworfen. Ich konnte mir beim besten Willen nicht vorstellen, was lustig daran sein sollte, arme Kreaturen in ihrer Todesangst zu begaffen. Keine zehn Pferde hätten mich jemals in eine solche Vorstellung gebracht! Doch wusste ich, dass die Jagden stets gut besucht waren. Noch viel schrecklicher aber war mir die Vorstellung, dabei zusehen zu müssen, wie ein Mensch, und sei es der schlimmste Verbrecher, vom Leben zum Tode gebracht wurde. Die Jungfer hatte wahrlich nicht in einer der schönsten Gegenden Wiens gelebt. Aber sie hatte sicher nicht die nötigen finanziellen Mittel besessen, wählerisch zu sein. Die Weißgerbervorstadt lag jenseits der Wien. Obwohl sie von der inneren Stadt nicht weit entfernt war, war ich noch nie dort gewesen. Die Weißgerber, von denen das Viertel einst seinen Namen bezogen hatte, waren dort zwar schon längst nicht mehr ansässig, aber es war immer noch eine Gegend der ärmeren Leute. Eigentlich hätte ich nach etwa zehn

Minuten Fahrt am Ziel ankommen sollen, aber es war wie verhext. Der Verkehr auf den Straßen und Gassen war heute geradezu mörderisch. Einmal versperrten uns Ziegelkarren, die Baumaterial anlieferten, den Weg, dann waren es Pferdegespanne, Handkarren und Fußgänger – alles wild durcheinander. Kurz bevor wir die Brücke über die Wien erreicht hatten, drohte auch noch ein Gaul durchzugehen. Da hieß es, von Pferd und Reiter Abstand zu halten. Man hätte meinen können, sie alle hätten es nur darauf angelegt, mich von meinem ungeliebten Vorhaben abzuhalten.

Die wenigen Häuser in Weißgerber lagen planlos verstreut auf großen Gründen. Die meisten Bewohner hier lebten bescheiden vom Ertrag ihrer Gärtnereien. Auf meinem Weg hatte ich große Salatbeete gesehen, Beete, auf denen Bohnenranken standen, und solche, auf denen Gurken wuchsen. Auf den Straßen hier draußen war zum Glück nur wenig Verkehr. Mein Fiaker überholte einen Mann, der einen Leiterwagen voller Zwiebeln zog. Aus der Ferne konnte ich einige Personen sehen, die Gemüsefelder bestellten. Die Wohnung der Verblichenen lag an der Ecke Gärtnergasse und Marxergasse, nicht weit von der Brücke über die Wien entfernt. Das Haus war wie die meisten hier draußen nicht sehr groß und recht einfach, jedoch soweit ich von außen sehen konnte, in bemerkenswert gutem Zustand. Es stand auf einem nicht allzu großen, mit dichten Hecken bewachsenen Grundstück. An der Vorderseite befanden sich rechts der Haustüre im Erdgeschoss und im ersten Stock je drei Fenster. Die Engelhart hatte im ersten Stock gewohnt. Ich hatte zwar einen Haustürschlüssel, klopfte aber dennoch, um Missverständnisse zu vermeiden und in der Annahme, die Bewohner im Erdgeschoss würden mir öffnen. Obwohl es mitten am Tag war, waren die Vorhänge im Parterre dicht geschlossen und nichts rührte sich. Also schloss ich schließlich die Haustüre selbst auf. Die Treppe war linkerhand. Der Hausgang führte rechts zur Wohnungstür im Erdgeschoss und geradeaus auf eine Hintertür und wohl auf einen dahinter liegenden Hof oder Garten. Im gesamten Haus herrschte geradezu Totenstille. Bis auf das Gebrumme von Fliegen, die es hier reichlich gab, war kein Laut zu vernehmen. Offenbar waren sämtliche Bewohner abwesend. Wahrscheinlich waren auch sie draußen auf ihren Feldern bei der Arbeit. Das war mir nur recht. Auf diese Weise konnte ich ungestört und ohne neugierige Blicke oder Fragen meiner lästigen Aufgabe nachgehen. Allzu lange würde sie sicher nicht dauern. Wenn ich Glück hatte, war ich bereits fertig, bevor die Nachbarn in der unteren Wohnung von ihrem Tagwerk zurückkamen. So begab ich mich also in den ersten Stock. Ich hatte angenommen, dass die Engelhart dort lediglich eine oder zwei kleine Kammern bewohnt hatte und der Rest anderweitig vermietet wäre. Doch dem war nicht so. Der erste Stock bestand wie das Erdgeschoss nur aus einer einzigen Wohnung. Einer der Schlüssel passte. Schon beim Betreten fiel mir auf, dass Engelharts Räumlichkeiten deutlich luxuriöser eingerichtet waren, als ich es bei einer alten Gouvernante und überhaupt bei einer Bewohnerin dieser Gegend erwartet hätte. Selbst der grobe Bretterboden im Flur war mit einem dicht geknüpften Teppich belegt. Links führte eine Tür in die Küche und eine angrenzende kleine Vorratskammer, rechts in die Stube. Vielleicht sollte ich besser sagen, in den Salon, denn zu meinem grenzenlosen Erstaunen präsentierte sich der Raum, den ich jetzt betrat, als solcher. Er nahm die gesamte Südseite ein. Die Wände waren geziert mit Ölbildern. Vor den Fenstern hingen zarte Spitzengardinen. Auch hier prangte ein schöner Teppich auf den groben Dielen. Umstanden war er von zwei Fauteuils, ebenfalls bemerkenswerte Stücke, wenn auch in etwas schlechtem Zustand. Der Stoff war an manchen Stellen schon recht abgewetzt. Trotzdem konnte man sicher in der gesamten Nachbarschaft keine zweite Stube finden, die sich mit diesem Salon auch nur ansatzweise hätte vergleichen können. Insbesondere ein schön gearbeiteter Sekretär fiel mir sofort ins Auge. Das edle Stück aus Nussbaumholz stand an der Wand rechts neben der Zimmertür. Es war mit Schellack poliert, was ihm einen seidig schimmernden Glanz verlieh. Er hatte elegant geschwungene, grazile Beine und war mit feinen Einlegearbeiten verziert. An den Seiten hatte er geschnitzte und vergoldete Muschelornamente. Rechts und links waren jeweils drei kleine Schubladen untereinander angebracht, unterhalb der Schreibtischplatte gab es außerdem noch eine breitere Lade. Wie kam ein so edles Stück in eine ärmliche Wiener Vorstadt? Ich hatte jetzt allerdings keine Zeit über diese durchaus berechtigte Frage nachzudenken. An der den

Fenstern gegenüberliegende Wand führte eine Tür ins Schlafzimmer. Ich hatte mir vorgenommen, mir zuerst einen Überblick über die gesamte Wohnung zu verschaffen, bevor ich mit meiner eigentlichen Aufgabe beginnen wollte. Also betrat ich das Schlafzimmer der Verstorbenen. Wie ich erwartet hatte, war es recht einfach gehalten, doch fiel mir auch hier eine Kommode auf, die weit schöner verarbeitet war, als ich es bei einer einfachen Frau vermutet hätte. Noch mehr verblüffte mich das darauf stehende Waschgeschirr: Schüssel und Krug waren zwar erkennbar schon lange in Gebrauch, jedoch nicht aus billiger Keramik, wie das in weniger wohlhabenden Haushaltungen üblich war, sondern aus feinem, weißem Porzellan, das mit einer zarten Blütenmalerei verziert war. Auf dem Bett lagen dicke Kissen und ein ebensolches Plumeau. Frieren hatte die Jungfer also offenbar nicht müssen. Das Schlafzimmerfenster ging auf den rückwärtigen Teil des Hauses. An der linken Wand befand sich abermals eine Tür, die offenbar in ein Kabinett führte. Ich nahm an, dass dahinter die Kammer der Dienstmagd lag. Zu meiner Überraschung fand ich sie versperrt, als ich die Klinke niederdrückte.

Es war ein drückend heißer Nachmittag und die Luft in der Wohnung unangenehm abgestanden. Ich fühlte mich hier alles andere als wohl. Am liebsten hätte ich sofort wieder kehrt gemacht. Zu allem Überfluss würde die Inventarisierung deutlich länger dauern, als ich das angenommen und gehofft hatte. Seufzend machte ich mich an die Arbeit. Ich begann in der Küche. Auch die war zu meinem Leidwesen reichhaltiger ausgestattet als erwartet. Auch in der Anrichte im Salon fand ich eine beachtliche Menge an Geschirr. Die Jungfer besaß etliche Porzellanteller und -schüsseln und sogar einige Gläser aus Bleikristall. Bei genauerer Betrachtung fiel mir allerdings auf, dass es sich um ganz verschiedene Stücke handelte, die längst nicht alle aus derselben Kollektion stammten. Ich konnte mir das seltsame Sammelsurium nur so erklären, dass es sich um Geschenke diverser Dienstherren oder Erbstücke aus verschiedenen Nachlässen handelte. Demnach hätte die Jungfer entweder ungewöhnlich viele Herrschaften gehabt, die mit ihren Diensten so zufrieden gewesen waren, dass sie ihr regelmäßig wertvolle Geschenke hatten zukommen lassen, oder die Engelhart hatte einige wohlbetuchte Verwandte. Das schien mir allerdings höchst unwahrscheinlich. Auch die beiden Fauteuils, das fiel mir jetzt auf, waren unterschiedlich. Überhaupt wirkte das Mobiliar, wenn man einen zweiten Blick darauf warf, wie zusammengestückelt. Mit derartigen Betrachtungen konnte ich mich aber im Moment nicht länger aufhalten, wenn ich vorankommen wollte. Ich trug also sämtliche Möbelstücke pflichtgemäß in die Liste ein und wandte mich dem Schlafzimmer zu. Die Luft war hier noch abgestandener als im Salon. Es roch widerlich nach alten, ungelüfteten Kleidern. Ich musste an mich halten, nicht sofort wieder umzukehren. Bettzeug hatte die Jungfer reichlich besessen. Die Kommode quoll fast über. Lediglich bei Leibwäsche und Kleidung entsprach das Vorhandene in etwa dem, was ich erwartet hatte. Es waren wenige, durchwegs einfache Stücke. Mein Blick fiel auf den Waschkrug. Das wenige Wasser darin war bereits modrig. Etliche tote Fliegen und Nachtfalter schwammen darin. Widerlich! Die Dienstmagd war wohl bereits anderswo untergekommen und hatte seit dem Tod ihrer Herrin die Räumlichkeiten nicht mehr betreten. All das ekelte mich so an, dass ich kaum mehr atmen konnte. Ich brauchte unbedingt frische Luft! Kurzentschlossen öffnete ich das Fenster, sog gierig die Luft ein und gönnte mir einen Blick hinunter. Dort unten erstreckten sich einige Gemüsebeete, die wohl dem Hausgebrauch dienten. In einem eingezäunten Geviert hatten wohl bis vor kurzem Hühner gescharrt, nun schien es bis auf einige Spatzen, die hier eifrig pickten, leer zu sein. Eine Amsel nahm auf dem trockenen Boden ein Sandbad. Ich hörte Vogelgezwitscher und weit entfernt Geräusche, die wohl von arbeitenden Menschen herrühren mochten. Dort draußen herrschte Leben und nicht die bedrückende Atmosphäre, die ich hier drinnen empfand und die mir fast die Luft zum Atmen nahm. Am Fenster verweilend atmete ich tief durch und gönnte mir noch ein paar Augenblicke, bevor ich mich wieder meiner lästigen Pflicht zuwandte. Hinter den Gemüsebeeten lag eine kleine Wiese mit Obstbäumen. Auch dieser Teil des Gartens war von einer dichten, dornigen Hecke umgeben. Ganz am hinteren Ende des Grundstücks stand eine riesige Trauerweide, deren Äste fast bis auf den Boden reichten. Eine hohe, schmale Gartentüre führte hinaus, wohl auf die dahinterliegenden Gemüsefelder, wie ich annahm. Wie gerne wäre ich jetzt durch sie hinausgeschlüpft ins Freie, ins Leben, zu Menschen! Stattdessen wandte ich mich nun wieder seufzend dem Rest der Wohnung zu. Ich wollte Sorgfalt walten lassen und wenigstens einen Blick in das verschlossene Kabinett werfen, um auch wirklich nichts zu übersehen. Am Schlüsselbund, den man mir ausgehändigt hatte, waren drei Schlüssel: einer für die Haustüre, einer für die Wohnungstür und einer, dessen Verwendung mir bislang nicht bekannt war. Den probierte ich nun aufs Geratewohl. Siehe da, er passte! Als ich die Tür geöffnet hatte, traute ich meinen Augen nicht. Was ich sah, war mitnichten eine Gesindekammer. Zu meinem Erstaunen war der Raum erstens um einiges größer, als ich angenommen hatte, vor allem aber war er von oben bis unten vollgepfropft mit allen nur erdenklichen Gegenständen: Leinzeug, Schüsseln jeder Art, Vasen, Heiligenbilder und Landschaftsgemälde, Kissen, alte, zerlesene Bücher, Kerzenleuchter, Teller, einzelne Löffel, Gabeln, Messer aus diversen Garnituren, Frauengewänder in unterschiedlichstem Zustand, eine lädierte Geige – man hätte meinen können, man sei in einem Trödelladen! Diese Entdeckung verwirrte mich nun vollends. Das konnte die Engelhart unmöglich alles geerbt oder von Dienstherren geschenkt bekommen haben. Allerdings hatte ich nirgendwo am Haus auch nur den kleinsten Hinweis auf eine Gebrauchtwarenhandlung finden können. Und wer sollte sich auch die Mühe machen, hier draußen nach einer solchen zu suchen? Die Sachen waren auch keineswegs in irgendeiner Weise für mögliche Kunden präsentiert. Und es war auch nicht anzunehmen, dass die Jungfer Fremden dorthin Zutritt über ihr eigenes Schlafgemach geben würde.

Bislang hatte ich mich nur auf die Auflistung der Habseligkeiten konzentriert. Irgendwelche Korrespondenz, gleich welcher Art, hatte ich dabei noch nicht gefunden. Also machte ich mich nun gezielt auf die Suche danach. Schließlich war dies meine wichtigste, ja eigentliche Mission und die Inventarisierung nur vorgeschoben. Die meisten Laden des Sekretärs waren jedoch bis auf unbeschriebenes Briefpapier, Tintenfass und Federn leer gewesen und auch sonst hatte ich nirgendwo schriftliche Hinterlassenschaften gefunden. Zu meinem Erstaunen hatte ich mit Ausnahme einiger Kreuzer in der Lade des Küchentischs und einigen wenigen im Portemonnaie der Verstorbenen auch keine größere Geldsumme gefunden. Unter normalen Umständen hätte mich das nicht weiter stutzig gemacht. Doch hier war nichts normal. Die Jungfer barg irgendein Geheimnis. Ich zwang mich dazu, den Dingen genauer auf den Grund zu gehen. Obwohl ich mir dabei wie ein Leichenfledderer vorkam, hob ich noch die Matratze hoch und spähte darunter. Und ja, tatsächlich! Am Kopfende befand sich ein Beutel. Er enthielt zahlreiche Münzen, Konventionstaler und auch Gulden. Wenn ich mich in meiner Eile nicht verrechnet hatte, mussten es an die zweihundert Gulden sein. Nicht schlecht für eine ehemalige Gouvernante! Allein mit dieser Summe hätte die Engelhart sicher noch an die zwei bis drei Jahre bequem und bei sparsamen Wirtschaften noch viel länger über die Runden kommen können. Hier ging etwas nicht mit rechten Dingen zu, das lag auf der Hand. Noch einmal öffnete ich die Kommode und durchstöberte die darin liegende Wäsche. Und man mag es glauben oder nicht, auch hier wurde ich fündig. Ganz hinten in der untersten Schublade fand sich ein kleines Schmuckkästchen. Es enthielt nicht sonderlich viel, ein goldenes Medaillon mit den Initialen ES, einen Siegelring mit den Initialen JvW, einen schön gearbeiteten Rosenkranz mit einem kleinen goldenen Namensplättchen versehen, auf dem die Initialen FvR eingraviert waren, und eine silberne Taschenuhr mit dem Monogramm RvZ.

Die Zeit! Über meinen Entdeckungen hatte ich die Zeit vollkommen vergessen. Inzwischen war es schon später Nachmittag und ich hatte Ottilie versprochen, sie zum Abendessen auszuführen. Hier draußen würde ich keinen Fiaker bekommen. Ich musste also sicher mindestens ein Stück des Weges zu Fuß gehen. Meine Bestandsaufnahme hatte ich so weit beendet. Die genaue Erfassung der unzähligen Gegenstände im Kabinett sollten die Beamten erledigen. Kompromittierendes hatte ich nicht gefunden. Das Fräulein konnte also beruhigt sein. Ich wollte gerade die Wohnung verlassen, als mich plötzlich ein Gedanke durchfuhr. Solch schön gearbeitete Sekretäre hatten sehr oft ein Geheimfach. Wenn es eine geheime Korrespondenz gab, dann wäre sie höchstwahrscheinlich dort zu finden. Zähneknirschend wandte ich mich wieder dem Salon zu. Ja, tatsächlich, in der mittleren Lade befand sich auf der rechten Seite ziemlich weit hinten, so dass man es beim Öffnen nicht gleich sah, ein Sprungfedermechanismus. Als ich ihn betätigte, öffnete sich der Boden der Lade und gab den Blick auf ein darunterliegendes Fach frei. Hier lag tatsächlich etwas! Ich fand zunächst einen Schlüssel und ein paar handschriftlich beschriebene Papiere mit für mich kryptischen Aufzeichnungen, die aus irgendwelchen Abkürzungen und Datumsangaben zu bestehen schienen. Sie genauer zu studieren, fehlte mir im Moment die Zeit. Ottilie wartete bestimmt schon ungeduldig. Also nahm ich die Papiere an mich, um sie im Hotel genauer zu studieren. Wenn sich etwas das Fräulein Kompromittierendes fand, dann wohl auf diesen Seiten. Als ich sie herausgenommen hatte, fand sich darunter allerdings noch etwas. Eine Notarurkunde über einen Kaufvertrag. Das interessierte mich jetzt doch. Ein gewisser Schmittmeyer, seines Zeichens ein ehrbarer Kaufmann in Salzburg veräußerte sein Haus Ecke Gärtnergasse – Marxergasse in der Wiener Vorstadt Weißgerber der Jungfer Antonie Engelhart. Ich glaubte nicht richtig zu lesen. Aber da stand es schwarz auf weiß. Die Engelhart hatte vor ungefähr fünf Jahren das Haus, in dem sie wohnte, höchstpersönlich erworben! Die Kaufsumme erschien mir mit zweihundert Gulden geradezu lächerlich gering. Ich hatte zwar keine wirkliche Ahnung über die tatsächlichen Preise, die für ein Haus hier draußen zu zahlen waren, war mir aber ziemlich sicher, dass es ein Vielfaches der angegebenen Summe sein musste. Noch interessanter aber erschien mir ein Passus weiter hinten im Vertrag. Er besagte, dass sich die Jungfer Engelhart fürderhin weder persönlich, noch schriftlich noch in irgendeiner anderen Form, etwa über Dritte, an besagten Schmittmeyer mehr wenden dürfe. Bei Zuwiderhandlung sei der vorliegende Vertrag null und nichtig und das Haus falle wiederum an den ursprünglichen Besitzer zurück. Ganz offensichtlich wollte der Mann nie wieder etwas mit der Käuferin zu tun haben. War die Engelhart vielleicht seine verflossene Geliebte gewesen und als er ihrer überdrüssig geworden war, hatte er sie möglichst weit weg von Salzburg mit einem Häuschen abgespeist? Ich hatte mir die Engelhart immer alt und hässlich vorgestellt. Aber bei genauerem Nachdenken wurde mir klar, dass ich eigentlich so gut wie gar nichts von ihr wusste. Vielleicht war sie atemberaubend schön gewesen. Außerdem ging die Liebe oft seltsame Wege. Sehr sittsam war sie bestimmt nicht gewesen, sonst hätte sie ja vor Jahren ihre Aufsichtspflicht gegenüber dem armen Fräulein Eleonore nicht so sträflich vernachlässigt. Wie auch immer. Der Passus im Vertrag legte jedenfalls eine sehr persönliche Beziehung zwischen Schmittmeyer und der Engelhart nahe. Die Engelhart als Hausbesitzerin und ehemalige Geliebte eines wohlhabenden Mannes – das konnte mindestens zum Teil auch den erstaunlichen Wohlstand der Toten erklären. Ihr Liebhaber – oder waren es womöglich gar mehrere gewesen?! – hatte ihr wohl auch über die günstige Überlassung des Hauses hinaus vormals auch noch die ein oder andere Zuwendung zukommen lassen. Es war spät geworden. Jetzt musste ich mich wirklich beeilen. Ich legte den Kaufvertrag und den Schlüssel zurück und verschloss Wohnungs- und auch Haustüre sorgfältig. Von den Mietern im Erdgeschoss war immer noch kein Laut zu vernehmen. Waren sie immer noch draußen auf ihren Äckern? Seltsam. Inzwischen hatte es nämlich schon längst zu Abend geläutet.

# *Eine traurige Geschichte*

Guten Abend, mein Lieber. Ich hatte schon befürchtet, dich warten zu lassen. Aber das ist zum Glück nicht der Fall. Ich habe mich mit Adam verplaudert und bin selbst eben erst zur Tür hereingekommen. Stell dir vor, mein Sohn hat mir soeben mitgeteilt, dass er sich auf eine Stelle als Akzessist im Kurfürstentum Bayern bewerben will. Wo genau und was er dort zu tun gedenkt, das habe ich alles nicht so ganz verstanden. Klar ist jedenfalls, dass er nicht im Traum daran denkt, nach Hause zurückzukehren. Nein, mein Herr Sohn will unbedingt in die Residenzstadt München! Ich begreife das nicht. Was ist bloß mit diesen Kindern los? Aber es hat keinen Zweck, mich aufzuregen. Er ist ein erwachsener Mann und macht ja doch, was er will. Es ist anscheinend das Los von uns Müttern, dass unsere Kinder flügge werden und in die weite Welt hinausziehen.«

Zu meiner Erleichterung nahm Ottilie aber die Zukunftspläne ihres Sohnes weit gelassener hin, als Babettes Ansinnen, in Wien zu bleiben. Es war ein langer Tag gewesen. Wir waren beide ein wenig erschöpft und vor allen Dingen hungrig. Also kleideten wir uns schnell um und machten uns auf den Weg ins Speisezimmer der »Weißen Rose«. Ich genoss ein Kalbsschnitzel in krosser Panade, eine Spezialität, die es nur in Wien gab, Ottilie delektierte sich an einem Backhendl. Dazu nahmen wir eine schöne Bouteille herrlich kühlen Weißwein aus der nahe gelegenen Wachau. Ich gestehe, er mundete weit besser als der recht saure, den wir zu Hause in Eichstätt aus dem Kloster Rebdorf bezogen. Über meine Erlebnisse draußen in Weißgerber zu berichten, verbot sich angesichts der außer uns anwesenden Gäste ebenso wie eine Diskussion unserer familiären Angelegenheiten. Also beschränkten wir uns auf eine oberflächliche Konversation. Ich war froh darüber. Inmitten fröhlich schwatzender, lachender, trinkender und speisender Menschen fühlte ich allmählich die Anspannung von mir weichen, die mich den ganzen Tag über belastet hatte. Hier war Leben und nicht die grässliche Atmosphäre eines Totenhauses, wie ich sie in Engelharts Wohnung empfunden hatte. Morgen würden Ottilie und ich gemeinsam

Fräulein Eleonore aufsuchen. Dort würde ich erzählen, was ich in Weißgerber an Überraschendem entdeckt hatte. Aber bis dahin war es noch Zeit und ich war fest entschlossen, sie zu genießen. Müde von dem anstrengenden Tag gingen wir bald zu Bett. Ich weiß nicht warum, aber im Halbschlaf kam mir die ehemalige Jesuitenkirche neben der Universität in den Sinn, von der Ottilie so beeindruckt war. Vor meinem inneren Auge sah ich das Gemälde, das die Decke des Gotteshauses wie eine Kuppel scheinen ließ, obwohl sie doch ganz eben war und die abwechselnd geschwungenen und geraden Säulen aus Stuckmarmor. ›Nichts ist hier, wie es scheint‹, ging es mir durch den Kopf. Doch bevor ich darüber nachdenken konnte, was ich damit eigentlich meinte, war ich auch schon eingeschlafen.

»Bonjour, mes amis, nehmt doch bitte Platz! Ich gestehe, ich konnte vergangene Nacht vor Aufregung kaum ein Auge zumachen. Ich bin schon sehr gespannt, auf Eure Entdeckungen, lieber Francobaldi. Babette habe ich übrigens mit der Gräfin Schallenberg, einer lieben Freundin, in deren Landschloss Rosenau in der Nähe von Zwettl geschickt. Da kann sie wenigstens auf ein paar Tage unbeschwert den Sommer und die frische Luft genießen und die Gräfin ist dankbar für etwas Unterhaltung und angenehme Gesellschaft. Die Arme hat sich nämlich vor einigen Tagen den Fuß vertreten. Ihr müsst wissen, dass auch ich um diese Zeit gewöhnlich die Stadt verlasse. Tout Wien zieht jetzt zur Sommerfrische aufs Land. Kein Wunder. Schließlich wird um diese Zeit, entschuldigt meinen Ausdruck, aber ich muss es so sagen, der Gestank in den Straßen immer schlimmer. In diesem Jahr hält mich allerdings der unglückliche Vorfall noch davon ab, die Stadt zu verlassen. Und ehrlich gesagt steht mir im Moment auch nicht der Sinn nach Sommerfrische. Dazu ist die Angelegenheit viel zu brisant. Nun sind wir also ungestört. Ich bitte Euch, berichtet, mein lieber Francobaldi.«

Ich begann mit meinen Erkenntnissen über Engelharts Vermögensverhältnisse. Die beiden Frauen hörten schweigend, jedoch sichtlich erstaunt zu.

»Briefe oder Dergleichen habe ich nicht gefunden. Nur das hier. Es lag gemeinsam mit dem Kaufvertrag für das Haus und einem Schlüssel im Geheimfach des Sekretärs. Ich hatte selbst noch keine Gelegenheit, mir die Papiere genauer anzusehen. Auf den ersten, flüchtigen Blick ergaben die Aufzeichnungen keinerlei Sinn für mich. Aber seht selbst.«

Ich legte die ersten Blätter auf den Tisch. Ganz offensichtlich handelte es sich um eine Art chronologischer Aufzeichnungen. Die Engelhart hatte sie im Jahr ’81 begonnen und bis kurz vor ihrem Tod weitergeführt.

*B.S. 5.1.81 FH*
*J.A. 3.3.81 FH*
*R.T. 27.3.81 FH*

Pro Jahr listete die Engelhart zwischen vier und gut zwanzig dieser kryptischen Einträge auf. An einigen Stellen war die Abkürzung *FH* durch ein *A,* an anderen durch *ZE* und an wieder anderen durch ein Kreuzzeichen ersetzt. Das oberste Blatt war das neueste. Der jüngste Eintrag stammte vom 10. Juni dieses Jahres. Dann endeten die Aufzeichnungen. Das Einzige, was uns sofort auffiel, war die Tatsache, dass die Einträge sich von Jahr zu Jahr mehrten. Waren es im ersten Jahr des Aufzeichnungszeitraums gerade einmal vier Einträge, so waren es im zweiten bereits sechs und im Jahr darauf zehn. Das vergangene Jahr wies gut zwanzig Einträge auf.

»Für heuer gibt es zwar nur elf Einträge, aber ich vermutete, dass Engelhart die Liste weiter fortgeführt hätte, wäre sie nicht so plötzlich verstorben. Ich gehe davon aus, dass es auch in diesem Jahr höchstwahrscheinlich wieder eine Zunahme gegeben hätte. Die Frage ist nur: Zunahme von was oder wovon? Da habe ich leider nicht die geringste Ahnung. Die Aufzeichnungen müssen der Engelhart wichtig gewesen sein, so viel steht fest. Sonst hätte sie sie nicht im Geheimfach versteckt. Hier gibt es noch eine weitere Liste, weit weniger umfangreich und etwas anders gestaltet, aber sie ist mir ebenfalls rätselhaft.«

Mit diesen Worten gab ich Eleonore von Gleizenstein das Papier. Es war älteren Datums und enthielt folgende Einträge:

*A.v.W. 2.4.63 Haus des Vaters, J.v.W*
*L.v.G. 28.1.68 Würmsee ZE: v.R.*

*v. O. 3.1.71 Wasserburg Kapuz.*
*D.v.R. 7.9.74 Salzburg ZE: M.S.*
*A.v.Z. 14.11.79 Haus der Großeltern, ZE: v.Z*

Ich war gerade dabei, mich mit Genuss meinem Gebäckstück zu widmen, als Fräulein Eleonore einen Laut ausstieß, der dem eines verwundeten Tieres glich. Erschrocken blickte ich sie an.

»Oh mein Gott! Oh mein Gott! Würmsee! Oh ja! Ort und Datum sagen mir in der Tat etwas. Hier, der zweite Eintrag ist es: 28. Januar '68. Wie könnte ich diesen Tag je vergessen! Dieses Datum hat sich tief in mir eingebrannt und es jetzt hier niedergeschrieben zu sehen, reißt alte Wunden auf und führt mir Ereignisse ins Gedächtnis, die ich so gerne vergessen möchte.«

Unsere Freundin war leichenblass geworden und kämpfte mit den Tränen.

»Das besagte Datum und der besagte Ort … Dort habe ich mein Kind zur Welt gebracht. Wie ich schon sagte, habe ich es nie zu Gesicht bekommen. Die Engelhart hat behauptet, es sei ein Junge und trage den Name Ludwig. Ich weiß natürlich nicht, ob das stimmt. Aber wenn sie die Wahrheit gesagt hat, dann könnte sich hinter dem zweiten Eintrag auf der Liste meine traurige Geschichte und die meines Kindes verbergen. *L.v.G* – Ludwig von Gleizenstein, der freilich nie seinen Geburtsnamen, also meinen Familiennamen von Gleizenstein trug. Welchen Namen man ihm tatsächlich gegeben hat, weiß ich nicht und werde es wohl auch nie erfahren. Aber die Ereignisse der Vergangenheit kommen bei mir wieder hoch. Alles steht mir so eindringlich vor Augen, als wäre es gestern gewesen.«

Fräulein Eleonore starrte in die Luft, ins Nirgendwo. Die Erinnerungen an jene dramatische Zeit standen ihr offenbar wieder schmerzlich vor Augen.

»Nachdem meine Mutter entdeckt hatte, wie es um mich stand, setzten meine Eltern alles daran, einen Skandal zu vermeiden. Niemand durfte von meiner Schwangerschaft erfahren. Sie setzten mich also gemeinsam mit der Engelhart in eine Kutsche und schickten mich weg. Freunden, Verwandten und Bekannten erzählte man, ich brauche Luftveränderung. Meine Nerven seien nach dem plötzlichen Tod meines Verlobten angegriffen und ich müsse erst über diesen Verlust hinwegkommen. Das war nicht einmal ganz gelogen. Ich war nämlich immer noch wie erstarrt. Die Reise dauerte tagelang, vielleicht sogar Wochen. In meiner Erinnerung reiht sich ein Übernachtungsquartier ununterscheidbar an das nächste. Ich habe sie ebenso wie alles andere um mich her nur wie im Nebelschleier wahrgenommen. Ob ich im elterlichen Schloss auf meinem Zimmer saß oder in einer Kutsche, die mich an ein unbekanntes Ziel bringen sollte, war mir ebenso einerlei wie der Zustand, in dem ich mich befand. Ich kann auch gar nicht sagen, weshalb meine Eltern mich ausgerechnet an diesen See bringen ließen. Vielleicht auf Vorschlag der Engelhart. Vielleicht hatte sie Verbindungen dorthin. Ich weiß es nicht. Meine Familie hatte jedenfalls keine. Aber vielleicht war genau das auch der Grund. Dort kannte mich niemand.«

»Würmsee, ich bitte um Verzeihung. Aber das sagt mir gar nichts. Wo liegt denn dieser See? Wo hat man Euch hingebracht?«, erkundigte sich Ottilie mitfühlend.

»Um ehrlich zu sein, weiß ich nicht einmal das mit Sicherheit zu sagen. Ich meine mich zu erinnern, dass die Engelhart behauptet hat, wir führen nach Bayern, in eine Gegend südwestlich der Residenzstadt München. Das mag wohl stimmen, denn der See war von Anhöhen umringt und in der Ferne sah man Berge. Das weiß ich noch ganz genau. Irgendwann im Spätherbst kamen wir an. Die Bäume waren schon kahl. Daran erinnere ich mich. Wir setzten auf eine kleine Insel unweit des Ufers über. Sie war nur von einer einzigen Fischerfamilie bewohnt. Bei der nahmen wir Quartier. Ich weiß noch, dass ich tagelang Stunden um Stunden auf den See gestarrt habe. Oft, ich gestehe es, überfiel mich der Gedanke, einfach in die kalten Fluten hineinzuwaten, weiter, immer weiter, bis das Wasser mich in die Tiefe zöge. Dann wäre wenigstens alles vorbei. Aber die Engelhart hat wie ein Wachhund auf mich aufgepasst und mich keine Sekunde aus den Augen gelassen. So rückte also schließlich nach Monaten des Ausharrens meine schwere Stunde heran. Die Engelhart und die Fischersfrau waren bei mir. Die Geburt dauerte schier endlos lange. Aber schließlich war alles überstanden. Die Engelhart wickelte das Kleine in Tücher. Ich konnte nur einen ganz kurzen Blick auf seinen Hinterkopf erhaschen. Der war voller kurzer schwarzer Haare. Das weiß ich noch. Ich war einfach nur erschöpft.

Nachdem ich mich von der Geburt erholt hatte, reisten wir Anfang Februar wieder zurück nach Jahrmarkt in Ungarn. Meine Mutter meinte, ich solle vergessen, was hinter mir lag und nach vorne blicken. Man werde nie wieder ein Wort darüber verlieren. Was vorgefallen war, sollte im Kreis der Familie bleiben. Sie hoffte ja immer noch, mich standesgemäß verheiraten zu können. Doch mein Zustand änderte sich auch nach meiner Rückkehr nicht. Ich nahm weiterhin an nichts Anteil. Die Welt blieb mir im Nebelmeer meiner Trauer versunken. An eine erneute Verlobung oder gar Heirat war so gar nicht zu denken.«

All das brachte Eleonore von Gleizenstein leise und in stockendem Tonfall hervor, während sie dabei unablässig ihre Hände knetete. Ihr Blick war immer noch in weite Ferne gerichtet, sie schien unsere Anwesenheit nahezu vergessen zu haben.

»Mein Vater entschied schließlich, dass es so mit mir nicht weitergehen könne und schickte mich kurzerhand zu seiner verwitweten Schwester nach Wien. Sie hatte ebenfalls schwere Schicksalsschläge erlitten. Außer ihrem Mann waren auch zwei ihrer Kinder kurz hintereinander an Blattern verstorben. Die jüngste Tochter aber war weit entfernt, in der Gegend von Arad verheiratet, sodass meine Tante mehr oder weniger alleine stand. Die Arme konnte ein wenig Gesellschaft gebrauchen. Sie wusste natürlich nicht genau, was vorgefallen war, aber sie spürte wohl, dass es mehr war als nur der Verlust meines geliebten Bräutigams. Sie hat mich nie danach gefragt. Aber auf leise, behutsame Art ist es ihr gelungen, mich allmählich wieder ins Leben zurückzuführen. Sie hat Spaziergänge mit mir unternommen und Kutschfahrten, hat mich in Konzerte geführt und in die Oper. Immer hat sie darauf geachtet, dass die Kost nur ja nicht zu schwer für mich sei, aber auch nicht zu oberflächlich. Nach platten Späßen stand mir der Sinn ja wahrhaftig nicht.«

Seufzend beendete Eleonore ihre Erzählung. Ich wusste nicht, was ich zu all dem sagen sollte und schwieg betreten. Dieses Geständnis war mir im wahrsten Sinne des Wortes zu intim.

»Und das Kind?«, fragte Ottilie in sanftem Tonfall, fast als ob sie zu einer Kranken spräche.

»Ja, das Kind. Wie ich schon sagte, ich habe in all den Jahren nur selten daran gedacht. Ich wollte diesen Alptraum einfach nur vergessen. Das ist mir zwar nicht wirklich gelungen, die Erlebnisse von damals verfolgen mich bisweilen heute noch in meinen Träumen. Trotzdem hat es meine Tante in ihrer fürsorglichen Art schließlich doch geschafft, mich wieder ins Leben zurückzuführen. Das hat freilich Jahre gedauert. Inzwischen habe ich neue Bekanntschaften geschlossen und erfreue mich eines großen Freundeskreises. Er ersetzt mir mindestens zum Teil die Familie, die ich nicht habe. Ich habe gelernt zurechtzukommen. Aber wenn meine Vergangenheit ans Licht käme und einen Skandal verursachen würde – ich muss gestehen, ich weiß nicht, ob ich die Kraft hätte, dies durchzustehen.«

Wieder schwieg sie. Es war ihr anzusehen, wie sehr sie diese Erinnerungen mitgenommen hatten. Was für eine unerträglich peinliche Situation! Am liebsten wäre ich aus meinem Fauteuil aufgesprungen und davongerannt. Ottilie kam mir schließlich zu Hilfe.

»Es ist schon spät. Ich hoffe, Ihr seid uns nicht böse, wenn wir uns für heute verabschieden. Vielleicht möchtet Ihr Euch ein wenig ausruhen, meine Liebe.«

Wieder sprach sie sanft wie mit einer Kranken. Das Fräulein blickte sie dankbar an.

»Das ist eine gute Idee. Überhaupt, Ihr seid beide so gut zu mir. Ich weiß gar nicht, wie ich mich dafür jemals revanchieren soll.«

»Das hat keine Ursache. Wenn ich Euch weiterhin irgendwie behilflich sein kann, sagt es bitte. Ich stehe Euch jederzeit gerne mit Rat und Tat zur Verfügung.«

Ottilie streichelte dem Fräulein wie tröstend zärtlich über den Arm, während ich immer noch stumm und wie betäubt daneben stand. Zusätzlich zu dem völlig unerwarteten Geständnis des Fräuleins versetzte mich auch die Reaktion meiner Frau in Erstaunen. Ottilie zeigte keinerlei moralische Empörung, sie wirkte vielmehr mitfühlend und verständnisvoll. Schweigend stiegen wir beide das breite Treppenhaus hinunter. Draußen war es noch warm, fast heiß. Nach wenigen Schritten fasste mich meine Frau am Arm.

»Lass uns einen Fiaker nehmen und hinaus in den Prater fahren«, bat sie mich. »Das war doch alles etwas viel. Ich brauche nach all dem Leid frische Luft, Leben und fröhliche Menschen um mich herum.«

## *Stille Wasser*

»Und jetzt? Wie geht es jetzt weiter?«, fragte mich Ottilie am nächsten Morgen, kaum dass ich die Augen aufgemacht hatte. Ich sah sie erstaunt an. Im Gegensatz zu mir war sie immer schon am frühen Morgen putzmunter, während ich vor meiner ersten Tasse Kaffee keinen klaren Gedanken fassen konnte und schon gar keine Pläne spinnen. An diesem Morgen fiel mir das Denken sogar besonders schwer, hatte ich mir doch draußen auf dem Prater einige Viertelchen vom köstlichen Wachauer Wein gegönnt.

»Wie meinst du das?«

»Wie soll ich das schon meinen? Was verstehst du an dieser einfachen Frage nicht? Ich meine, wie wir jetzt weiter vorgehen wollen?«

»Was heißt hier ›weiter vorgehen‹? Gar nicht gehen wir weiter vor. Die Gleizenstein hat mich gebeten, Engelharts Hinterlassenschaften nach möglicherweise kompromittierenden Schriftstücken zu inspizieren. Das habe ich getan und ihr das Wenige ausgehändigt, was ich gefunden habe. Damit ist diese mehr als unerfreuliche Angelegenheit abgeschlossen. Ich werde heute oder morgen noch die Schlüssel und die angefertigten Inventarlisten bei der Behörde abgeben und dann können wir gemeinsam mit Babette abreisen, sobald du willst. Hier hält uns ja nichts mehr. Wir haben so gut wie alles gesehen und jetzt in der Sommerhitze wird Wien wirklich unerträglich.«

»Ja, wahrscheinlich hast du recht. Wir waren jetzt wohl lange genug hier. Auch wenn ich einiges vermissen werde. Die Konditorei Dehne, die Kaffeehäuser an der Schlagbrücke und überhaupt die Wiener Küche: Germknödel, Apfelstrudel, Powidl, Guglhupf, Schnitzel und Gulasch … Der Blick hinauf zur bunten Dachlandschaft des Steffl wird mir fehlen, Spaziergänge im Prater und noch so dies und das. Aber natürlich kann ich meinen eigenen Haushalt nicht ewig vernachlässigen – und dann ist da auch noch der kleine Karl. Der wird schon Sehnsucht nach uns haben. Trotzdem: So ganz sang- und klanglos können wir nicht von hier weg. Wenigstens verabschieden müssen wir uns noch: von Adam, von Giacomo und seiner Frau und natürlich auch von Fräulein Eleonore und ich weiß gar nicht von wem sonst noch alles. Allerdings, was Babette betrifft – bitte schimpf' nicht mit mir! Ich weiß, meine Absicht, sie nach Hause zurückzuholen war überhaupt der Anlass für unsere Reise. Aber jetzt … jetzt muss ich zugeben, dass ich es nicht übers Herz bringe, sie Eleonore so auf die Schnelle zu entreißen.«

»Das ist …« Ich wusste nicht, wie ich diesen Satz beenden sollte. Nicht so früh am Morgen und ohne Kaffee. Also schlug ich meiner Frau vor, erst einmal zu frühstücken und die Modalitäten unserer Abreise erst später zu erörtern. Bittersüß und aufs angenehmste temperiert weckte das Getränk zusammen mit einem Kipferl mit Butter und Marmelade allmählich meine Lebensgeister. Wie also sollte es weitergehen? Sang- und klanglos von heute auf morgen abzureisen ging natürlich nicht. Zumindest Pezzl musste ich auch noch einen Höflichkeitsbesuch abstatten. Ich hatte das bislang vor mir hergeschoben. Ich wusste auch warum und schämte mich deswegen vor mir selbst. Obwohl er mir vor Jahren Stein und Bein geschworen hatte, nichts mit dem Mord am Mörder seines Bruders zu tun zu haben, war ich doch seitdem ein gewisses Misstrauen ihm gegenüber nie mehr losgeworden. Aber ihn überhaupt nicht aufzusuchen, wenn ich schon einmal in Wien war, ging natürlich auch nicht an. Wenn ich Glück hatte, war er vielleicht bereits irgendwo zur Sommerfrische auf dem Land. Dann konnte ich ihm eine kurze briefliche Nachricht hinterlassen und darin mein Bedauern ausdrücken, ihn nicht mehr angetroffen zu haben. Mit Adam mussten wir uns natürlich auch noch treffen und uns von ihm verabschieden. Und ja, auch von Fräulein Eleonore. Ottilies Ansinnen, Babette bei ihr zu lassen, war mir allerdings auch jetzt noch unverständlich.

»Ich habe während des Frühstücks nachgedacht. Eine Woche müsste reichen, um all unsere Abschiedsbesuche zu absolvieren. Dann hält uns hier nichts mehr. Ich freue mich nach all dem Trubel hier auf unser beschauliches Eichstätt. Auch wenn ich genau wie du einiges, was ich hier liebgewonnen habe, vermissen werde, den Kaffee zum Beispiel oder die Kipferl und ja, auch den Wein aus der Wachau. Aber eines musst du mir doch erklären, Ottilie. Woher kommt dein plötzlicher Sinneswandel Babette betreffend?«

»Wie ich schon sagte. Ich bringe es nicht übers Herz, sie Fräulein Eleonore zu entreißen. Nicht jetzt. Du hast ja gestern gesehen, in welcher Verfassung sie war. Kein Wunder. Das eigene Kind nicht einmal zu kennen, nicht zu wissen, wo es ist und wie es ihm geht. Was kann es denn Schlimmeres geben?«

»Und du hast keine moralischen Bedenken, deine Tochter in dieser Gesellschaft zu lassen? Bist du dir sicher, dass die Gleizenstein gut genug auf sie aufpasst? Zum Schluss endet Babette noch wie sie. Was der Himmel verhüten möge.«

»Moralische Bedenken? Aber was redest du denn da? Nach allem, was der armen Eleonore widerfahren ist, bin ich mir sicher, dass sie alles daransetzt, Babette ein ähnliches Schicksal zu ersparen. Und was den Fehltritt anbetrifft – sie war immerhin verlobt, die Hochzeit stand unmittelbar bevor. Wenn ihr Verlobter nicht so plötzlich verstorben wäre, hätte kein Mensch ein Wort über die Sache verloren. Ein Kind, das ein paar Wochen zu früh kommt – wen kümmert's? Es wäre eine lässliche Sünde gewesen, die mit ein paar Vaterunser und Ave Maria abgegolten gewesen wäre. Und was Babette betrifft: Auf ein paar Monate mehr oder weniger wird es für ihre Verheiratung nicht ankommen. Dazu ist im Frühjahr immer noch Zeit. Ihr eilt es ja ohnehin nicht. Adam könnte sie mit nach München nehmen, wenn er seine neue Stelle antritt. Von dort könnten wir sie dann abholen. Was meinst du?«

Was sollte ich sagen? Verstehe einer die Frauen! Ich tat es jedenfalls nicht, wie mir wieder einmal bewusst wurde. Nie hätte ich meiner Ottilie zugetraut, dass sie den Fehltritt ihrer neuen Freundin so mit einem Schulterzucken abtun würde, noch weniger, dass sie keinerlei moralische Bedenken hegte, ihre Tochter in der Obhut dieser Frau zu lassen. Ich schluckte meinen Ärger über dieses ganze Hin und Her hinunter. Mochte Babette meinetwegen noch ein halbes Jahr hierbleiben, ich wollte jedenfalls so schnell wie möglich wieder nach Hause.

Die Verabschiedung von Mademoiselle von Gleizenstein schien sich früher als erhofft anzubieten. Kaum waren wir nämlich wieder auf unserem Zimmer, klopfte auch schon ihre Zofe und überreichte uns ein Billett ihrer Herrin mit der Frage beziehungsweise Bitte, sie heute Nachmittag aufzusuchen, falls es unsere Zeit erlaube.

»Francobaldi, habt Ihr die Schlüssel noch?« Fräulein Eleonore kam ohne Umschweife zur Sache.

»Die Schlüssel? Ihr meint die für das Haus der Engelhart?«

»Genau die. Habt Ihr sie noch?«

Ich bejahte und Eleonore schien erleichtert über meine Antwort.

»Ich will ganz ehrlich sein. Das, was Ihr da über die Wohnung meiner früheren Gouvernante berichtet habt, ist mir nicht mehr aus dem Kopf gegangen. Ich begreife es umso weniger, als mir die gute Engelhart jedes Mal, wenn sie mich aufgesucht hat, um mir von meinem Sohn zu berichten, nicht versäumt hat, darauf hinzuweisen, in welch bedrängter finanziellen Lage sie sei – angeblich sei, muss ich wohl richtigerweise sagen.«

»Wie? Das begreife ich nicht. Die Engelhart hat Euch nach dem Vorfall noch besucht?«, fragt Ottilie erstaunt.

»Ja. Hatte ich das noch nicht erzählt? Die Erinnerung und auch die Angst vor einer möglichen Aufdeckung meiner Vergangenheit haben mich vorgestern so erschüttert, dass ich es wohl vergessen habe. Um es kurz zu machen: Nach meiner Rückkehr ins Elternhaus behielten meine Eltern die Engelhart noch für einige Zeit. Offiziell war sie weiterhin meine Gouvernante, auch wenn ich überhaupt keine brauchte, weil ich mein Zimmer ohnehin nicht mehr verließ und keinerlei Anteil an der Welt um mich herum nahm, wie ich Euch ja bereits erzählt habe. Und die Engelhart wäre sicher der letzte Mensch gewesen, den ich hätte sehen wollen. Aber um jedes mögliche Gerede im Keim zu ersticken, behielt man sie eben noch eine Zeit im Haus. Was sie dann tat, wohin sie ging, weiß ich nicht. Doch eines Tages, Jahre später, stand sie plötzlich hier in Wien vor meiner Tür. Ihr erster Besuch muss erfolgt sein, als mein Sohn so etwa sechs oder sieben Jahre alt war, genau weiß ich es nicht mehr. Einige Jahre hat sie mich dann regelmäßig so um seinen Geburtstag herum aufgesucht. Wenn ich ihren Ausführungen Glauben schenken durfte, wuchs mein Sohn Ludwig als das Kind einer adeligen Familie auf. Ihre Besuche bei mir dienten angeblich dazu, mir zu berichten, wie es ihm gehe und welche Fortschritte er mache. Ich konnte mich dabei allerdings nie des Eindrucks erwehren, dass sie sich für diese Informationen – oder auch ihr Stillschweigen über die besagten Vorkommnisse – eine finanzielle Zuwendung von mir erhoffte. Denn sie hat bei ihren Besuchen nie versäumt, darauf hinzuweisen, wie schlecht es ihr wirtschaftlich gehe. Ich habe ihre Klagen noch im Ohr, das dürft Ihr mir glauben! ›Ach, liebes Kind, man wird nicht jünger! Für eine Kinderfrau oder Gouvernante bin ich mittlerweile fast schon zu alt. Da wollen die Herrschaften Jüngere. Noch ein paar Jahre und ich finde kein Unterkommen mehr.‹ Und dann hat sie mir vorgejammert, wie sie sich in naher Zukunft wohl mühsam als Krankenpflegerin oder mit Flickarbeiten durchschlagen müsse und wie hart die Konkurrenz sei. Es gebe so viele mittellose alleinstehende Frauen. In ein paar Jahren werde sie, wenn überhaupt, nur noch als Totenfrau Verdienstmöglichkeiten finden. Natürlich habe ich ihr geglaubt. Wie auch nicht? Die Straßen sind voll von Armen, die sich mehr schlecht als recht durchschlagen müssen.«

Bei diesen Worten nickten Ottilie und ich beipflichtend. Unwillkürlich erinnerte ich mich an unseren Kirchenführer in Passau. Jahre zuvor schon hatte ich die Armut auf den Dörfern bei vielen meiner Schulvisitationen gesehen. In den Städten war es noch schlimmer. So sehr man sich auch bemühte, das Elend so vieler war nicht in den Griff zu bekommen. Bereits Kaiser Joseph hatte durch verschiedene Reformen versucht, Abhilfe zu schaffen. Man bildete Kommissionen zur Armutsbekämpfung und diskutierte das Problem in aufgeklärten Zirkeln und Salons. Etliche Wohlhabende spendeten auch regelmäßig oder errichteten Stiftungen. Es gab Stipendien für mittellose Studenten und Zuwendungen zur Aussteuer unvermögender, heiratswilliger Mädchen. In Eichstätt beispielsweise hatte Cobenzls jung verstorbener Freund, der Domherr Graf Hatzfeld, sein Vermögen den Armen vermacht und Cobenzl selbst hatte in seinem Testament das Waisenhaus der Stadt mit tausend Gulden bedacht. Ein Großteil der von Ottilie verfertigten Socken, Schals und Handschuhe ging an das Armenhaus unserer Stadt. Aber all diese Bemühungen waren nicht mehr als ein Tropfen auf dem heißen Stein. Das Elend blieb. Eine nie versiegende Quelle speiste den Strom an Witwen, Waisen, Bastarden, Aussätzigen, Schwindsüchtigen und sonstigen Kranken, an Invaliden, Krüppeln, Obdachlosen, Alten und Debilen. Die staatlichen und kirchlichen Einrichtungen, die Armen- und Waisenhäuser, alle Stiftungen und sonstige Zuwendungen reichten bei weitem nicht aus, um dem Heer an Bedürftigen zu begegnen. An nahezu allen Straßenecken und auf den Kirchenstufen sah man solch armselige Kreaturen, die um ein paar Münzen oder ein Stückchen Brot bettelten oder versuchten, sich mit jeglicher Art fragwürdiger Dienste über Wasser zu halten. Die Armut war so allgegenwärtig wie der Schmutz auf den Straßen – und vielen leider auch genauso gleichgültig.

»Ich habe ihr natürlich jedes Mal eine Summe Geld gegeben«, fuhr Eleonore in ihrer Erzählung fort. »Wenn ich ehrlich bin, war es weniger aus Mitleid als vielmehr eine Art Schweigegeld.«

»Die Engelhart hat Euch also erpresst?«

»Nun, so würde ich es vielleicht nicht unbedingt sagen wollen. Erpresst, nein, nicht direkt. Jedenfalls nicht in dem Sinn, dass sie jemals eine konkrete Forderung gestellt hätte. Über viele Jahre erhoffte und fürchtete ich ihren Besuch gleichermaßen. Ich war jedes Mal im Zweifel, ob das, was mir die Engelhart da über meinen Sohn berichtete, der Wahrheit entsprach. Vielleicht dachte sie sich sein Leben in einer standesgemäßen Familie nur aus, um mich bei Laune zu halten und das arme Kind vegetierte stattdessen in Armut dahin oder war vielleicht sogar schon gestorben. Ich wusste es nicht und hatte keine Möglichkeit das zu überprüfen. Aber nie, nicht eine Sekunde lang, hatte ich Zweifel, dass das, was die Engelhart über sich selbst und ihre Situation erzählte, der Wahrheit entsprach. Vor ungefähr zehn oder elf Jahren endeten diese Besuche so plötzlich wie sie begonnen hatten und ich habe nie wieder von ihr gehört. Ich wusste nicht einmal, dass sie in Wien lebt, bis ich auf ihre Todesanzeige gestoßen bin. Irgendwie hatte ich bei ihren Besuchen früher immer das Gefühl, sie sei nur ein paar Tage in der Stadt und nutze die Gelegenheit, mich aufzusuchen. Aber da habe ich mich offensichtlich getäuscht. Und nun kommt Ihr, lieber Francobaldi, und bringt diese rätselhaften Listen und berichtet von einer Wohnung voller schöner Möbel, von Schmuckstücken und einem verschlossenen Raum, der eher einem Trödelladen gleicht. Ich fühle, da stimmt etwas nicht und daher wollte ich Euch bitten, mir die Wohnung meiner früheren Gouvernante zu zeigen. Ich möchte das alles mit eigenen Augen sehen.«

»Eine gute Idee. Das würde mich auch brennend interessieren. Ich stimme nämlich völlig mit Euch überein, meine Liebe. Da stimmt etwas nicht«, pflichtete Ottilie bei, noch bevor ich mich gegen dieses Ansinnen hätte wehren können. Auch das noch. Meine eigene Frau! Keine zehn Pferde hätten mich normalerweise dazu bringen können, noch einmal einen Fuß in dieses Haus zu setzen und nun sah ich mich plötzlich von dieser weiblichen Übermacht mehr oder weniger sanft dazu genötigt. Nein, das gefiel mir nicht! Gefiel mir ganz und gar nicht! Aber bevor ich noch einen Einwand erheben konnte, unterbreitete Eleonore schon einen weiteren Vorschlag. Ganz offenkundig hatte sie über die ganze Sache lange und intensiv nachgedacht und sich gut auf unser Treffen vorbereitet.

»Vielleicht ist es sinnvoll, zunächst die Dienstmagd der Engelhart ausfindig zu machen. Die, die sie auch tot aufgefunden hat. Wenn jemand Näheres über diese rätselhafte Frau weiß, dann sie. Glaubt mir, den Dienstboten entgeht nichts. Ich bin sicher, manche Zofe weiß eher, wenn eine Frau in der Hoffnung ist als ihr Gemahl.«

Ich war mit diesem Vorschlag mehr als einverstanden. Er verschaffte mir zumindest einen Aufschub und mit etwas Glück würde er sogar des Rätsels Lösung bringen, eine ganz harmlose Erklärung für alles, was uns im Moment so befremdlich erschien, und ich brauchte nie wieder nach Weißgerber hinaus. So einigten wir uns darauf, Fräulein Eleonores Dienstmädchen dorthin zu schicken und Engelharts ehemalige Dienstmagd ausfindig zu machen.

Die Suche erwies sich als unkompliziert. Bereits zwei Tage später wurden wir benachrichtigt, dass das Mädel gefunden und auch bereit sei, bei Mademoiselle von Gleizenstein am nächsten Tag vorzusprechen. Zu diesem Treffen seien wir hiermit aufs herzlichste eingeladen. Bei unserer Ankunft in ihrer Wohnung fanden wir eine Person von Mitte bis Ende zwanzig vor, ihr Alter ließ sich nur ungefähr schätzen. Fräulein Eleonore stellte sie uns als Thekla vor. Die Natur hatte das arme Kind stiefmütterlich behandelt. Sie schielte, hatte schütteres, mausbraunes Haar und zog beim Gehen ein Bein leicht nach. Es war sicher nicht leicht für sie, eine Anstellung zu finden.

»Hab keine Angst, Thekla. Wie ich schon sagte: Wir wollen dir nichts Böses, nur ein paar Auskünfte. Wie dir meine Theresia ja schon erklärt hat, sind wir bereit, dich für deine Mühe auch angemessen zu entlohnen. Also versuche, unsere Fragen so gut wie möglich zu beantworten. Dieser Herr hier wurde von der Stadt bestellt, die Hinterlassenschaften deiner ehemaligen Herrin zu regeln. Ich habe ihn und seine Frau deshalb gebeten, bei unserem Gespräch dabei zu sein. Aber jetzt trink erst einmal von der Limonade. Du wirst an einem so heißen Tag durstig sein nach dem langen Weg. Und greif ruhig auch beim Gebäck zu, hab' nur keine Scheu!«

Thekla griff vorsichtig zu und schaute sich möglichst unauffällig im Salon um. Sie wirkte immer noch nervös und ich konnte es ihr nicht verdenken.

»Wie lange arbeitest du denn schon für die Jungfer Engelhart?«

»Immer schon.«

»Also immer schon. Was heißt das genau?«

»Ich meine immer schon, seit die Engelhart zu uns hinaus ins Weißgerberviertel gezogen ist.«

»Und wann war das?

»Das müsste jetzt so zehn oder elf Jahre her sein.«

»Und seitdem bist du immer in ihren Diensten gewesen?«

»Ja.«

Eleonore gab nicht auf. Sie schenkte der Magd noch einmal nach und blickte sie freundlich und aufmunternd an.

»Das ist eine lange Zeit«, versuchte sie das Gespräch fortzuführen. »Da lernt man einen Menschen doch recht gut kennen. Wie war sie denn so, deine Hausfrau?«

Thekla überlegte. Lange. »Sie war immer gut zu mir.«

»Und weiter?«

»Was weiter?« Das Dienstmädel blickte hilflos vom einen zum anderen, als erhoffe sie die Antwort von uns.

Allmählich begann ich unruhig zu werden. Wir vergeudeten hier doch nur unsere Zeit. Mehr als einsilbige Antworten waren von Thekla anscheinend nicht zu erwarten. Dieses fruchtlose Gespräch strapazierte meine Nerven. Auch Eleonore schien allmählich ungeduldig zu werden. Da schaltete sich zu meinem Erstaunen Ottilie ein.

»Thekla, ich glaube das Fräulein möchte gern Genaueres erfahren. Wie bist du denn zum Beispiel in den Dienst bei der Jungfer Engelhart gekommen? Wo kam sie überhaupt her? Was haben denn die Nachbarn so über sie gesagt? Solche Sachen interessieren das Fräulein.«

Zu meinem Erstaunen reagierte Thekla auf meine Frau wesentlich aufgeschlossener, ja zutraulicher als auf Eleonore. Ein Gespräch mit einer ihr unbekannten Dame von Stand hatte sie ganz offensichtlich überfordert.

»Wo die Jungfer herkam, weiß ich nicht. Darüber wurde anfangs bei uns draußen viel geredet und gerätselt. Daran kann ich mich noch erinnern. Aber die Engelhart hat nie ein Wort über ihre Vergangenheit verlauten lassen. Ich hab nicht viel gefragt. Was geht mich ihre Vergangenheit an? Ich war einfach froh, bei ihr in Dienst treten zu können.«

Das Schicksal hatte Thekla bereits in frühen Jahren übel mitgespielt. Wie sich herausstellte, war sie Halbwaise. Ihre Mutter war bereits vor Jahren gestorben und seitdem hatte sie die Verantwortung für den Haushalt und ihre vier jüngeren Geschwister getragen. Der Vater, dem Alkohol ergeben, schien keine allzu große Hilfe gewesen zu sein. Die Engelhart hatte ungewöhnlicherweise nicht darauf bestanden, dass Thekla auch nachts bei ihr blieb. Für die junge Dienstmagd und ihre Geschwister war das ein Glück. Denn so konnte Thekla abends die wenigen Schritte in ihr Elternhaus gehen und sich dort um die jüngeren Geschwister kümmern.

»Wovon hat deine Herrin denn gelebt?« Ohne dass wir es abgesprochen hatten, hatte Ottilie die Gesprächsführung übernommen.

»Das weiß ich nicht. Gearbeitet hat sie nicht, wenn Ihr das meint. Manche glauben, dass sie zwar aus gutem Hause stammte, aber vielleicht von ihrer Familie verstoßen war. Andere haben gemeint, sie hätt' in jungen Jahren ihr Geld vielleicht auf ganz zweifelhafte Weise verdient. Als Schauspielerin oder Tänzerin oder so auf die Art, gnä' Frau wissen schon, was ich mein'.«

Ottilie nickte zustimmend. Auch ich hatte verstanden.

»Aber wurscht, was es war, alle haben gemeint, dass sie irgendeine dunkle Vergangenheit haben muss. Sonst hätt' sie sich sicher nicht bei uns draußen niedergelassen. Wie gesagt, ich hab sie nie gefragt und erzählt hat sie nichts.

Anfangs gab's viel Gerede in der Nachbarschaft und jeder hat geschaut, was die Fremde macht, ob er ihr auf die Schliche kommen könnt'. Ein paar haben sogar versucht, mich über sie auszuhören. Aber da war nichts. Die Engelhart war ganz unauffällig. Sie lebte sehr zurückgezogen, hat gegrüßt, wenn man ihr auf der Straße begegnet ist, hat aber kaum mit jemandem gesprochen. Sonntags ist sie wie alle in die Kirche gegangen, manchmal auch in die Frühmess' oder in einen Rosenkranz. Sie hat auch in den Klingelbeutel gespendet. Nicht allzu viel, aber auch nicht wenig. Im ersten und im zweiten Jahr ist sie tagsüber auch noch öfter in die Stadt gegangen. Das hat die Leut' natürlich auch sehr verwundert. Bei uns draußen müssen alle den ganzen Tag arbeiten. Da hat keiner Zeit zum Flanieren. Einige haben mich sogar gefragt, was sie dort macht. Aber ich hab's ja auch nicht gewusst. Und nach einer Weil' haben die Leut' das Interesse an ihr verloren. Schließlich hat bei uns jeder seine eigenen Sorgen. Da hat man wenig Zeit, sich um die Nachbarn zu kümmern.«

»Ja, das verstehe ich«, nickte Ottilie bekräftigend. »Aber sag, die Nachbarn unten im Haus, die müssten sie doch ein bisschen besser gekannt haben. Wenn ich das richtig verstanden habe, war die Engelhart ja ihre Hauswirtin. Da muss man ja mindestens ab und zu miteinander reden.«

»Die Nachbarn unten?« Thekla war ihre Verwirrung ins Gesicht geschrieben. »Aber da unten hat doch noch nie jemand gewohnt.«

Jetzt war es an uns verwirrt zu sein.

»Da unten hat gar niemand gewohnt?! Noch nie, sagst du? Ja, aber wieso? Das verstehe ich nicht. Das hätte ihr doch gutes Geld gebracht!«

Thekla nickte zustimmend zu Ottilies Äußerung. »Das hat niemand verstanden. Ja, jetzt erinnere ich mich: Anfangs hatten die Leut' sogar Angst, dass die Engelhart in der Wohnung unten liederliche Frauenzimmer einquartieren könnt'. Gnä' Frau wissen schon, solche wie in gewissen Häusern am Spittelberg. Schließlich haben wir das Hetztheater bei uns draußen. Wenn da Vorstellungen sind, kommen viele Leute zu uns raus, insbesondere Männer. Da wär' schon Kundschaft da, hat es geheißen. Aber die Engelhart hat überhaupt nicht vermietet. An niemanden. Und schließlich haben's die Leut' vergessen und sich nicht weiter drum gekümmert.«

»Und wofür hat sie die Wohnung denn dann verwendet?«, bohrte meine Frau weiter nach.

»Weiß ich nicht.«

»Warst du denn nie drinnen? Hast du dort in all den Jahren nie sauber gemacht?«

»Nein.«

»Und das Zimmer neben der Schlafkammer? Hast du dort sauber gemacht?«

»Nein.«

»Hast du jemals gesehen, zu welchem Zweck die Engelhart es in Gebrauch hatte?«

»Nein. Es war immer zugesperrt.«

Wir sahen uns ratlos an. Irgendetwas stimmte hier ganz und gar nicht, so viel war klar. Thekla hätte sicher einiges in Erfahrung bringen können, wenn sie es darauf angelegt hätte. Aber so, wie sie sich uns präsentierte, schien sie zwar gutmütig, jedoch leider nicht allzu gewitzt. Sie begriff offenbar nicht, was sich vor ihrer Nase abgespielt hatte oder wollte es nicht sehen. Andererseits war das vielleicht genau der Grund, weshalb die Engelhart sie so lange in Diensten gehalten hatte. Was auch immer diese Person getrieben hatte, sie hatte sehr darauf geachtet, dass ihr dabei niemand auf die Schliche kam. So viel war klar: Um aus Thekla etwas Brauchbares herauszubringen, bedurfte es weiterer kluger Fragen. Leider fiel mir keine einzige ein. Schweigen machte sich breit. Thekla knetete nervös ihre Hände, schaute vom einen zum anderen und hoffte wahrscheinlich inständig, dass die Befragung nun endlich vorbei wäre.

Schließlich war es abermals Ottilie, die das Schweigen beendete. »Wenn du die untere Wohnung nie geputzt hast und auch das eine Zimmer oben bei der Engelhart nicht, wenn die außerdem, wie du sagst, recht zurückgezogen lebte und also kaum Besuch empfing, dann muss die Arbeit bei ihr ja nicht allzu schwer gewesen sein. Nur eine Person, für die du kochen und waschen musstest. Das schafft ein junges, gesundes Weib wie du ja fast an einem halben Tag.«

Zu meinem Erstaunen schien Thekla diese Aussage fast als Vorwurf aufzufassen. Umständlich erklärte sie, was sie vom Füttern der Hühner über die Bestellung des Gartens und die Pflege des Haushalts so alles den lieben, langen Tag zu tun hatte.

»… Ich musst' auch dafür sorgen, dass immer genug frisches Wasser im Fass unten vorrätig war. Da war sie eigen. Und dann bitt' ich zu bedenken, dass mich die Engelhart ja oft für Besorgungen in die Stadt geschickt hat. Sogar für Kleinigkeiten. Der Weg hin und zurück dauert seine Zeit.«

»Was denn für Besorgungen?«

»Alles Mögliche. Ständig schien ihr irgendwas abzugehen, Bindfaden, Kerzen, Seife – sie hat überhaupt sehr viel Seife verbraucht, ich hab mich oft gewundert. Ein anderes Mal hat sie mich dann um Stickgarn oder Wolle geschickt, obwohl sie nur ganz selten irgendeine Handarbeit angefertigt hat. Fertig gestellt hat sie jedenfalls nie etwas.«

»Für solche Kleinigkeiten hat sie dich also immer wieder in die Stadt geschickt?«

»Ja. Bei anderen Gelegenheiten hab ich ihr auch größere Portionen Rindfleisch, Suppenknochen oder ein Suppenhuhn kaufen müssen. Ein Suppenhuhn! Obwohl sie doch eigene Hühner hatte. Da hätt' sie doch warten können, bis eines zum Schlachten war. Ich hab mich oft gefragt, wie sie das alles essen will. Die Jungfer war ja eher mager und eigentlich keine so starke Esserin. Wie ich das Essen fertig hatt', hat sie mich oft weggeschickt. Aber tags drauf hat sie mir manchmal noch einen Brocken zugesteckt.«

»Und hast du sie nie gefragt, was sie mit dem vielen Essen macht oder warum sie dich so oft in die Stadt schickt?«

»Das hab ich mich nicht getraut.«

Ottilie nickte verständnisvoll. Thekla, die wohl eher einen Tadel erwartet hatte, seufzte erleichtert. Ihre Nervosität schien allmählich ein wenig zu weichen. Ottilie überlegte und sah uns fragend an. Mit einem kurzen, fast unmerklichen Kopfnicken gaben sowohl Eleonore als auch ich ihr zu verstehen, dass sie weitermachen sollte. Wenn wir aus den Aussagen des Mädchens auch noch nicht recht schlau wurden, so lieferte sie uns doch vielleicht einige Hinweise, die uns später noch nützlich sein könnten.

»Du sagst, du hast nicht bei ihr gewohnt, sondern weiterhin in deinem Elternhaus.«

Thekla nickte.

»Sag, wann hast du denn dann gewöhnlich deinen Dienst angetreten und wann bist du wieder nach Hause?«

»Gekommen bin ich immer um sechs. Ich habe dann geheizt und warmes Wasser aufgesetzt und das Frühstück vorbereitet und das Geschirr vom Vortag weggeräumt. Das gnädige Fräulein ist immer recht spät aufgestanden. Meistens erst um acht und manchmal sogar noch später ›Ich bin eine Nachteul'‹, hat sie immer gesagt. Gegangen bin ich immer, wenn ich ihr das Abendessen hingerichtet hatte. Das war so gegen fünf. Ich hab nicht warten brauchen, bis sie fertig war.«

»Und die Engelhart? Was hat die denn den lieben langen Tag gemacht?«

Thekla seufzte und wusste anscheinend nicht, wie sie diese doch recht einfache Frage beantworten sollte.

»Das ist schwer zu sagen, gnä' Frau. Eigentlich nichts. Also ich mein, nichts Bestimmtes. Manchmal hat sie was aufgeschrieben. Was das war, weiß ich nicht. Manchmal hat sie ein Billett an irgendjemanden geschrieben. Manchmal hat sie auch was in ein Heft notiert. Das sei ihre Buchhaltung, hat sie gesagt. Das Heft war ihr wichtig. Das hat sie immer im Sekretär verschlossen, wenn sie damit fertig war. Nachmittags hat sie sich dann oft noch einmal hingelegt. Abends ist sie wohl manchmal spazieren gegangen. Jedenfalls haben mir ein paarmal Leut' erzählt, sie hätten sie einen Abendspaziergang Richtung Brücke machen sehen. Ich hab sie aber nie gesehen, ich war da immer schon daheim.«

Thekla schwieg und schien zu überlegen. Dann holte sie tief Luft: »Mit Verlaub, manchmal hab ich gemeint, sie leidet an Melancholie.«

Ich musste mir ein Lachen verkneifen. Ich war mir nicht sicher, ob dieses ungebildete Ding überhaupt wusste, was sich hinter diesem Begriff verbarg, und fragte mich, wo sie ihn wohl aufgeschnappt haben mochte.

»An Melancholie. So, so«, wiederholte Ottilie versonnen. »Und wie kommst du auf diese Idee?«

»Ich weiß nicht genau. Ich mein' nur, weil sie so … so verschieden war. Ich mein, man hätt' meinen können, sie hätt' zwei Gesichter. Oft war sie schweigsam und hat den ganzen Tag fast kein Wort mit mir gewechselt. An manchen Tagen hat sie sogar gesagt, ich bräucht' heut überhaupt nicht kommen und mich wieder weggeschickt. Oder sie hat mir für den nächsten Tag frühmorgens gleich eine Besorgung aufgetragen und gesagt, ich soll erst später, so um die Mittagszeit, zu ihr kommen. Und dann, dann ein anderes Mal hat sie mich sogar zu sich an den Tisch gebeten, hat mir zu essen gegeben oder einen Kaffee und mich aufgefordert, ihr was zu erzählen. Besonders gern hat sie gehört, wenn ich ihr von Verlobungen erzählt hab oder fast noch lieber von solchen, die wieder gelöst wurden, oder wenn's Gerüchte über ein Fräulein gab. Sie wissen schon … Ich mein, wenn getratscht wurd', eine sei in anderen Umständen. Solche Sachen. Das hat sie gern gehört. Wahrscheinlich, weil sie selbst allein war, ohne Familie. Manchmal hat sie mir sogar ein paar Münzen zugesteckt, wenn ich solche Neuigkeiten aus der Stadt mitgebracht hab. Also hab ich mich auf meinen Besorgungen umgehört. Der Engelhart hat's nie pressiert, dass ich wieder zurückkomm. Ich durft' mir ruhig Zeit lassen. Das hat sie sogar gesagt. ›Lass dir Zeit, Kind, es pressiert nicht‹, hat sie gesagt. Ja und dann hat sie wieder ganze Tage allein sein wollen und hat mich sogar weggeschickt. Also zu mir nach Haus mein ich.«

»Und du hast nie gesehen, dass sie Besuch empfangen hätte?«, mischte ich mich ins Gespräch ein. Thekla verneinte. Dann überlegte sie kurz. »Der alte Hofer hat vor Jahren behauptet, er hätt' spätabends ein paar Mal einen Mann über die Gartentür zu ihr ins Grundstück kommen sehen. Aber der Hofer ist ein Säufer und die Leut' haben's ihm nicht geglaubt. Was hätt' denn eine Mannsperson bei der alten Engelhart gewollt?«

»Und an dem bewussten Tag, an dem du deine Hausfrau tot aufgefunden hast, wie war das genau? Kannst du dich noch erinnern?«, forschte ich weiter nach.

»Da bin ich wie jeden Morgen gekommen, gnä' Herr. Aber ich konnt' die Haustür nicht aufsperren, weil von innen der Schlüssel im Schloss gesteckt ist. Wie ich aber die Klinke runter gedrückt hab, war die Tür unversperrt. Also bin ich rein und da hab ich die Engelhart am Fuß der Treppe liegen sehen. Ich bin dann gleich rüber zu den Nachbarn gelaufen, weil ich nicht gewusst hab, was ich sonst tun soll. Die haben dann den Pfarrer gerufen.«

»Und was hast du in der Zeit gemacht?«

Wie sich herausstellte, war das Mädchen seiner Gewohnheit folgend, nach oben gegangen, um den Haushalt zu besorgen, auch wenn das unter diesen Umständen kaum einen Sinn ergab.

»Und da ist dir nichts Ungewöhnliches aufgefallen? Es war alles, wie's immer war?«

»Eigentlich ja, gnä' Herr. Bloß dass die Engelhart halt nicht mehr da war. Das Geschirr vom Abendessen stand noch auf dem Tisch und zwei Gläser.«

Zwei Gläser also. Dann musste die Engelhart vor ihrem Tod anscheinend noch Besuch gehabt haben. Höchst ungewöhnlich, nach Theklas vorheriger Aussage.

»Dann müsste sie also Besuch gehabt haben, meinst du nicht? Hast du eine Ahnung, wer das gewesen sein könnte?«

Das Mädel zuckte bloß die Schultern. Sie schien diesem Umstand weder irgendeine Bedeutung beizumessen noch eine Vermutung zu haben, wer der oder die Unbekannte gewesen sein könnte.

»Hast du denn jemandem von deiner Entdeckung erzählt und gab es denn eine polizeiliche Untersuchung?«

Thekla sah mich nur mit großen Augen an. »Ich versteh nicht, gnä' Herr. Polizei? Wozu hätt's denn eine Polizei gebraucht? Die Jungfer ist unglücklich die Treppe runtergefallen.«

Es war aussichtslos. Thekla berichtete uns noch, dass die Engelhart Dritter Klasse in einem Armengrab beerdigt worden sei. Verwandte, die die Kosten hätten übernehmen können, habe sie ja keine gehabt. Was für eine Ironie des Schicksals! Da hatte sie eine Wohnung, vollgestopft mit allen möglichen Wertgegenständen, und endete doch als Arme anonym in einem Massengrab. Mein Mitleid ob dieses Umstands hielt sich allerdings in Grenzen.

## *Eine grässliche Entdeckung*

Was blieb mir anderes übrig, als mich der weiblichen Übermacht zu beugen? Aber wenn ich ehrlich war, war inzwischen auch meine Neugier geweckt. Dass in dem Haus im Weißgeberviertel Ungewöhnliches vor sich gegangen war, stand für mich mittlerweile außer Frage. Unklar blieb jedoch, was. Warum wollte die Engelhart die untere Wohnung nicht vermieten, obwohl das doch Geld gebracht hätte? Was hatte es mit all den Gegenständen auf sich, die sie in dem verschlossenen Zimmer gehortet hatte? Die Sache mit einem möglichen Gast am Abend ihres Ablebens ließ mir ebenso wenig Ruhe wie ihr seltsames Verhalten Thekla gegenüber. Antwort auf diese Fragen konnten wir, wenn überhaupt, nur im Haus der Toten finden. So viel stand inzwischen fest. Wir alle wollten die Sache so schnell wie möglich hinter uns bringen, also vereinbarten wir, am nächsten Tag gemeinsam hinauszufahren. Dass das nicht unbemerkt bleiben würde, war uns völlig klar. Wir brauchten also eine gute Erklärung, die wir eventuell Neugierigen auftischen konnten. Nach kurzem Überlegen kamen wir schließlich auf die Idee, dass ich Ottilie und Eleonore als meine beiden Zeuginnen bei der Inventarisierung anführen könnte. Das war nur halb gelogen, denn immerhin war ich ja dank Cobenzls Empfehlungsschreiben amtlicherseits für die Inventarisierung bestellt. Nun konnte ich erklären, dass sich bei der ersten Inspektion wider Erwarten mehr Gegenstände vorgefunden hätten, als sich bei einer ehemaligen Dienstbotin vermuten ließen und ich deshalb den offiziellen Vorgaben entsprechend Zeugen für die Inventarisierung des Nachlasses benötigte. Dass ich dabei auf die beiden Frauen zurückgreifen musste, mochte zwar ungewöhnlich sein, ließ sich aber leicht erklären. Schließlich kannte ich in Wien sonst niemanden. Das konnte ich zumindest in Weißgerber draußen glaubhaft behaupten. Wie erwartet blieb unser Fiaker nicht unbemerkt. Doch niemand scherte sich darum, was wir hier machten. Es stimmte, was Thekla berichtet hatte. Die Engelhart war eine Außenseiterin gewesen. Geduldet zwar, aber niemals wirklich Teil der Gemeinschaft und die Leute hatten anderes zu tun, als ihre Nase in fremde Angelegenheiten zu stecken.

»Ich bin sicher, der Schlüssel zu all diesen Rätseln befindet sich in der unteren Wohnung«, erklärte ich meinen Begleiterinnen, nachdem wir die Wohnung der Engelhart gemeinsam inspiziert hatten. »Doch die ist leider verschlossen.«

Der Schlüssel! Plötzlich fiel mir der Schlüssel wieder ein, den ich bei meinem ersten Besuch im Sekretär gefunden hatte. Damals wusste ich nichts damit anzufangen. Aber ja, natürlich, das musste der Schlüssel für die untere Wohnung sein!

Ein widerlicher Gestank schlug uns entgegen. Fliegen überall, schlimmer als in jedem Viehstall. Ich kämpfte mit einem heftigen Würgereiz, den ich kaum bezwingen konnte. Den beiden Frauen ging es nicht anders. Trotzdem zwangen wir uns, vom Flur in die Stube zu treten. Der Raum war nur sparsam möbliert. Im dämmrigen Licht der zugezogenen Vorhänge sahen wir ein zerwühltes Bett mit blutbeflecktem Laken. Daneben standen ein Wasserkrug und eine flache Schüssel, in der sich soweit ich erkennen konnte, irgendeine blutige Masse befand, über und über mit ekelhaftem Gewürm bedeckt. Ich begriff nicht, was ich da sah. Ottilie entfuhr ein Laut, eher überrascht denn entsetzt, wie mir schien. Eleonore war leichenblass und schien einer Ohnmacht nahe. Weg, nur weg! Ohne dass wir uns abgesprochen hatten, stürmten wir aus der Wohnung. Zum Glück hatte ich die Haustür gleich nach unserer Ankunft wieder zugesperrt, sonst wären wir in unserer Panik vielleicht auf die Straße gerannt. So eilten wir nur hinauf in Engelharts Wohnung und knallten die Tür hinter uns zu. Ohne es abgesprochen zu haben, flüchteten wir uns in die Küche. Eleonore sank auf einen der beiden Stühle und Ottilie machte es ihr nach. Es dauerte eine geraume Weile, bis ich schließlich das Wort ergriff: »Sieht aus, als sei da unten jemand hingeschlachtet worden.«

»Du irrst dich«, entgegnete Ottilie sanft. »Genau das Gegenteil ist der Fall.«

»Was meinst du mit ›das Gegenteil‹? Ich verstehe nicht …«

»Dort unten ist sehr wahrscheinlich niemand gestorben. Ganz im Gegenteil. Dort wurde ein Kind geboren.«

»Woher weißt du …« Was für eine dumme Frage! Ich schwieg betreten.

»Ihr Männer bekommt ja Dergleichen gewöhnlich nie zu Gesicht. Das ist Frauensache.«

Ich mochte nicht weiter in sie dringen. Der Gedanke an das, was ich dort unten mit einem Blick erhascht hatte, erregte mir jetzt noch einen unüberwindbaren Ekel. Dass das Mysterium einer Geburt mit Schmerzen für die Mutter verbunden war, war allgemein bekannt. Es stand bereits in der Heiligen Schrift. Ich hatte aber bislang nicht gewusst, dass es darüber hinaus auch eine so blutige Angelegenheit war. Die eingetrocknete, etwa kreisrunde blutige Masse in der Schüssel trat mir wieder vor Augen und erregte meinen Würgereiz.

»Die Listen! Natürlich! Jetzt begreife ich! Plötzlich gibt alles einen Sinn.«

Eleonore hatte bislang nur leichenblass und wie erstarrt da gesessen. Ganz in mein eigenes Grauen verstrickt hatte ich ihre Gegenwart kaum wahrgenommen. Ihr Ausruf riss mich nun zum Glück vom Schreckbild zurück in Engelharts Wohnung. Natürlich. Zwischen den rätselhaften Listen und unserer Entdeckung gerade eben musste es irgendeinen Zusammenhang geben. Weder Eleonore, überwältigt von ihren schmerzlichen Erinnerungen, noch Ottilie oder ich hatten nach den schockierenden Enthüllungen unserer Freundin einen Gedanken an die übrigen Eintragungen in den Listen verschwendet. Aber ja, es musste einen Zusammenhang geben! Wie bei einem Mosaik entwickelten sich uns nun nach und nach aus einzelnen Steinchen die Konturen zu einem Gesamtbild. Undeutlich zwar, verschwommen noch, aber doch allmählich erkennbar. Eleonore hatte sich im zweiten Eintrag auf der zweiten, kürzeren Liste erkannt. Wenn unsere Theorie stimmte, musste es vor ihr also bereits einen ähnlich gelagerten Fall gegeben haben und nach ihr noch einige weitere. Unglücklicherweise hatten wir Engelharts kryptische Aufzeichnungen im Moment nicht zur Hand, so dass wir nicht genau wussten, um wie viele es sich dabei gehandelt hatte. Aber es waren nicht allzu viele gewesen. Drei, vier oder fünf allenfalls, darin waren wir uns einig.

»Zuhause sollten wir uns die Liste unbedingt noch einmal genauer anschauen. Vielleicht gelingt es uns mit unseren neuen Erkenntnissen doch noch, irgendwelche konkreteren Schlussfolgerungen zu ziehen.«

Eleonore nickte zustimmend. »Aber ist es denn überhaupt denkbar, dass die Engelhart nach besagtem Vorfall irgendwo noch eine Anstellung als Gouvernante erhalten hat?«, gab ich zu bedenken.

Eleonore erschien das keineswegs ausgeschlossen. Sie hielt es für durchaus möglich, dass ihre Eltern, um einen Skandal zu vermeiden, der Engelhart ein Empfehlungsschreiben ausgestellt hätten. Wenn das stimmte, wären sie damit weder die Ersten noch die Letzten gewesen. Unsere Überlegungen legten außerdem noch etwas ganz anderes nahe. Wenn sie zutrafen, dann hatte sich diese Person höchstwahrscheinlich ganz bewusst und in übelster Absicht bei Familien mit heiratsfähigen Töchtern beworben. Offensichtlich war sie mit ihren Plänen einige Male erfolgreich gewesen.

»Irgendwie so in der Art muss es gewesen sein. Trotzdem erscheint mir einiges längst nicht schlüssig. Ich kann mir beim besten Willen nicht vorstellen, dass sie mit ihren Erpressungen genug Geld zusammen bekommen hat, um sich dieses Haus zu kaufen. Die Summen, die ich ihr bei ihren Besuchen zugesteckt habe, haben dafür jedenfalls bei weitem nicht ausgereicht. Und ich kann mir einfach nicht vorstellen, dass es in den übrigen Fällen grundlegend anders war.«

Damit mochte sie Recht haben. Andererseits war die Kaufsumme für das Haus, wie ich mich jetzt erinnerte, geradezu lächerlich niedrig gewesen. Ich hatte beim Blick auf den Kaufvertrag einen reichen, ehemaligen Liebhaber vermutet, der seine Geliebte mit einer großzügigen Abfindung ein für alle Mal loswerden wollte. Genauso gut aber konnte es sich natürlich um einen Mann handeln, der die Geburt seines Bastards verheimlicht wissen wollte oder um einen Vater, der einen Skandal um seine Tochter vermeiden wollte. Wir wussten es nicht und würden es wohl auch nie erfahren.

Unvermittelt fiel mir die andere, weit umfangreichere Liste ein, die ich ebenfalls im Sekretär gefunden hatte. Welche Bewandtnis hatte es mit der? Darüber hatten wir uns bislang noch gar keine Gedanken gemacht. Wenn ich mich recht erinnerte, so waren diese Aufzeichnungen in etwa zeitgleich mit dem Erwerb des Hauses begonnen worden. Das wiederum könnte bedeuten, so schlussfolgerte ich weiter, dass die Engelhart ab diesem Zeitpunkt ihre Methode geändert haben könnte. Hatte sie ihre zweifelhaften Dienste ab da nicht mehr den ihr anvertrauten Schützlingen, sondern anderen Frauen angeboten? Falls das zutraf – was konnte sie zu diesem Schritt veranlasst haben?

»Wie ich schon sagte, ich habe ihr bei ihren Besuchen nicht alles geglaubt, was sie mir erzählte. Aber in einem Punkt erschien sie mir durchaus glaubwürdig, nämlich in ihrer Sorge, in naher Zukunft nicht mehr als Gouvernante arbeiten zu können, weil die Herrschaften da jüngere Personen haben wollen. Da mag ihr der Erwerb des Hauses wie ein Glücksfall zu Hilfe gekommen sein und sie hat sich eine andere Verdienstquelle erschlossen. Vielleicht hat sie ledigen Schwangeren ihre Hilfe bei der Entbindung angeboten.«

»Gut, nehmen wir an, Eure Theorie stimmt, liebes Fräulein Eleonore. Wie müssen oder können wir uns dann ihr Vorgehen vorstellen? Sie kann ihre Dienste ja nicht gut öffentlich angepriesen haben. Außerdem, wenn ich mich recht entsinne, so war die von uns sogenannte erste Liste doch ziemlich lang. Wie viele Einträge waren es noch pro Jahr? Ich meine, es dürften durchschnittlich an die zehn Einträge jährlich gewesen sein, vielleicht sogar noch etwas mehr. Über einen Zeitraum von zehn oder elf Jahren würde das ja gut an die hundert Geburten ausmachen. Und schließlich: Warum sollten sich denn all diese Frauen an die Engelhart wenden, wo es in Wien, wenn ich recht unterrichtet bin, doch das Gebärhaus gibt, das Kaiser Joseph extra als eine Zufluchtsstätte für ledige Mütter eingerichtet hat, damit sie dort ihre Kinder zur Welt bringen können?«

»Zur Welt bringen ja und dann im Findelhaus abgeben, wo die armen Würmer wie die Fliegen sterben«, entgegnete Eleonore bitter. »Aber was bleibt diesen armen Weibern schon anderes übrig? Ich weiß selbst am besten, was es bedeutet als Unverheiratete in andere Umstände zu gelangen. Insofern bin ich die Letzte, die sich ein Urteil erlauben dürfte.« Sie schwieg eine Weile, dann fuhr sie fort: «Ja, das Gebärhaus gibt es. Aber wisst Ihr, was die Frauen dort erwartet?«

Ich wusste es nicht.

»Soweit ich weiß, ist die Aufnahme in das Haus an ganz bestimmte Bedingungen geknüpft. Entweder man zahlt eine Taxe, dann findet man Einlass über ein extra zu diesem Zweck eingerichtetes, verstecktes Tor und kann dort wirklich anonym das Kind zur Welt bringen. Oder aber … Für die allermeisten ist der Gang ins Gebärhaus – wie soll ich sagen – gewissermaßen ein Spießrutenlauf. Sie müssen durchs Haupttor hinein und ihnen wird keine Anonymität gewährt, ganz im Gegenteil. Wer die Taxe nicht zahlen kann, ist erstens verpflichtet, ein Armutszeugnis vorzulegen, zweitens müssen diese Frauen bei Bedarf als Ammen für fremde Kinder herhalten und, was wohl am schwersten wiegt, ist die Tatsache, dass sie sich während des Geburtsvorgangs den angehenden Herrn Medici quasi als Anschauungsmaterial für die Geburtskunde zur Verfügung stellen müssen.«

»Wie?! Soll das etwa heißen, wildfremde junge Männer schauen den Weibern beim Entbinden zu?«, unterbrach Ottilie fassungslos Eleonores Ausführungen.

»Genau so ist es, meine Liebe.«

»Das ist ja ... Ich weiß gar nicht, was ich da sagen soll. Eine unerträgliche Situation. Und die armen Weiber in ihrer Not müssen ihre Scham überwinden und sich dem fügen. Da könnte ich mir schon vorstellen, dass mancheiner nach einem Ausweg sucht. Vielleicht war die Engelhart ja so eine Möglichkeit.«

Dieser Gedanke war nicht von der Hand zu weisen. Dass Schwangere in Not nach einer Alternative zum Gebärhaus suchten, war durchaus vorstellbar. Die Engelhart hatte allerdings garantiert nicht aus reiner Nächstenliebe gehandelt. Davon durften wir mit Bestimmtheit ausgehen. Sie hatte sicherlich ebenfalls etwas für ihre Dienste gefordert. Weniger wahrscheinlich als die Taxe im Gebärhaus, und so mochte sie mancher Frau wie eine Retterin in der Not erschienen sein. Wenn unsere Überlegungen zutrafen, dann hätte die Engelhart die untere Wohnung deshalb nicht vermietet, weil sie eine weit lukrativere Einnahmequelle mit ihr gefunden hatte. Trotzdem: Irgendetwas störte mich. Irgendetwas passte nicht ins Bild. Ich fühlte es, konnte es aber nicht benennen. Ich versuchte krampfhaft, mir die Szenerie vorzustellen, doch sie blieb verschwommen.

»Sich vor den Augen wildfremder Männer entblößen zu müssen, was für ein schrecklicher Gedanke«, unterbrach Ottilie mein vergebliches Grübeln. »Das ist sicher eine unerträgliche Vorstellung für ein Mädchen aus einem anständigen Haus, etwa für die Tochter eines braven Handwerkers, Ladenbesitzers oder niedrigen Beamten. Mag sie auch einen Fehltritt begangen haben, diese Erniedrigung will, ja muss sie unter allen Umständen vermeiden. Andererseits …«, fuhr Ottilie in ihren Überlegungen fort, »haben solche jungen Mädchen so gut wie kein Geld, über das sie frei verfügen könnten. Womit sollen sie die Engelhart bezahlen?«

Urplötzlich fügte mir Ottilies Frage das fehlende Steinchen ins Bild. Das Detail, das mich gestört hatte, ohne dass ich es benennen konnte, ergab nun einen Sinn. Natürlich! Das konnte die Erklärung für die zahlreichen wild durcheinander gewürfelten Gegenstände in der ominösen Kammer sein. Die Mädchen hatten vielleicht kein Barvermögen, konnten aber womöglich bei der Engelhart den geforderten Betrag eben nicht nur mit Geld, sondern mit Gegenständen begleichen, derer sie auf welchem Weg auch immer habhaft wurden. Sie konnten Stücke aus ihrer Aussteuer drangeben oder irgendwelche ausrangierten, fast vergessenen oder selten benötigten Gegenstände aus dem elterlichen Haushalt. Irgendetwas fand sich immer. Vieles, was uns bisher schleierhaft war, ergab plötzlich einen Sinn und wenn es stimmte, verbrachte die Engelhart keineswegs ihre Tage hauptsächlich mit Nichtstun, wie Thekla gemeint hatte. Ganz im Gegenteil, sie betrieb in aller Heimlichkeit ein recht florierendes Gewerbe. Unsere neue Theorie legte aber auch nahe, dass sie irgendwo einen Komplizen gehabt haben musste. Es musste jemanden geben, an den sie die erpressten Sachen weiterverkaufte. Mit anderen Worten, einen Trödler oder besser gesagt einen Hehler. Denn dass es sich bei der Menge an Sachen unmöglich um rechtmäßig und auf ehrlichem Wege erworbene Gegenstände handeln konnte, musste selbst dem Dümmsten klar sein.

»Allerdings kann ich mir nicht vorstellen, wie all diese Menschen die Engelhart hätten aufsuchen können, ohne dass jemand irgendetwas davon bemerkt hat. Erinnere dich: Thekla hat erzählt, es sei nie Besuch gekommen. Die Engelhart habe ganz zurückgezogen gelebt.«

Ich überlegte kurz. Da fiel mir das Gartentor wieder ein, das ich beim ersten Besuch hier bei einem Blick aus dem Fenster flüchtig wahrgenommen hatte, und ich erklärte Ottilie meine Theorie. Es schien mir durchaus plausibel, dass all die heimlichen Besucher auf diesem ebenso heimlichen Weg ins Haus gelangt waren. Soweit ich damals hatte erkennen können, lag hinter Engelharts Garten nur noch die freie Natur. Es mochte einen schmalen Pfad geben, aber die Gefahr, dort jemandem zu begegnen, war wohl gering – zumal dann, wenn man das Haus in den Abend- oder Nachtstunden aufsuchte. Eine Frage beschäftigte mich aber doch noch: Wie war die Engelhart überhaupt mit den Frauen in Kontakt gekommen oder sie mit ihr?

»Aber erinnere dich doch nur, was Thekla erzählt hat! Ihre Besorgungsgänge in die Stadt, selbst für Kleinigkeiten. Engelharts Interesse am Tratsch, ihre Ermunterung an das ahnungslose Ding, sich nach ganz bestimmten Umständen umzuhören. Die ungewöhnlichen Fleischportionen, die sie sich besorgen ließ. Ich denke, dass sie zum allergrößten Teil für die Wöchnerinnen bestimmt waren, damit sie schnellstmöglich wieder zu Kräften kommen. Dann sind da noch die rätselhaften Billetts, die sie geschrieben hat. Außerdem die Tatsache, dass sie Thekla nachts überhaupt nicht im Haus haben wollte. Das alles passt doch genau zu unserer Theorie.«

Bisher hatten wir unser Augenmerk ausschließlich auf das Schicksal der ungewollt Schwangeren gelegt. Wie aber war es nach den Geburten weitergegangen? Ich nahm an, dass die allerwenigsten Mütter ihr Kind behalten konnten oder wollten. Mochte eine Geburt auch meinetwegen heimlich und von niemandem bemerkt vonstattengehen – was wusste ich schon darüber! – das Geschrei eines Säuglings ließ sich nicht unterdrücken. Das zumindest hätte Thekla doch irgendwann in all der Zeit hören müssen?

»Nicht unbedingt, wenn man bedenkt, dass sie das Mädchen manchmal sogar tageweise weggeschickt hat. Viele Geburten geschehen ohnehin nachts oder in den sehr frühen Morgenstunden, also zu einer Zeit, in der keine potenzielle Zeugin anwesend war. Und danach … erinnerst du dich, dass bei sehr vielen Einträgen auf der Liste das Kürzel ›FH‹ verzeichnet war? ›FH‹ – Findelhaus. Ich denke, die Engelhart hat auf besagtem heimlichem Weg die Kinder gleich nach der Geburt dorthin gebracht und sie in einem unbeobachteten Moment einfach vor der Tür abgelegt.«

Wir schwiegen eine Weile, jeder von uns hing seinen ganz eigenen Gedanken nach. Wir mochten Antworten auf einige Fragen gefunden haben – und dennoch blieb vieles immer noch im Dunkeln. Nicht zuletzt Engelharts Ableben. Im Licht unserer neuen Erkenntnisse deutete zumindest einiges darauf hin, dass ihr Tod nicht unbedingt ein Unfall gewesen war. Da war zum einen das zweite Glas, von dem Thekla gesprochen hatte. Die Engelhart hatte also entgegen ihrer Gewohnheit oder vielmehr entgegen dessen, was alle von ihr zu wissen glaubten, an dem bewussten Abend irgendeinen Gast bei sich gehabt. Wieder einmal, musste man wohl sagen. Das mochte die Wöchnerin gewesen sein, die kurz zuvor entbunden haben musste, oder aber der Hehler, mit dem sie zweifellos zusammen arbeitete – oder jemand ganz anderes, den ich überhaupt nicht im Blick hatte. Ich wusste es nicht. Weit deutlicher als das besagte Glas aber sprach ein anderer Umstand in meinen Augen für ein mögliches Verbrechen. Eine Kleinigkeit, die das Dienstmädchen beiläufig erwähnt hatte. Thekla hatte berichtet, dass am Morgen des Auffindens von Engelharts Leiche deren Schlüssel von innen in der Haustüre gesteckt war, diese aber unverschlossen war. Das deutete für mich darauf hin, dass die Engelhart abends, nachdem sie bereits zugesperrt hatte, die Tür noch einmal aufgesperrt haben musste, um den Unbekannten ins Haus zu lassen, und dann, der Bequemlichkeit halber während seines Besuchs den Schlüssel im Schloss hatte stecken lassen. Andererseits – hatten Ottilie und ich nicht gerade geschlussfolgert, dass die Engelhart ihre Besucher stets durch die Gartentüre einließ? Oder, einfacher noch: Der oder die Unbekannte hatte nach der Tat das Haus nicht durch die Hintertüre verlassen, sondern den Schlüssel an sich genommen, die Vordertüre aufgesperrt und war dann einfach verschwunden. War ihr also vielleicht doch jemand auf die Schliche gekommen und wollte sie zur Rede stellen oder vielleicht gar die Erpresserin selbst erpressen? Das schien nicht ausgeschlossen. Hatte Thekla nicht erwähnt, irgendjemand (ich konnte mich nicht erinnern, ob sie bei dieser Gelegenheit einen Namen genannt hatte) habe einmal behauptet, gesehen zu haben, wie ein Fremder des Nachts das Haus der Engelhart aufgesucht habe. Niemand habe ihm damals geglaubt, weil er ein ortsbekannter Säufer war. War es möglich, dass der besagte Nachbar ihr heimliches Tun über Jahre zumindest ab und zu beobachtet hatte? Und was war mit jenem Heft geschehen, das Thekla erwähnt hatte? Das, in dem die Engelhart angeblich ihre Buchführung niederschrieb. Im Schreibtisch war es nicht gewesen und es war auch sonst nirgendwo bei meiner Inspektion aufgefallen. Hatte es jemand entwendet? Falls ja, warum?

Ich kam jedoch nicht mehr dazu, all diese Gedanken weiter zu verfolgen. Eleonore riss mich mit einem schmerzlichen Ausruf aus meinen Überlegungen.

# *Diebe in der Nacht*

*Journal intime de la Mademoiselle Eleonore de Gleizenstein*

*Rosenau, le 5 juillet 1792*

*Endlich konnte ich Wien hinter mir lassen! Den Gestank der Stadt – und noch mehr alles andere. Ich hoffe, hier auf dem Landgut in Gesellschaft meiner lieben Freundin und der guten Babette meinen Seelenfrieden endlich wieder zu finden. Doch fürchte ich, dass mir das nicht gelingen wird, bevor ich nicht niedergeschrieben habe, was mir seit Tagen auf der Seele lastet und mir des Nachts Alpträume bereitet. Ich sehe dann die Engelhart vor mir, die mir ein blutverschmiertes Laken entgegenstreckt, ich fliehe in Panik und stürze in eine Grube voller Gebeine. Das muss endlich aufhören!*

*Mais comment commencer? Comment l'écrire? Comment exprimer l'inexprimable? Aber wie also beginnen? Wie es niederschreiben? Wie das Unaussprechliche in Worte fassen? Mon dieu, wie viel Tage sind seitdem vergangen? Die Francobaldis sind inzwischen in Richtung der bayerischen Residenzstadt München abgereist. Ich hatte das Gefühl, die beiden wollten nur noch so schnell wie möglich weg aus Wien und über den Umweg über München einfach nur nach Hause in ihre vertraute Umgebung. Ich kann es ihnen nicht verdenken. Ganz im Gegenteil. Es ist mehr als verständlich, nach dem, was hinter uns liegt. Ich habe in ihnen wahrhafte Freunde gefunden, wenn auch, malheuresement, unter äußerst dramatischen Umständen. Das tut mir alles so leid! Wenn ich vorher gewusst hätte, in welche Lage ich die lieben Menschen mit meinem Ansinnen bringen würde, hätte ich die bewusste Bitte natürlich niemals geäußert. Ich hatte einen Skandal befürchtet und indem ich ihn verhindern wollte, womöglich eine noch größere Katastrophe heraufbeschworen. Wenn Monsieur Francobaldi nicht gewesen wäre und im entscheidenden Moment noch mehr meine neue Freundin, die herzensgute und vor allem lebenspraktische Ottilie – ich wüsste nicht, in welchen Kalamitäten ich mich nun befinden würde.*

*Im Haus der Engelhart waren die beiden mit Feuereifer dabei, die Rätsel, die diese Person umgaben, zu lösen. Wie Bälle warfen sie sich gegenseitig ihre Überlegungen und Erkenntnisse zu. Ich saß wie gelähmt daneben und hörte nur mit halbem Ohr hin. Immer noch stiegen mir die Bilder aus der unteren Kammer ins Gedächtnis und immer noch würgte mich der Ekel. Dann plötzlich überfiel mich Panik, eine Angst, wie ich sie noch nie in meinem Leben erlitten hatte und hoffentlich auch nie wieder erleben muss. Was, wenn jemand hinter Engelharts dunkles Geheimnis kommen würde? Bislang wusste niemand außer uns Dreien davon. Aber wenn wir keine Vorkehrungen trafen, war es nur noch eine Frage der Zeit, bis jemand angesichts der Spuren und der gehorteten Reichtümer hellhörig werden würde. Spätestens dann, wenn die Habseligkeiten der Engelhart zur Versteigerung abgeholt würden und man dabei auch die grauenhaften Hinterlassenschaften in der Geburtskammer finden würde. Was dann? Würde die Spur nicht zwangsläufig über Cobenzl und Francobaldi zu mir führen? Ich war es ja, die Francobaldi, einen völlig Fremden, gebeten hatte, die Inventarisierung des Nachlasses zu übernehmen! Die Konsequenzen wagte ich mir gar nicht auszumalen. Wir mussten etwas tun, mussten unter allen Umständen verhindern, dass die Sache ruchbar wurde und unnötigen Staub aufwirbelte. Aber wie? Was? Die Luft in der Küche war abgestanden und stickig, ich hatte das Gefühl kaum atmen zu können. Meine Kehle war staubtrocken. Ich sehnte mich nach einem kräftigen Schluck frischen Wassers. Doch ich traute mich weder ein Fenster zu öffnen, geschweige denn zum nahen Brunnen zu gehen. Ich fühlte mich wie in einem Alptraum gefangen. Den beiden anderen mochte es nicht anders gegangen sein. Es war Ottilie, die uns schließlich aus dieser misslichen Lage befreite. Wenn sie nicht gewesen wäre, ich weiß nicht, was dann … Sie war die Einzige von uns, die wusste, was zu tun war. Sie fand nach einer gefühlten Ewigkeit den Mut, die untere Wohnung noch einmal zu betreten, während Francobaldi und ich immer noch hilflos weiter oben in der Küche ausharrten. Sie hat unten eine Schüssel mit Essigwasser aufgestellt, das anscheinend schlechte Gerüche überdeckt. Dann hieß sie uns bis nach Einbruch der Dämmerung zu warten. Erst dann wollten wir es wagen, im Schutz der Dunkelheit die verräterischen Überreste im Garten unter den tief hängenden Ästen einer Weide zu vergraben. Es waren sich endlos hinziehende Stunden, in denen wir meist stumm und reglos dasaßen und warteten, warteten, warteten. Meine Kehle war immer noch staub-*

*trocken. Ich hätte ein Vermögen für einen frischen Schluck Wasser gegeben. Und dann nach Einbruch der Dunkelheit … eine Entdeckung, die ebenso schlimm war wie die kurz zuvor, ja eigentlich noch viel schlimmer. Francobaldi setzte den Spaten an und bemerkte sogleich, dass das Erdreich locker war. Vor uns hatte schon jemand hier gegraben. Für einen kurzen Moment freuten wir uns und meinten gar, Francobaldi könne die notwendige Arbeit nun leichter bewältigen. Wir hatten ja keine Ahnung! Dann, bereits nach wenigen Spatenstichen stießen wir … Ich mag, ich kann es nicht niederschreiben. Was wir gefunden hatten, war ein Grab, ein Massengrab! Die Engelhart oder irgendein Helfershelfer hatte hier totgeborene Säuglinge und solche, die unmittelbar nach der Geburt gestorben waren, vielleicht auch Mütter, die die Geburt nicht überlebt hatten – wer weiß das schon – entsorgt und verscharrt. Ich war kurz davor laut zu schreien. Nur mit Mühe konnte ich mein Entsetzen so weit zähmen, dass ich nicht kreischend davonlief. Ottilie nahm schließlich das blutige Leintuch an sich. Die Schüssel mit der Nachgeburt ließen wir stehen. Sie meinte, irgendein Tier werde sich bestimmt im Lauf der Nacht darüber hermachen. Heimlich wie Diebe verließen wir den grässlichen Ort durch die Gartentür und tappten in der Dunkelheit Richtung Fluss. Ottilie nahm ein paar Steine und beschwerte das Leintuch damit. Dann knotete sie es zusammen und warf es ins Wasser.*

*So, nun ist es heraus. Ich habe gewissermaßen vor mir selbst die Beichte abgelegt. Nun hoffe ich, auch irgendwann wieder meinen Seelenfrieden zu finden. Zum Glück wird Babette noch über den Winter bei mir sein. Sie ahnt nichts von alledem und gerade diese Ahnungslosigkeit wirkt wie Balsam auf meiner wunden Seele. Ich habe Ottilie versprochen, sie im Frühjahr nach Eichstätt zu bringen. Schließlich ist das Mädel im heiratsfähigen Alter und es wird Zeit, einen Mann für sie zu finden. In den Monaten bis dahin aber will ich sie im Französischen unterrichten lassen. Ich will von dieser furchtbaren Vergangenheit los. Gemeinsam mit dem Mädchen erlebe ich eine Gegenwart und blicke zuversichtlicher gestimmt in die Zukunft. Ich weiß nicht, ob der Unterricht ihr irgendwann einmal von Nutzen sein wird. Aber was weiß man schon.*

# *Umwege*

Endlich waren wir in München angekommen. Die tagelange Fahrt hatten wir mehr oder weniger schweigend hinter uns gebracht. Jeder von uns ganz in seine eigenen Gedanken versunken. Doch war ich mir ziemlich sicher, dass sie sich bei uns beiden vornehmlich um ein und denselben Vorfall drehten. Die Landschaft war an uns vorbei gezogen, ohne dass wir sie wirklich wahrgenommen hatten. Ein paar Mal hatte ich versucht, Ottilie auf andere Gedanken zu bringen, indem ich ihr vorschlug, ihr Auszüge aus Pezzls Schilderung der bayerischen Residenzstadt vorzulesen. Sie hatte jedes Mal nur brummend abgelehnt. In der Hoffnung, mich selbst abzulenken, hatte ich versucht, mich selbst der Lektüre zu widmen. Doch um ehrlich zu sein, interessierte sie mich genauso wenig wie meine Frau. Ich konnte mich beim besten Willen nicht konzentrieren und las die Worte, ohne den Inhalt wirklich aufzunehmen. Lediglich eine Stelle vermochte für einen kurzen Augenblick meine Aufmerksamkeit zu erregen. Pezzl hob dort lobend einen gewissen Freiherrn von Hompesch hervor, der von außen kommend in kurfürstlich bayerische Dienste getreten war und nun als Finanzminister offenbar bemerkenswerte Arbeit leistete. Möglicherweise ein Verwandter, vielleicht gar der Vater jenes jungen Hompesch, der in Eichstätt Cobenzls Garten gekauft hatte? Ich beschloss, den jungen Domherrn danach zu fragen, sofern sich eine Gelegenheit dazu ergab. Freilich weniger aus Neugier als vielmehr in der vagen Hoffnung, Adam dadurch möglicherweise einen, wenn auch nur schwachen, Anknüpfungspunkt an seinem künftigen Wirkungsort zu verschaffen. Als Nichtadeliger und ohne eine einflussreiche Familie im Rücken würde er es schwer haben. Doch abgesehen von besagter Passage konnte ich mich nicht auf die Lektüre über München und seine Besonderheiten konzentrieren. Nicht auf seine Einwohnerzahl, Feuerstellen, Einkünfte und Gewerbe. Mich interessierten weder seine Schulen noch seine Theater. Ob ich es wollte oder nicht, in meinem Kopf kreisten die ganze Fahrt hindurch völlig andere Gedanken. Hatte die Engelhart Verbrechen im juristischen Sinne begangen? Ich wusste es nicht. Darüber hätte ein Gericht befinden müssen. Aber dass sie mit ihren Taten gegen die ungeschriebenen Gesetze der Gesellschaft verstoßen hatte, stand außer Frage. Ich war mir auch ziemlich sicher, dass sie selbst einem Verbrechen zum Opfer gefallen war. Dieses würde allerdings wohl für immer ungesühnt bleiben. Weit schlimmer als das aber war für mich die Tatsache, dass auch wir uns durch unser Handeln zu unfreiwilligen Komplizen des unbekannten Täters gemacht hatten. Sollten Engelharts Taten jemals aufgedeckt werden, konnten wir uns allenfalls noch mit einer Lüge aus der Affäre ziehen. Mich selbst aber konnte ich nicht belügen. So sehr ich mein Vorgehen auch vor mir zu rechtfertigen suchte, ich fühlte mich befleckt und besudelt. Am liebsten wäre ich vor mir selbst davongelaufen. Das war freilich nicht möglich. Ich hatte genug von allem und wollte weder Neues entdecken noch Sehenswürdigkeiten bewundern. Ich hatte die Nase voll von unbequemen Fahrten in Postkutschen, eingezwängt zwischen Fremden, von holprigen Straßen und auch von irgendwelchen Gasthäusern. Ehrlich gesagt wollte ich nur heim, so schnell wie nur irgend möglich. Zurück in mein altes Leben, ein Leben ohne dunkle Geheimnisse, grauenvolle Entdeckungen, Vertuschung und Notlügen. Lediglich Ottilie zuliebe hatte ich diesen Umweg noch auf mich genommen. Ich konnte ihren Wunsch nachvollziehen, die Stadt, in der Adam demnächst als Akzessist seine Laufbahn beginnen würde, mit eigenen Augen sehen zu wollen. Zwei Tage wollten wir hier zubringen. Meine Frau hatte freimütig erklärt, dass sie weniger an Sehenswürdigkeiten wie Kirchen, Palais, Theatern oder Parks interessiert sei, davon habe sie in Wien genug gesehen. Ihr kam es vielmehr darauf an, die Atmosphäre der Stadt auf sich wirken zu lassen. »Ich will in den Gassen gehen, in denen auch mein Sohn bald laufen wird. Ich will sehen, in welchen Wirtshäusern er speisen und in welchen Häusern er irgendwann einmal zu Gast sein könnte«, erklärte sie. Das sollte mir recht sein. Noch einmal unternahm ich den Versuch, ihr mit Pezzls Schilderungen erste Eindrücke von der bayerischen Residenzstadt zu vermitteln.

»Du wirst sehen, unser Adam wird sich hier wohlfühlen. Pezzl nennt München eine der schönsten Städte überhaupt. Er behauptet, man lebe hier sehr bequem und sehr frei. Nun, was will man mehr? Und dann, hör', er schwärmt von paradiesischen Gärten, götterwürdigen Palästen, Konzerten ohne ihresgleichen und Schauspielen, die von Feen gezaubert sein könnten. Also langweilig wird es ihm hier sicher nicht werden!«

Ottilie lächelte tapfer. So streiften wir also mehr oder weniger lustlos zwei quälend lange Tage durch die Stadt. Wir sahen die stattlichen Bürgerhäuser, gingen über den reich bestückten Markt, bestaunten eher pflichtgemäß, aber ohne Begeisterung die Frauenkirche und die eindrucksvolle Architektur von St. Kajetan. Für einen kurzen Augenblick kam ich nicht umhin, an den rätselhaften Mordfall zu denken, der sich vor wenigen Jahren auf den Stufen zu dieser Kirche ereignet hatte. Er würde wohl ebenso wenig aufgeklärt werden, wie die Todesumstände der Jungfer Engelhart. Wir liefen kurz durch den Englischen Garten, den Kurfürst Karl Theodor erst vor wenigen Jahren in den Isarauen hatte anlegen lassen. Das war zweifelsohne ein schön gestalteter Park, der es von seiner Anlage her wohl mit dem Wiener Prater hätte aufnehmen können. Die Sonne schien, die Temperaturen waren überaus angenehm, die Isar rauschte munter in ihrem Bett und auf den Straßen und Wegen begegneten uns frohgelaunte Menschen. Doch es half alles nichts. So sehr wir uns auch bemühten, so sehr wir auch versuchten, voreinander gute Miene zu machen und das Vorgefallene zu vergessen – es gelang uns nicht. Wir wussten es beide. Das Essen mochte hier ebenso delikat sein wie in Wien – wir stocherten nur appetitlos darin herum und mussten uns bei jedem einzelnen Bissen zwingen, ihn hinunterzuwürgen. Endlich aber war es geschafft. Die zwei Tage in München waren unter Wahrung der Contenance verbracht. Ich war erleichtert. Endlich nach Hause! Wir rüsteten uns zur Abreise früh am nächsten Morgen. Ottilie wollte gerade Pezzls Reisebeschreibung in die bereitstehende Tasche packen, als etliche Seiten handschriftlich beschriebenen Papiers daraus zu Boden fielen. Sie bückte sich, um sie aufzuheben. Es waren die Listen der Jungfer Engelhart. Gedankenverloren blickte meine Frau darauf. Ich wollte sie ihr aus der Hand nehmen, doch sie verwehrte es mir. Stattdessen vertiefte sie sich darin.

»Hundertvierunddreißig«, sagte sie schließlich. »Hundertvierunddreißig Fälle, wenn ich mich nicht verzählt habe. Hundertvierunddreißig Schicksale. Die allermeisten davon kennen wir nicht. Nur die, hinter denen ein Kreuz verzeichnet ist. Deren letzte Ruhestätte dürften wir unter der Weide in Engelharts Garten gefunden haben. Aber die anderen? Was wohl aus den armen Würmern geworden ist? Wie viele von ihnen werden überhaupt noch am Leben sein?« Seufzend legte sie die Listen zurück ins Buch.

»Da fällt mir die Geschichte vom armen Türhang wieder ein. Franz Xaver hieß er, glaube ich. Das war lang vor deiner Zeit in Eichstätt. Ich war damals noch ein junges Mädchen und noch nicht verheiratet. Aber ich erinnere mich, als wäre es gestern gewesen. Tagelang, ja wochenlang haben die Leute damals darüber gesprochen und gerätselt, wer wohl die Mutter sein könnte. Der Türhang war nämlich ein Findelkind. Seine Mutter hat ihn in dem kleinen Dorf Preith auf den Jurahöhen gleich hinter Eichstätt beim Mathias Neupaur, einem Kleinbauern und Handwerker, mit einem Rosenkranz als Ersatz für eine Schnur in einem Körbchen an die Haustür gehängt. Deshalb hat er dann auch später von der Obrigkeit eben den Namen Türhang erhalten, du verstehst. Irgendwann im Winter war das. Ein Glück also, dass ihn die Hausleute früh genug gefunden haben. Der Säugling wäre sonst sicher innerhalb kürzester Zeit erfroren. Die Neupaurs haben das Kind dann als Pflegekind aufgenommen, obwohl sie kein Kostgeld dafür bekommen haben und selber kaum genug zum Beißen hatten. Ob er noch lebt, weiß ich nicht. Ich habe später nichts mehr von ihm gehört.«

Ich war gerade dabei in einen ruhigen, erquickenden Schlummer zu gleiten, als mich meine Frau plötzlich am Arm packte und mich so unsanft aus Morpheus' Armen riss.

»L.v.G., 28. Januar '68, Würmsee.«

Ich war alles andere als erfreut, um meinen wohlverdienten Schlaf gebracht zu werden. Noch dazu mit einer Äußerung, deren Sinn ich überhaupt nicht begriff.

»Ja, aber verstehst du denn nicht? Ludwig von Gleizenstein, 28. Januar '68, Würmsee«, wiederholte sie. »Der Eintrag auf der Liste. Eleonores Sohn.«

»Und was ist damit so Dringendes, dass du mich nicht einmal schlafen lässt?«

Ottilie schien gegen meinen Vorwurf taub zu sein.

»Ich habe nachgedacht. Ich glaube, was die Engelhart unserer Freundin bezüglich ihres Sohns gesagt hat, stimmt zumindest auf weite Strecken. Das

Kind ist höchstwahrscheinlich nicht in irgendeinem Findel- oder Waisenhaus gelandet. In diesem Punkt hat die Engelhart ja sehr akribisch Buch geführt. Erinnere dich an die vielen Einträge mit dem Vermerk ›FH‹ dahinter. FH – Findelhaus. Auch die Totgeburten hat sie fein säuberlich markiert. Aber beim Eintrag zu Eleonores Sohn findet sich keiner der beiden Vermerke.

›L.v.G., 28. Januar '68, Würmsee, ZE: v.R.‹ lautet der Eintrag. Also Name, Geburtsdatum und Geburtsort. So viel war uns bisher schon klar. Aber was bedeutet das Kürzel ›ZE‹? Darüber haben wir uns noch gar keine Gedanken gemacht.«

Ich konnte den freudigen Triumph in Ottilies Stimme förmlich hören, doch begriff ich, schlaftrunken wie ich war, nicht, welche grandiose Entdeckung sie so euphorisch stimmte.

»Gerade als ich dir die Geschichte vom armen Türhang erzählt habe, ist mir's plötzlich aufgegangen: Eleonores Neugeborenes muss ja sehr schnell von irgendjemandem aufgenommen worden sein, sonst hätte es nicht überlebt. Ich glaube deshalb, dass ›ZE‹ Engelharts Kürzel für ›Zieheltern‹ war. Ja, ich bin mir sicher: Es muss ›Zieheltern‹ bedeuten. Mit anderen Worten: Eine adlige Familie von R. hat das Kind angenommen.«

»Mag sein. Aber ich sehe immer noch nicht, welche neue Erkenntnis wir damit gewonnen hätten. Es ist allenfalls ein vager Hinweis dafür, dass die Engelhart in Bezug auf das Kind die Wahrheit gesagt hat. Nicht mehr und nicht weniger.«

»Ich glaube, da irrst du dich, mein Lieber. Ich denke, es könnte ein möglicher Ansatzpunkt sein, um Eleonores Sohn ausfindig zu machen. Überleg' doch mal: Das Kind ist im Winter geboren. Ich kann mir nicht vorstellen, dass jemand ein Neugeborenes bei eisigen Temperaturen über eine sehr weite Entfernung transportieren würde. Das wäre zu riskant. Das Kleine könnte dabei leicht zu Tode kommen. Und bei einer adeligen Familie dürfen wir ja davon ausgehen, dass sie das Kind nicht aus Geldnöten aufgenommen haben, sondern, um es, aus welchen Gründen auch immer, vielleicht aus christlicher Nächstenliebe, in ihrer Familie aufzuziehen. Familiäre Verpflichtungen waren es jedenfalls nicht. Das hätte uns Eleonore gesagt. Aber sie hat ja im Gegenteil betont, dass sie zu der Gegend keinerlei Bezug hatte. Vielleicht hat die Engelhart den Ort also sehr bewusst gewählt, eben weil er in der Nähe der künftigen Zieheltern lag. Das erscheint mir durchaus möglich. Mit anderen Worten: Ich vermute, dass das Kind in der näheren Umgebung seines Geburtsortes in einer adligen Familie untergekommen ist. Und davon wird es ja um den Würmsee herum nicht allzu viele geben. Sie werden außerdem eine Amme gebraucht haben, um das Kind zu nähren. Dergleichen spricht sich gewöhnlich herum.«

Ich ahnte, was nun kommen würde. Das war meine Ottilie, wie sie leibte und lebte. Immer darauf bedacht, dass es möglichst allen gut ging.

»Lass mich raten. Du meinst also, wir sollten an den Würmsee fahren und Erkundigungen einholen. Ist es das, was du mir hier mitten in der Nacht unterbreiten willst?«

Zu meinem Ärger musste ich feststellen, dass ich mich nicht getäuscht hatte. Ottilie bot all ihre Überredungskünste auf. Von München aus sei es ja nicht weit an den besagten See und überhaupt, ob ich der armen Eleonore nicht wenigstens ein wenig mehr, wenn schon nicht Gewissheit, so doch mindestens Wahrscheinlichkeit, was das Wohlergehen ihres Sohnes betraf, geben wollte. Was blieb mir anderes übrig, als einzuwilligen, wenn ich mir nicht selbst wie ein Unmensch vorkommen wollte?

So machten wir uns also am nächsten Morgen anstatt Richtung Eichstätt auf hinaus zum Würmsee, um dort die Nadel im Heuhaufen zu suchen, wie mir schien. Ottilie packte Nachtwäsche, Haarbürste und sonstige Kleinigkeiten in eine leichte Reisetasche. »Vorsichtshalber«, wie sie erklärte. Ich fand diese Vorkehrungen zwar unnötig, denn ich hatte keineswegs vor, dort draußen zu nächtigen, aber ich ließ ihr ihren Willen. Aus Erfahrung wusste ich, dass in manchen Dingen nicht gut mit ihr zu diskutieren war. Meinetwegen sollte sie die Tasche mit sich rumschleppen. Ich würde sie ihr jedenfalls nicht abnehmen. Ich hatte bereits irgendwann in den Tagen nach Eleonores Enthüllung der Neugierde halber in Wien die Bibliothek aufgesucht und dort auf einer Karte von Bayern nach dem ominösen See gesucht. Er lag langgestreckt und im Verhältnis zu seiner Länge relativ schmal etwa zwanzig Meilen südwestlich der bayerischen Residenzstadt. Tatsächlich war dort eine Insel Wörth nahe dem westlichen Ufer unweit eines Dorfs namens Feldafing eingezeichnet gewesen. Dort wollte Ottilie nun mit ihrer Suche beginnen. Und so bestiegen wir also wiederum eine Postkutsche. Die Gegend um München herum war flach und wir kamen recht mühelos voran. Die Kombinationsgabe meiner Frau hatte mich bei meinem Ehrgeiz gepackt und so versuchte ich während der etwa zweistündigen Fahrt, die vor uns lag, der ominösen kurzen Liste noch einige Informationen zu entlocken. Noch einmal studierte ich die kryptischen Aufzeichnungen und versuchte irgendwelche Muster zu erkennen:

*A.v.W. 2.4.63 Haus des Vaters, J.v.W*
*L.v.G. 28.1.68 Würmsee ZE: v.R.*
*v. O. 3.1.71 Wasserburg Kapuz.*
*D.v.R. 7.9.74 Salzburg ZE: M.S.*
*A.v.Z. 14.11.79 Haus der Großeltern, ZE: v.Z*

Das Kürzel ›ZE‹ fand sich noch zweimal. Zwei weitere Kinder, nämlich No. 4 und 5, wären demnach bei Zieheltern untergekommen. Bei No. 1 und No. 5 hatte die Engelhart darauf verzichtet, die Wohnorte anzugeben. War das Zufall oder wollte sie vielleicht damit das Inkognito der jeweiligen Familien wahren? Hatte sie gefürchtet, jemand könne deren Identität herausfinden, wenn sie auch noch deren Wohnort angab? Das schien mir zumindest nicht unwahrscheinlich. Ich versuchte, mir mögliche Szenarien vorzustellen. Wenn No. 1 im Haus seines Vaters aufwuchs, dann hatte dieser vielleicht eine Affäre mit einem seiner Dienstmädchen gehabt. Dergleichen kam vor. Um einen Skandal zu vermeiden, hätte man dann vielleicht das uneheliche Kind als ein legitimes ausgegeben. Seine vermeintliche Mutter wäre dann in Wahrheit seine Stiefmutter. Eine andere Möglichkeit war, dass das Kind zwar im väterlichen Haushalt aufwuchs, aber eben als Bastard der besagten Dienstmagd. Seine Lebensbedingungen, ging es mir durch den Kopf, wären in beiden möglichen Fällen allerdings höchst unterschiedlich. Im ersten Fall wäre es in den Herrschaftsräumen aufgewachsen und hätte wohl ebenso wie seine legitimen Halbgeschwister (falls es welche gab) eine sorgfältige, standesgemäße Erziehung erhalten. Im zweiten Fall hätte es mit der Gesindekammer vorliebnehmen müssen und wäre wohl nur als Arbeitskraft im Hause geduldet. Welche Rolle hatte die Engelhart in dem bewussten Haushalt gespielt? War sie als Gouvernante zufällig Zeugin der Vorfälle geworden? Ja vielleicht hatte sie erst dieser Vorfall überhaupt auf die Idee gebracht, unglückliche Personen mit ihrer Familiengeschichte zu erpressen.

Im letzten Fall, bei Kind No. 5, waren diese Zieheltern offenbar gleichzeitig die leiblichen Großeltern, also sehr wahrscheinlich die Eltern der Kindsmutter. Hier konnte ich mir vorstellen, dass Frau von Z. (wer auch immer sich hinter diesem Kürzel verbergen mochte!) sich für die Mutter des Kindes ausgab, das in Wahrheit das Kind ihrer ledigen Tochter, also ihr Enkelkind war. Seine leibliche Mutter wäre demnach offiziell seine Schwester. Vielleicht war sie bereits verheiratet und hatte weitere Kinder. Diese, seine Halbgeschwister, würden dann offiziell als seine Onkel und Tanten gelten. War es möglich? Nahmen Familien derartige Lügen auf sich, nur um einen Skandal zu vermeiden und ein dunkles Familiengeheimnis zu wahren? Nach allem, was uns Eleonore erzählt hatte, musste ich diese Frage bejahen. Es galt, die Familienehre zu retten. Unter allen Umständen und zu jedem Preis. Und wo das nicht gelang, kam es bisweilen sogar zu Tragödien mit tödlichem Ausgang. Immer wieder konnte man in der Zeitung Berichte über verurteilte Kindsmörderinnen lesen. Als Unbeteiligter schüttelte man dann bloß voll Abscheu den Kopf – und setzte seinen Tageslauf fort. Hatte ich mich je gefragt, was die Frauen zu diesen Taten trieb? Waren das alles nur gewissenlose Weiber ohne Liebe und Verantwortungsgefühl, ohne einen Funken Menschlichkeit? Nach allem, was ich in den letzten Wochen erfahren hatte, war ich mir dessen nicht mehr so sicher.

Bei Kind No. 3 fand sich der Vermerk ›Kapuz.‹ Die Abkürzung für Kapuziner? Mir fiel jedenfalls kein anderes Wort ein. Wenn meine Vermutung richtig war, wäre das Kind vielleicht als Findelkind in Wasserburg bei Kapuzinern abgegeben worden. Für diese These sprach in meinen Augen auch der Umstand, dass No. 3 im Gegensatz zu den übrigen Kindern nicht mit einem Kürzel für seinen Vornamen versehen war. Möglicherweise hatte man ihm (wenn es denn überhaupt so lange überlebt hatte!) erst bei der Taufe im Kloster einen

Namen gegeben. Ob all diese Überlegungen richtig waren, würde ich wohl nie erfahren. Ebenso wenig würde ich jemals eine Antwort darauf erhalten, woher die Engelhart ursprünglich stammte oder welche Verbindungen sie an den Würmsee, nach Wasserburg oder Salzburg gehabt hatte. Stammte sie ursprünglich aus einem dieser Orte? Was oder wer hatte sie dann nach Jahrmarkt in Ungarn zur Familie von Gleizenstein gebracht und wie war sie schließlich nach Wien gekommen? Die Antworten auf all diese Fragen hatte die Jungfer mit in ihr Armengrab genommen.

Kurz bevor wir unser Ziel erreicht hatten, stieg in Starnberg ein alter Mann zu uns in die Kutsche. Es dauerte nicht lange und Ottilie erkundigte sich freundlich bei ihm, woher er komme und ob er sich vielleicht in der Gegend auskenne. Das tat er und auf die Frage meiner Frau hin erklärte er, dass es in Feldafing selbst kein Schloss gebe, wohl aber wenige Meilen davon entfernt, in Possenhofen, wo wir demnächst ankommen würden. Wir beschlossen kurzerhand, unseren Plan zu ändern und baten den Kutscher in Possenhofen Halt zu machen und uns aussteigen zu lassen. Endlich waren wir am Ziel – zumindest hoffte ich das. Ich war während der Fahrt wieder einmal so in meine Überlegungen vertieft gewesen, dass ich die Landschaft um mich herum gar nicht wahrgenommen hatte. Um so angenehmer war ich nun überrascht. Die Gegend war nicht ohne Reiz, das musste ich zugeben. Die eintönige Ebene rund um München war der sanften Hügellandschaft des Voralpenlands gewichen. Eine liebliche, geradezu malerische Gegend. Obwohl ich in meine Gedanken versunken gewesen war, war mir während der Fahrt zumindest aufgefallen, dass die Bauernanwesen in diesem Landstrich weit stattlicher waren als ich das von den schroffen Jurahängen des steinig-kargen Eichstätter Umlands kannte. In Possenhofen aber gab es keine stattlichen Bauernhöfe. Das Dorf bestand ohnehin nur aus einigen wenigen Häusern, der Kirche, einem Wirtshaus und eben einem Schloss. Landwirtschaft war hier wohl kaum möglich. Dazu fehlten die Flächen für die Felder. Anscheinend lebte man hier vor allem vom Fischfang. An den See hinunter war es nicht weit. Von hier aus konnte man ein stattliches Herrenhaus oder vielleicht treffender gesagt ein Schloss mit vier Ecktürmen sehen. Der Ort schien – wenn man von dem Schlossbesitzer einmal absah – nicht eben reich zu sein, aber alles, was wir sehen konnten, wirkte idyllisch. In geringer Entfernung war in südlicher Richtung gelegen, und ganz in Ufernähe außerdem tatsächlich eine kleine Insel im See zu sehen. Ottilie nickte zufrieden.

»Man möchte meinen, in diesem begnadeten Landstrich seien alle immer glücklich«, meinte sie nachdenklich. »Kaum vorstellbar, dass sich hier eine menschliche Tragödie ereignet haben könnte. Trotzdem glaube ich, dass wir an der richtigen Stelle sind oder ihr zumindest doch ganz nahe.«

Ich war mir dessen weit weniger sicher und selbst wenn sie Recht hätte – im Gegensatz zu meiner Frau zweifelte ich daran, hier nach all der Zeit irgendwelche Informationen über Eleonores Sohn Ludwig finden zu können. Ottilie aber wirkte auf mich sicher und zielstrebig wie ein Jagdhund, der eine Fährte aufgenommen hatte. Nichts und niemand würde sie von dieser imaginären Spur abbringen. Inzwischen war es nahe an Mittag und so beschlossen wir, erst einmal die kleine Gastwirtschaft des Ortes aufzusuchen. Weil Freitag und somit Fasttag war, bot uns die Wirtin wahlweise frisch gefangenen Fisch oder eine Eierspeise an. Wenn wir schon an einem See waren, wollten wir auch seinen Fisch probieren. Wir entschieden uns also für die Renken. Sie könne uns außerdem als Nachspeise noch frische Kirschen anbieten, meinte sie. Während wir auf unser Essen warteten, gab mir Ottilie zu verstehen, wie sie weiter vorzugehen gedachte.

»Am besten wäre es, du würdest dich dabei unauffällig bei einem weiteren Bier in den Wirtsgarten verziehen, während ich hier drinnen die Kirschen genieße und versuche, bei der Wirtin etwas in Erfahrung zu bringen. Ein Wirtshaus ist dafür geradezu der ideale Ort. Schließlich kommen hier die Leute zusammen und reden. Mit etwas Glück finden wir so eine erste Spur.«

Der Vorschlag gefiel mir. Zu meinem Erstaunen kam Ottilie aber bereits nach wenigen Augenblicken zu mir hinaus.

»Die Wirtin ist sehr beschäftigt und hat mir recht unmissverständlich, ja grob zu verstehen gegeben, dass sie keine Zeit für Plaudereien hat. Hier kommen wir nicht weiter.«

Der Misserfolg und die offenbar unfreundliche Behandlung hatten ihre

Laune merklich getrübt. Was jetzt? Eine Postkutsche in Richtung München würde erst wieder in einigen Stunden abgehen, soviel wusste ich. Irgendwie mussten wir die Zeit bis dahin zubringen und ich hatte nicht die geringste Lust, mit meiner übellaunigen Frau untätig hier herumzusitzen. So schlug ich ihr schließlich vor, einen Spaziergang durch den kleinen Ort zu machen und einen Blick in die Kirche sowie auf den Friedhof zu werfen. Das würde sie zumindest ablenken. Mit etwas Glück würden wir sogar irgendjemand begegnen, den wir in ein Gespräch verwickeln konnten. Wir hatten unser Ziel schnell erreicht. Die Kirche und der Kirchhof drumherum waren der Größe des Orts entsprechend klein und überschaubar. Die Ausstattung des Gotteshauses war ebenso bescheiden wie die Gräber, die es umgaben. So früh am Nachmittag war außer uns kein Mensch hier zu sehen. Einer alten Gewohnheit folgend las ich Namen und Geburts- und Sterbedaten, die auf den Grabinschriften angebracht waren. Ganz am hintersten Ende des Gottesackers und beschattet von einer hohen Buche, die jenseits der Friedhofsmauer wuchs, fielen mir ein paar Gräber auf, die kleiner als die übrigen waren – augenscheinlich waren es Kindergräber. Die meisten davon waren verkommen. Die Kreuze samt Inschriften verwittert und die Bepflanzung verwildert, Efeu- und Brombeeren rankten hier wild durcheinander. Lediglich bei einem schien zumindest die Farbe der Inschrift irgendwann erneuert worden zu sein. Auch das Brombeergestrüpp war an dieser Stelle zurückgedrängt, so dass wir keine Schwierigkeit hatten, die wenigen Angaben zu lesen.

*Ludwig, 27. Januar – 4. Februar 68*

Ottilie stieß einen kurzen Schrei aus und mir stockte der Atem.

»Ist das möglich? Meinst du, der hier ist der Gesuchte, Eleonores Sohn? Dann wäre alles, was die Engelhart ihr erzählt hat, gelogen gewesen!«

So traurig es war, es schien doch mehr als wahrscheinlich. Wäre ein Pfarrer oder sonst jemand hier gewesen, ich hätte mich nach dem toten Kind erkundigt. Aber außer uns war niemand zu sehen. Bedrückt verließen wir den Friedhof. Was macht man mit dem Rest eines solchen Tages? Nach einer solchen Entdeckung und an einem Ort, der wenig Möglichkeiten zur Zerstreuung bot? In die leere Wirtsstube wollte ich nicht zurück. So schlug ich Ottilie vor, einen Spaziergang in Richtung der Insel, zu machen – wenn möglich entlang des Seeufers. Das war freilich nur teilweise zugänglich, wie sich bald herausstellte. Abschnittweise waren die Ländereien des Schlossbesitzers eingezäunt oder von dichten Hecken umgeben, an anderer Stelle führte der Weg wegen des dichten Bewuchses vom Ufer weg. Trotzdem gab es einige Stellen, die einen direkten Blick auf den See boten. Sanftes Wellengekräusel schwappte leise ans Ufer, in unserer Nähe stieg ein Graureiher aus dem Schilf auf und über uns flogen Schwalben. Stellenweise schwammen Entenmütter mit ihren Jungen und weiter hinten im See sahen wir sogar eine Schwanenfamilie. Die heitere Ruhe ringsum tat mir wohl. So gelangten wir schließlich bis zu der Stelle, von der aus man auf die kleine Insel übersetzen konnte. Gedankenverloren blickten wir hinüber.

»Hier also war es. Dort drüben hat Eleonore ihr Kind zur Welt gebracht.« Ottilie schwieg wieder. »Aber wenn es hier geboren wurde, warum ist es dann in Possenhofen begraben? Haben die Feldafinger keinen eigenen Friedhof?«

Eine berechtigte Frage, auf die wir nur eine Antwort finden konnten, wenn wir das besagte Dorf aufsuchten. So folgten wir also dem Weg die Anhöhe hinauf zum Dorf. Nach einer knappen Viertelstunde erreichten wir Feldafing, das kaum größer als Possenhofen war. Augenscheinlich war auch dieser Ort mehr ein Fischer- denn ein Bauerndorf und es verfügte ebenso wie Possenhofen über eine Kirche und einen eigenen Gottesacker.

»Mir tun die Füße weh und Durst habe ich auch. Lass uns im Gasthaus einkehren! Vielleicht ist die hiesige Wirtin ja gesprächiger als die in Possenhofen.«

Ottilie hatte Recht. Wir hatten uns eine Stärkung verdient und vielleicht würden wir tatsächlich noch etwas erfahren. Die Wirtsleute waren zwar überaus gastfreundlich und hätten uns auch gerne Auskunft über das besagte Kind gegeben, aber sie wussten leider nichts darüber. Inzwischen war es später Nachmittag und wir mussten uns beeilen, wenn wir die Postkutsche in Starnberg noch erreichen wollten. Schließlich war es dorthin noch ein ziemlicher Fußmarsch. Ich wollte gerade zum Aufbruch mahnen, als mir Ottilie sanft über den Arm strich und mich bittend ansah.

»Wenn wir schon den langen Weg auf uns genommen haben, sollten wir jetzt nicht so einfach aufgeben, mein Lieber. Lass uns heute hier übernachten – der Weg nach Starnberg ist mir jetzt zu weit – und morgen könnten wir es dann außerdem in Possenhofen noch einmal versuchen. Es müsste ja mit dem Teufel zugehen, wenn wir nicht irgendjemanden finden, der über das tote Kind oder die Familienverhältnisse der Schlossbesitzer etwas weiß.«

So sah ich mich also widerwillig gezwungen, in einem äußerst einfachen Gasthof auf dem Land zu übernachten anstatt in unserer wesentlich bequemeren Unterkunft in München. Aber so einfach aufgeben wollte ich doch auch nicht.

Wider Erwarten erwachte ich am nächsten Morgen recht ausgeruht. Die Wirtin schlug uns zum Frühstück Eier in die Pfanne und servierte dazu ein kräftiges Bauernbrot mit frischer Butter und Himbeermarmelade. Solchermaßen gestärkt machten wir uns anschließend gemächlich wieder auf den Weg nach Possenhofen. Das Wetter war ausnehmend schön. Diesmal gingen wir einen anderen Weg durch lichten Buchenwald und nach einer guten halben Stunde hatten wir unser Ziel erreicht. Die Wirtsstube war um diese Zeit noch leer und die Wirtin augenscheinlich froh, uns erneut als Gäste begrüßen zu können. Ich zog mich auch diesmal wieder in den Wirtsgarten zurück und genoss die herrliche Aussicht bei einem gut gekühlten Krug Bier, während Ottilie drinnen erneut versuchte, in einem Gespräch mit der Wirtin die ersehnten Auskünfte zu erlangen. Diesmal dauerte es eine ganze Weile, bis sie endlich mit zufriedenem Gesichtsausdruck aus der Wirtsstube zu mir trat. Ich sah sie fragend an.

»Später«, sagte sie nur, denn unmittelbar nach ihr kam auch schon die Wirtin mit unserem Mittagessen heraus.

»Lasst es Euch schmecken! Aber an Eurer Stelle würde ich mich mit dem Essen beeilen. Die Schwalben fliegen tief«, meinte sie mit einem besorgten Blick zum Himmel. »Gut möglich, dass heut' noch was kommt. Das geht bei uns hier am See oft ganz schnell. Falls ihr heut' noch nach München wollt, würd' ich euch raten, euch bald in Richtung Starnberg auf den Weg zu machen. Ich würd' ja meinen Mann bitten, euch nach Starnberg zu fahren, aber der ist draußen auf dem Feld. Dorthin würd' ich mich jetzt auch auf den Weg machen, den Leuten eine Stärkung bringen und selber mit Hand anlegen. Ich fürcht', es könnt' sogar noch hageln. Wenn euch der Marsch zu lang ist, könnt ihr auch hier übernachten. Viel Bequemlichkeit kann ich euch freilich nicht bieten. Nur eine einfache Kammer. Wenn ihr schnell seid, könnt ihr in Starnberg noch vor dem Gewitter eine Postkutsche Richtung München erreichen. Aber ihr müsst euch sputen.«

Wir entschieden uns für den Rückweg und machten uns zu Fuß in Richtung Starnberg auf. Die Wetterprophezeiung der Wirtin schien sich zu bewahrheiten. Kurz nach unserem Aufbruch begann sich der Himmel mit schweren Wolken zu verdunkeln und trieb uns zu noch mehr Eile.

## *Endlich daheim!*

Eichstätt! Noch nie war mir das Geläut des nahen Doms lieblicher erschienen, noch nie hatte ich mich mehr am Anblick des Willibaldbrunnens erfreut, noch nie hatte ich es mehr genossen, an der Altmühl entlang zu spazieren, die gemächlich wie eh und je in ihrem Bett floss. Wie freute ich mich, endlich wieder die vertrauten Türme unseres Doms zu sehen, das Treiben auf dem sonnenbeschienenen Marktplatz, das Rathaus und die Willibaldsburg, die als schützende Bastion über der Stadt thronte, den Residenzplatz – und ja, sogar der Anblick der Normalschule bereitete mir Freude. Die Strapazen der Reise, vor allem aber die Schrecknisse lagen endlich hinter uns. Keine zehn Pferde würden mich vorerst von hier wieder wegbringen. Das hatte ich mir felsenfest vorgenommen. Was konnte es Schöneres geben als die beschauliche Ruhe unserer kleinen Residenzstadt? Welch ein Genuss, die angesammelten Ausgaben des *Eichstätter Intelligenzblatts* von vorne bis hinten zu lesen und beruhigt festzustellen, dass sich während unserer Abwesenheit nichts Nennenswertes ereignet hatte! Der Nutzen des Holunderbuschs und seine heilbringende Wirkung wurde ausführlich dargestellt, ferner vermeldet, wer von den Herrschaften die Stadt verlassen und wer wieder eingereist war. Eine weitere Bekanntmachung betraf eine Schlossergerechtigkeit, die es in der Stadt zu erwerben gab, und in einem der umliegenden Dörfer stand eine Schafherde zum Verkauf. Ein Dienstbote hatte in der Dominikanerkirche seinen grünen Filzhut vergessen und bat den Finder um Rückgabe. Was konnte es Schöneres geben als derartige harmlose Alltäglichkeiten! Ich fragte mich ernsthaft, was um Himmels Willen mich überhaupt dazu gebracht hatte, dieses stille Fleckchen Erde zu verlassen und in die weite Welt zu ziehen. Jetzt jedenfalls wollte ich nur noch den Rest des Sommers in Ruhe genießen. So erfreute ich mich etwa drei Wochen lang des häuslichen Friedens und der Behaglichkeit, lustwandelte die Altmühl entlang und schrieb meinem Bruder, dass wir gut wieder heimgekommen wären. Babette sandte uns jeden zweiten oder dritten Tag ein kurzes Brieflein aus ihrer Sommerfrische in Rosenau. Die

Damen vertrieben sich die Zeit mit Malen im Freien und Babette legte einem ihrer Briefe ein von ihr gemaltes Kärtchen mit einem zarten kleinen Rosenstrauß als Motiv bei. Genau wie ihr Bruder besaß sie ganz offensichtlich Talent. Ansonsten berichtete sie von Ausflügen nach Zwettl oder sonst wohin, ihren Fortschritten im Klavierspiel und von Besuchern, die das Schloss offenbar recht zahlreich aufsuchten.

»So lässt sich's leben«, seufzte Ottilie. »Meine Jüngste führt ein Leben fast wie ein adliges Fräulein. Es sei ihr von Herzen gegönnt. So hat sie wenigstens viele schöne Momente, an die sie sich später einmal erinnern kann.«

Zu unserer Freude erhielten wir außerdem einen Brief von Adam, der ankündigte, uns im September für drei Wochen besuchen zu kommen, da er seinen Dienst in München erst Anfang Oktober antreten musste. Einen Wermutstropfen allerdings gab es im sommerlich-ruhigen Idyll. Zu meinem Leidwesen konnte ich nämlich die jüngste Vergangenheit längst nicht so weit hinter mir lassen, wie ich es mir gewünscht hätte. Denn kaum hatte ich mein Haus verlassen, da traf ich auch schon auf irgendeinen meiner Bekannten – sei es Gerstner, Barth, Sausenhover, Lang oder Klueg – und jeder, ausnahmslos jeder von ihnen, fragte mich nach meinen Erlebnissen in Wien.

Gegen Mitte des Monats erreichte unsere friedliche Stadt schließlich eine Nachricht, die geeignet war, alle in Unruhe zu versetzen: In Paris seien König Ludwig sowie seine Gemahlin Marie-Antoinette und die Kinder von Aufständischen aus ihrem Palast geholt und in Haft genommen worden. Der König sei gestürzt und seines Amtes enthoben, hieß es. An seiner Stelle regiere nun der Nationalkonvent. Spannung lag in der Luft. Diese Entwicklung konnte nichts Gutes bedeuten, soviel war klar. Fast täglich kamen nun neue Schreckensmeldungen. Es hieß, im französischen Nationalkonvent hätten radikale Kräfte die Oberhand gewonnen. Beim Sturm auf das königliche Tuilerienpalais habe es viele Tote gegeben. Preußische und österreichische Truppen marschierten auf Paris zu. Wie würde sich das Reich, wie Bayern und wie unser kleines Fürstbistum verhalten? Konnten sie sich dem Kriegsgeschehen entziehen oder war es nur noch eine Frage der Zeit, bis der Konflikt weitere Kreise zog? All das war Tagesgespräch auf den Straßen und Gassen und jeder versuchte, diesen beklemmenden, ja beängstigenden Fragen so gut es eben ging im privaten, häuslichen Glück zu begegnen.

Adams Besuch war Ottilie und mir daher umso willkommener. Kaum war ihr Sohn da, stürzte sich meine Frau darauf, Hemden, Strümpfe, Schuhe, Hosen und sonst alles Mögliche für ihn zu besorgen. Adams Einwände dagegen ließ sie nicht gelten.

»Du bist kein Student mehr. Als Akzessist musst du besser gekleidet sein. Schließlich verkehrst du von nun an mit Herren von Stand.«

Der Stolz in ihrer Stimme war unverkennbar. Ottilie ließ es sich auch nicht nehmen, ihren ehemaligen Schwager, Laurenz Hofstaetter und dessen Frau zum Kaffee einzuladen. Das gehöre sich, schließlich sei er Adams Pate. Ich hörte nur mit halbem Ohr zu, als meine Frau an der schön gedeckten Tafel von unseren Erlebnissen in Wien erzählte. Während sie von Opernbesuchen, dem Prater, dem Park von Schloss Schönbrunn und dem Deckenfresko der ehemaligen Jesuitenkirche schwärmte, galt meine Aufmerksamkeit weniger ihren Worten als vielmehr ihren Gesten, ihrer Mimik und überhaupt ihrem gesamten Auftreten. Sie schien mir plötzlich merklich verändert, so als habe sie in den letzten Wochen eine Metamorphose durchlaufen. Ich hätte allerdings nicht benennen können, worin diese Verwandlung bestand und noch viel weniger, wann sie sich vollzogen hatte. Doch was auch immer sie bewirkt haben mochte – die veränderte Ottilie gefiel mir über die Maßen. Sie imponierte mir. Offensichtlich war ich nicht der Einzige, dem diese Veränderung auffiel. Auch Laurenz Hofstaetter und seine Frau schienen Ähnliches wahrzunehmen. Im Gegensatz zu mir waren sie über diese neue Entwicklung weit weniger erfreut, wenn ich ihre Mienen richtig deutete. Die beiden sahen aus, als hätten sie in Zitronen gebissen. Schmallippig und mit starren Zügen saßen sie da, lauschten Ottilies Ausführungen und wussten augenscheinlich nicht, was sie davon halten sollten. Ihr Anblick delektierte mich und ich musste an mich halten, nicht laut loszulachen.

»Ja, dann tritt unser Adam in den nächsten Tagen also seine Stelle in München an. Ihr solltet ihn dort einmal besuchen. Es ist eine wunderbare Stadt, eine der schönsten im ganzen Reich, heißt es. Babette bleibt noch in Wien. Sie erhält dort Unterricht im Französischen und nimmt jetzt auch Mal- und Zeichenstunden. Vor allem das Malen in der freien Natur bereitet ihr großes Vergnügen und ich möchte sagen, sie beweist auch einiges Talent.«

Ich traute meinen Ohren nicht! War das die Frau, die mir noch vor wenigen Wochen alles Mögliche an den Kopf geworfen hatte, weil sie fürchtete, man könne sie für übergeschnappt halten, weil sie ihren Sohn studieren und ihre jüngste Tochter, anstatt sie zu verheiraten, in der Welt herumreisen ließ? Mit einem Mal aber begriff ich. Die Frau, die hier vor mir saß, war nicht mehr die ehrbare Handwerkerswitwe Hofstaetter, als die sich Ottilie nach ihrer eigenen Aussage auch nach der Eheschließung mit mir noch immer gesehen hatte. Die Frau, die hier ihre Gäste unterhielt, das war in der Tat die Dame des Hauses, Madame Francobaldi, die Gattin eines ehemals hohen Hofbeamten und nunmehr wohlhabenden Privatiers. Fast hätte ich mich an meinem Kaffee verschluckt, so sehr verblüffte mich diese Erkenntnis. Was in aller Welt hatte diese plötzliche Veränderung bewirkt? War es unsere Reise nach Wien gewesen, der vertraute Umgang mit Fräulein Eleonore, die Wahrung ihres Geheimnisses oder die schreckliche Entdeckung, die uns drei verband? Ich wusste es nicht. Vielleicht waren es auch all diese Faktoren gemeinsam. Was auch immer es war, diese neue Entwicklung gefiel mir.

Die Tage mit Adam vergingen wie im Flug und schließlich musste er nach München abreisen. In unserer kleinen Stadt verlief das Leben so ruhig wie eh und je. Bemerkenswerte Ereignisse gab es kaum. Umso mehr hatte ich Zeit, über die Ehrbezeugungen nachzudenken, die inzwischen für meinen verstorbenen Freund Ludwig Graf Cobenzl in Stein gemeißelt worden waren. Da war zum einen die Grabinschrift, die sein Bruder Philipp hatte anfertigen lassen, und zum anderen ein Gedenkstein, den der junge Freiherr von Hompesch in Cobenzls einstigem Park hatte aufstellen lassen. Die Inschrift darauf lautete kurz und bündig:

*L. Cobenzl*
*Dem Stifter dieser Anlage zum bleibenden Denkmale*
*gewidmet von seinem Freunde*
*W. Hompesch*

Das wäre weiter nicht spektakulär gewesen. Als Jahresangabe aber hatte der neue Besitzer der Gartenanlage zu meiner maßlosen Verwunderung nicht wie zu erwarten Cobenzls Todesjahr anbringen lassen, sondern die Jahreszahl 1789. 1789! Das Jahr der Revolution in Frankreich. Der Gedenkstein war damit weit mehr als lediglich eine ehrende Erinnerung an den Stifter des Parks. Er war geradezu ein Bekenntnis. Und ich konnte mir lebhaft vorstellen, wie wenig erbaut seine Exzellenz Graf von Stubenberg war. Die augenscheinliche Billigung der Ereignisse in Frankreich musste in seinen Augen wie ein Affront wirken. Auch die Inschrift auf Cobenzls Grabmal dürfte seiner Exzellenz mehr als ein Stirnrunzeln entlockt haben. Nicht nur, dass Philipp von Cobenzl mit einem Aschenkrug und einem weinenden Genius mit umgestürzter Fackel ein nahezu heidnisches Motiv für den verstorbenen Dompropst gewählt hatte, nein, die Inschrift war auch ungewöhnlich lang. Sie gab nicht nur den Stand des Verblichenen an, sondern rühmte auch ausführlich seinen Charakter und seine Verdienste.

Ich verbrachte die Tage mit langen Spaziergängen entlang der Altmühl, genoss die letzten wärmenden Sonnenstrahlen des Altweibersommers in unserem Garten vor den Toren der Stadt und widmete mich der einen oder anderen Lektüre. Zum Zeitvertreib schrieb ich außerdem einen langen Brief an Cobenzl in Wien, berichtete darin ausführlich, dass das Denkmal für seinen Bruder im Mortuarium unseres hohen Doms aufgestellt sei und darüber hinaus auch noch ein Gedenkstein im Park. Der Graf ließ mir durch einen Sekretär antworten. Er bedankte sich für die Informationen und ließ mir mitteilen, er sei von den politischen Geschäften so sehr in Anspruch genommen, dass er leider keine Zeit habe, mit mir zu korrespondieren.

Ungeachtet ihres veränderten Auftretens in der Öffentlichkeit hatte Ottilie schon längst wieder ihren gewohnten Tageslauf aufgenommen. Sie hatte in Haus und Garten immer irgendetwas zu tun. Es kam mir vor, als sei sie ohne weiteres aus einer Art Sonntagsgewand wieder in ihr Alltagskleid geschlüpft. Mir wollte so etwas nicht gelingen. Trotz all meiner Aktivitäten musste ich mir widerwillig eingestehen, dass es mir im Gegensatz zu meiner Frau nicht so leichtfiel, etwas Vernünftiges mit mir und meiner Zeit anzufangen. Im Oktober musste ich zu meinem Leidwesen endgültig feststellen, dass ich mich langweilte.

## *Hoffen und Bangen*

*Journal intime de la Mademoiselle Eleonore de Gleizenstein*

*Vienne, le 5 novembre 1792*

*Was für aufregende Zeiten! Ich weiß gar nicht, wo ich anfangen soll. Nach nur dreitägiger Belagerung fiel die Stadt Mainz an die französischen Revolutionstruppen. Überall in der Stadt und in den Salons ist diese Niederlage Tagesgespräch. Obwohl keine österreichischen Truppen beteiligt waren, so ist es doch insgesamt ein schwerer Schlag gegen die Koalitionäre und Österreich leidet mit Preußen. Es heißt, die Stadt Mainz habe zuvor eine hohe Zahl adeliger Emigranten aufgenommen, die Frankreich aus Furcht vor den Auswirkungen der Revolution verlassen hatten. Die Armen sind nun wohl vom Regen in die Traufe gekommen, weil sie nun auf deutschem Boden ihres Lebens ebenso wenig sicher sind wie zuvor in ihrer französischen Heimat. Was für eine Tragik!*

*Abgesehen von den unsicheren, ja dramatischen Zeitläufen ist es aber vor allem eine Sache, die mich ganz persönlich seit Wochen umtreibt, über die ich jedoch bislang in meinem Journal geschwiegen habe, weil ich noch nicht die Nerven hatte, darüber zu berichten. Vor gut drei Wochen erreichte mich ein Brief meiner lieben Freundin Ottilie. Sie entschuldigte sich darin, nicht schon eher geschrieben zu haben, jedoch wollte sie zunächst sicher sein, dass ich tatsächlich wieder aus der Sommerfrische zurück sei, damit ihr Schreiben auf keinen Fall einer unbefugten Person in die Hände fiele. Im September habe sie dann keine Zeit zur Korrespondenz gefunden, weil ihr Sohn Adam noch für einige Wochen bei ihr weilte und schließlich sei noch dies und das zu erledigen gewesen … Ich verzeihe ihr ihr langes Schweigen, ja mehr als das! Ich möchte ihr die Hände küssen vor Dankbarkeit für das, was mir die liebe, gute Frau da schließlich und endlich in ihrem Brief mitgeteilt hat. Ist es möglich? Haben Francobaldi und sie tatsächlich eine Spur von meinem Sohn entdeckt? Ich wage es kaum zu glauben und doch klingt das, was mir Ottilie schreibt, äußerst plausibel. Sie waren also am Würmsee und Ottilie hat unauffällig Erkundigungen eingezogen. Wenn ich ihrer Theorie Glauben schenken darf (und wie gesagt, sie scheint mir nicht unwahrscheinlich), so müsste mein Sohn als Ludwig von Rosen in einer vornehmen Familie aufgezogen worden sein. Johann von Rosen, sein angeblicher Vater ist Geheimer Rat und Feldmarschalleutnant zu München und besitzt weite Ländereien rund um den Würmsee. Unter anderem gehört auch die besagte Insel zu seinem Besitz. Sein Schloss liegt nur wenig entfernt in einem Dorf namens Possenhofen. Dort und in München wäre mein Ludwig also aufgewachsen. Dieser von Rosen war lange Jahre in einer ersten Ehe verheiratet, die kinderlos geblieben war. Aus einer zweiten Ehe ging schließlich (angeblich!) ein Sohn hervor, nämlich genau zu der Zeit, als mein Ludwig geboren wurde. Von Rosen war zu diesem Zeitpunkt bereits an die sechzig und bereits vier Jahre mit seiner zweiten, jungen Frau verheiratet. Dem Paar wurden danach keine weiteren Kinder mehr geboren. Ist es möglich? Sollten die Francobaldis meinen Sohn tatsächlich ausfindig gemacht haben? Ich wage es kaum zu glauben. Vieles spricht dafür, Gewissheit freilich könnte mir nur eine Begegnung von Angesicht zu Angesicht bringen. Irgendeine Familienähnlichkeit würde sich sicher erkennen lassen. Ich wüsste allerdings nicht, wie sich so eine Begegnung von Angesicht zu Angesicht arrangieren ließe. Wenn ich ehrlich bin, fehlt mir dazu auch der Mut. Trotzdem tröstet mich die Vorstellung, besagter Ludwig von Rosen könne in Wahrheit mein Sohn sein. Die Engelhart hätte mich demnach nicht belogen, was ihn betrifft. Er wäre standesgemäß erzogen worden und es ginge ihm gut … Wunder ereignen sich immer wieder, sagt man, und ein Wunder wäre es in der Tat. Ich gestehe es nur ungern, aber Ottilies Brief hat wider alle Vernunft eine leise Hoffnung in mir geweckt. Ich vermag nicht einmal genau zu sagen, worin diese eigentlich besteht. Aber wie heißt es so schön: Le cœur a ses raisons que la raison ne connaît point. Das Herz hat seine Gründe, die der Verstand nicht kennt.*

*Vienne le 28 decembre 1792*

*Ein aufregendes Jahr neigt sich dem Ende entgegen. Krieg, Krieg, Krieg … Das Thema ist allgegenwärtig. Kein Wunder, denn kurz nach der Niederlage der Preußen bei Mainz wurden auch unsere österreichischen Truppen von den Franzosen bei*

*Jemappes geschlagen. Ich fürchte, dieser schreckliche Krieg wird sich auch noch weit in das kommende Jahr hineinziehen. Umso wertvoller sind mir in diesen Tagen, Wochen und Monaten die Freuden meines Privatlebens im Kreise meiner Freunde und Bekannten. Babette hat mich zum Christfest mit einem Porträt meiner selbst überrascht. Ich muss sagen, sie beweist bemerkenswertes Talent und ich habe mich sehr gefreut. Das Bild wird einen Ehrenplatz im Salon erhalten.*

*Vienne, le 5 fevrier 1793*

*Gestern habe ich mit Babette Weigls Oper* Der Strazzensammler *besucht. Endlich, muss ich sagen. Denn immerhin fand die Uraufführung bereits im vergangenen Jahr statt. Vor allem der Untertitel hatte mich neugierig gemacht:* Ein gutes Herz ziert jeden Stand. *Es ist ein gelungenes Stück, wie ich finde. Babette und ich hatten jedenfalls unsere Freude daran. Beim Hinausgehen trafen wir auf Graf Cobenzl. Natürlich kam das Gespräch sofort auf die Ereignisse in Frankreich. Der König öffentlich auf der Guillotine hingerichtet! Wo wird das alles noch hinführen? Hier in Wien sind wir naturellement alle in höchster Sorge um die königliche Gattin, unsere Marie Antoinette. Diesen Revolutionären ist schließlich alles zuzutrauen.*

*Vienne, le 26 mars 1793*

*Ich habe endlich eine Entscheidung getroffen, was meine Finanzen angeht. Lange habe ich überlegt, ob ich an der Börse investieren sollte, so wie das viele meiner Bekannten tun. Nun habe ich mich schließlich doch anders entschieden. Denn das Haus der Engelhart stand nun endlich zum Verkauf. Noch ist Weißgerber kein attraktives Viertel. Aber ich denke, das könnte sich ändern. Wien wächst und die Stadt wird sich weiter ausbreiten. So habe ich es schließlich gewagt, in der Hoffnung, dass sich der Wert des Hauses in einigen Jahren deutlich erhöhen könnte. Aber wenn ich ehrlich bin, war die Hoffnung auf ein gutes Geschäft in meinen Überlegungen eher zweitrangig. Weit wichtiger war es mir, gewissermaßen die Kontrolle über die Relikte aus Engelharts Treiben zu bekommen. Ich wage gar nicht mir auszudenken, was sein könnte, wenn beispielsweise ein möglicher neuer Besitzer auf die Idee käme, nicht nur das Gemüsebeet, sondern auch den hinteren Teil des Gartens umzugraben oder die Weide zu fällen …*

*Für den Moment habe ich das Haus an drei Weißnäherinnen vermietet. Das bringt zwar nicht allzu viel ein, aber die drei Frauen scheinen mir zuverlässig. Im Wechsel für den günstigen Mietzins habe ich ihnen auferlegt, den Garten nicht zu verändern und mich außerdem zu benachrichtigen, falls sich jemand bei ihnen nach der vormaligen Besitzerin erkundigen sollte. Das ist zwar äußerst unwahrscheinlich, aber was weiß man schon.*

## *Ein neuer Freund*

Verdun, Thionville, Valmy, Lille, Mainz, Jemappes und schließlich Aldenhoven – die Namen von Schlachtorten reihten sich mittlerweile wie Perlen an einer nicht enden wollenden Kette. Inzwischen war neben Großbritannien und Spanien auch das Heilige Römische Reich offiziell in die Koalition gegen Frankreich eingetreten und so war es sicher nur noch eine Frage der Zeit, bis in naher Zukunft auch unser kleines Fürstbistum Soldaten zu entsenden hätte. Doch während irgendwo weit entfernt der Krieg tobte und Schlacht um Schlacht geschlagen wurde, während unzählige Tote und Verwundete zu beklagen waren, verlief mein eigenes Leben in äußerst ruhigen Bahnen. Ich hatte es mir zur Aufgabe gemacht, regelmäßig die Hausaufgaben des kleinen Karl zu überprüfen. Darüber hinaus aber hatte ich keinerlei Pflichten und verbrachte den Großteil meiner Tage mit einer ausgiebigen Zeitungslektüre, hie und da ein wenig Korrespondenz und täglichen ausgedehnten Spaziergängen. Sehr oft versuchte ich dabei im Geiste die Geschehnisse der letzten Stunden der Jungfer Engelhart zu rekonstruieren. Dass sie selbst schließlich das Opfer ihrer dunklen Machenschaften geworden war, stand für mich mittlerweile außer Frage. Ob es eine Tat im Affekt oder ein geplanter Mord gewesen war, ließ sich allerdings ebenso wenig klären wie die Frage nach dem Täter oder vielleicht sogar der Täterin. Ein kaltblütiger Mord schien mir eher unwahrscheinlich. Ich vermutete vielmehr eine Tat im Affekt. Jemand hatte die Frau im Streit die Treppe hinuntergestoßen und danach höchstwahrscheinlich fluchtartig das Haus verlassen. Ja, so in etwa musste es gewesen sein. Blieb nur die Frage, wer der oder diejenige war und was der Anlass für die Streitigkeit gewesen war. Ich konnte mir mehrere Szenerien vorstellen: Ein Nachbar, der der Engelhart auf die Schliche gekommen war und sie erpresste; der Hehler, der mit ihr nicht handelseinig geworden war; oder eine verzweifelte Mutter, die den Verlust ihres Kindes betrauerte; ja, vielleicht sogar jene unbekannte Wöchnerin, die ihr Neugeborenes entgegen aller Vorsätze nun plötzlich doch nicht mehr weggeben wollte. Möglichkeiten gab es viele. Jede davon war bis zu einem gewissen Punkt plausibel. Beweisen konnte und wollte ich keine von ihnen. Wozu auch? Keine meiner Theorien konnte alle meine Fragen aufklären. Irgendetwas blieb immer rätselhaft. Aber aus einem mir selbst unerklärlichen Grund – vielleicht ganz einfach, um der Langeweile zu entgehen – kehrte ich immer wieder zu diesen Gedankenspielereien zurück, anstatt die ganze Sache endgültig zu vergessen. Ehrlich gesagt gab es auch ansonsten nicht allzu viel, womit ich mich ernsthaft beschäftigen hätte wollen, nichts, was meine Aufmerksamkeit fesselte, mich gar faszinierte.

Nach längerer Karenz hatte sich im Spätherbst des vergangenen Jahres wenigstens unser ehemaliger Lesekreis im Hause Gerstner wiederbelebt. Das bot zumindest ein wenig mehr Abwechslung. Wenn es seine Zeit zuließ, stieß auch der junge Freiherr von Hompesch zu unseren Treffen. Ich nahm mir vor, ihn bei Gelegenheit einmal darauf hinzuweisen, dass Adam seit einigen Monaten in München als Akzessist in der Abteilung von Hompesch senior tätig war. Der junge Dompropst besuchte seinen Vater und dessen Frau, seine Stiefmutter, nämlich regelmäßig in ihrem Schloss in Berg am Laim unweit Münchens. Vielleicht, so meine Überlegung, würde Adams Name in einem ihrer Gespräche dann einmal fallen und die Aufmerksamkeit des hohen Herrn Ministers auf seinen jungen Untergebenen richten. Meine anfängliche Begeisterung über unseren neuen, alten Lesekreis wich bald der Ernüchterung. Mochten die Mitglieder auch im Großen und Ganzen dieselben wie ehedem sein, die Stimmung hatte sich gänzlich verändert. Das lag nicht nur daran, dass Cobenzls heitere Geselligkeit fehlte. Es war mehr. Das fühlte ich, konnte den Grund jedoch nicht genau benennen. Besonders deutlich wurde mir die veränderte Stimmung, als Freiherr von Hompesch einmal erwähnte, er trage sich mit dem Gedanken, einen Steg über die Altmühl errichten zu lassen.

»Der Park ist nun seit über einem Jahr quasi verwaist. Es wäre doch schön, wenn wir die Tradition unserer Rendezvous dort im Sinne unseres toten Freundes fortsetzen würden. Ein Steg macht es uns deutlich leichter, dorthin zu gelangen. Wir müssen dann nicht mehr wie bisher den Altmühlfischer bemühen, dass er uns in seinem Boot übersetzt.«

Das war zweifelsohne eine sinnvolle Überlegung. Trotzdem hielt sich die Begeisterung über diesen Vorschlag in sehr überschaubaren Grenzen. Ich hatte sogar den Eindruck, dass viele meiner Freunde darauf mit einem durchaus betretenen Gesichtsausdruck reagierten. Statt freudiger Zustimmung kam von allen nur verhaltenes Nicken. Auch der Ton unserer Lektüren schien mir ein neuer. Wir lasen Auszüge aus Herders *Erstem Brief zur Beförderung der Humanität.* Josef Barth hatte von irgendwoher eine Abschrift, genauer gesagt eben einen Auszug aus dem umfangreichen Text erhalten. Seine Quelle wollte er uns freilich nicht verraten. Aber sein Stolz über das Exzerpt war unverkennbar. Er sei sich gar nicht sicher, ob der Text überhaupt schon irgendwo verlegt und als Ganzes erhältlich sei, erklärte er. Zu meinem maßlosen Erstaunen wurde darin unser einstiger Geistesheros Jean-Jacques Rousseau, der große Philosoph, unversehens vom Sockel gestoßen. Plötzlich kritisierte man seine Fantasie, die ihn fast immer irregeführt habe. Ich traute meinen Ohren nicht! An seine Stelle trat – zumindest für Herder – Benjamin Franklin. Er pries dessen Autobiografie in den höchsten Tönen. Als einen seiner Lieblinge in unserem Jahrhundert lobte er ihn. Ich konnte diese Behauptung weder teilen noch ablehnen, hatte ich von diesem Amerikaner doch noch keine Zeile gelesen. Man klärte mich unverzüglich auf. Franklin sei aus einfachen Verhältnissen zu einem wohlhabenden und geachteten Mann, ja mehr noch, zu einem Staatsmann aufgestiegen. Daran war freilich nichts auszusetzen und trotzdem konnte ich weder mit unserer derzeitigen Lektüre noch überhaupt mit dem Kreis meiner alten Freunde etwas Rechtes anfangen. Es war ein wenig wie bei einer erkalteten Liebe, bei der man bisweilen auch nicht recht benennen kann, wann und wie die Entfremdung eingetreten ist, und trotzdem weiß man irgendwann, dass es vorbei ist. So ähnlich ging es mir nun. Ich fühlte mich wie an einem Katermorgen nach einer durchzechten Nacht. Wir hatten uns an den Idealen der Freiheit berauscht und mussten bei unserem Erwachen feststellen, dass alles wohl nur ein schöner Traum gewesen war. Selbst der Abgestumpfteste musste es spüren: Anstelle unserer einstigen Begeisterung für den Wagemut der Franzosen und für ihr Bestreben, die Ideale von Freiheit und Gleichheit erstmals auch auf europäischem Boden umzusetzen, war angesichts der jüngsten

Entwicklungen Ernüchterung, ja Enttäuschung getreten. Anstelle von Brüderlichkeit herrschte nun Krieg und Tausende verloren ihr Leben.

Umso willkommener war mir eine Bekanntschaft, die ich bei meinen Spaziergängen gemacht hatte. Namentlich und vom Sehen, ja auch aus Erzählungen hatte ich Professor Pickl natürlich schon vorher gekannt. Das war auch gar nicht anders denkbar. Schließlich war der Mann hier ein lebende Legende. Pickl hatte mehrere viel beachte Werke verfasst. Neben einem mathematischen Standardwerk hatte ihm vor allem seine Abhandlung über die Verbesserung von Visierstäben sehr viel Anerkennung gebracht. Trotzdem waren wir erstaunlicherweise noch nie näher miteinander in Kontakt gekommen. Pickl war vier Jahre älter als ich, ein kleiner, schmalschultriger Mann von siebenundfünfzig Jahren, der immer ein wenig versonnen wirkte. Seine Schüler am hiesigen Lyzeum hatten ihm den Spitznamen »Pater« verliehen. Das hatte mir Adam vor Jahren einmal erzählt. Die Bezeichnung kam keineswegs von ungefähr. Denn ursprünglich war er tatsächlich Pater bei den Jesuiten gewesen und hatte in Dillingen an der Universität des Ordens als Professor Mathematik und Hebräisch gelehrt. Das Verbot des Ordens '73 hatte ihn wie so viele andere hart getroffen. Der damalige Eichstätter Bischof Graf von Strasoldo hatte ihn schließlich an sein Lyzeum berufen und Pickl nahm diese Berufung in seine Geburtsstadt dankbar an. Genau wie ich liebte auch der ehemalige Pater ausgedehnte Spaziergänge der Altmühl entlang oder auch sonst in der freien Natur und so waren wir irgendwann ins Gespräch gekommen. Wir waren uns auf Anhieb sympathisch und nach und nach unternahmen wir unsere Spaziergänge gemeinsam. In Pickls Begleitung gab es immer etwas zu entdeckten. Er wies mich auf eine ungewöhnliche Maserung bei einem Stein hin, zeigte mir versteinerte Ammoniten oder Pflanzenreste, ließ mich auf den Ruf eines Vogels lauschen, zeigte mir eine vermeintlich unscheinbare Blüte und enthüllte mir ihre Besonderheit. In seiner Begleitung – oder sollte ich besser sagen unter seiner Führung – wurden mir selbst die vertrautesten Wege zu Entdeckungsreisen. Im Stillen wunderte ich mich zunehmend, weshalb eigentlich der kluge Professor nicht schon längst Mitglied unseres Lesekreises war. Ich für meinen Teil fühlte mich in seiner Gegenwart bald sehr viel wohler als dort, wo sich die Gespräche über kurz oder lang doch wieder um die Kriegsgeschehnisse drehten. Pickl hätte unseren Versammlungen vielleicht einen neuen Impuls geben können und so fasste ich mir eines Tages das Herz, ihn zu unserem nächsten Treffen einzuladen.

»Ich fühle mich geehrt, lieber Freund – ich darf Euch doch so nennen? Doch muss ich Euer Angebot leider ablehnen. Seid mir bitte nicht gram deswegen. Vor einigen Jahren hat der verstorbene Dompropst Graf Cobenzl bereits eine ähnliche Einladung an mich ausgesprochen und ich habe ihm damals dasselbe geantwortet wie Euch heute: Ich bin ein Mann der Wissenschaft, für eine Gesellschaft bin ich leider nicht zu gebrauchen. Ich bedauere zutiefst, aber ich bin einfach nicht für größere Menschenansammlungen geschaffen. Da geht mir immer etwas schief und ich blamiere mich bis auf die Knochen. Einmal verschütte ich den guten Wein auf meinem Jabot, ein andermal trete ich jemandem so schmerzlich auf die Zehen, dass er laut aufschreit oder ich ruiniere das beste Tischtuch der freundlichen Gastgeberin mit einem hässlichen Fettfleck, der nie wieder zu entfernen ist. Aber vielleicht erweist stattdessen Ihr mir die Ehre und besucht mich einmal in meiner bescheidenen Gelehrtenklause?«

Mein neuer Freund versprach mir außerdem, falls ich Interesse hätte, das fürstbischöfliche Armarium zu zeigen, das er seit vielen Jahren aufbaute und betreute. Diese einmalige Gelegenheit wollte ich mir auf keinen Fall entgehen lassen und so suchte ich Pickl bereits wenige Tage später in seinem Domizil auf. Die fürstbischöfliche Instrumentensammlung lag im Obergeschoss des ehemaligen Jesuitenkollegiums.

»Das Armarium ist nur ein kleiner Teil meines Reichs hier oben«, erläuterte mir mein Gastgeber. »Neben dem mathematisch-physikalischen Kabinett, der Mineraliensammlung, deren rätselhaftestes Stück ich Euch gleich zeigen möchte, und der Naturaliensammlung nebst archäologischen Funden, sind hier oben auch noch meine optische Werkstatt und das Observatorium untergebracht. Das zu besichtigen, ist sicher bei einem nächsten Besuch noch Gelegenheit, falls es Euch interessiert. Fürs Erste aber möchte ich Euch etwas ganz Besonderes zeigen.«

Während dieser Erklärung waren wir vor einer hohen Flügeltür angelangt. Ihr verzierter Portalaufsatz war mit dem Wappen des früheren Bischofs Strasoldo versehen, das ich mittlerweile von einigen Gebäuden der Stadt gut kannte. Vier Putten mit Luftpumpe, Brennspiegel, Messschieber und Zirkel in den Händen wiesen auf die Funktion des Raumes hin. Dieser war angefüllt mit mehreren Reihen von Schaukästen und Wandschränken, die eine Unzahl von Gegenständen der unterschiedlichsten Art enthielten. Sie näher zu betrachten fehlte mir allerdings die Zeit, denn Pickl führte mich zielstrebig zu einer Art hölzernem Pult, auf dem ein Steinbrocken lag, der von einer Art schwarzen Rinde überzogen war. Auf mich wirkte das Ding höchst unspektakulär.

»Das ist der berühmte Donnerstein«, erklärte Pickl voller Stolz. »Sicher habt Ihr davon schon gehört.«

Das hatte ich nicht und so erklärte er mir mit erkennbarem Enthusiasmus, was es mit diesem seltsamen Ding auf sich hatte. Es war ein Rätsel, das er trotz allem Grübelns und Forschens bis heute nicht gelöst hatte und ich konnte ihm förmlich ansehen, wie sehr ihn das irritierte. Die Fakten, die er mir nun auftischte, waren aber in der Tat dazu angetan, einen in ungläubiges Staunen zu versetzen. Hätte mir ein anderer als der vertrauenswürdige Pickl die Geschichte erzählt, ich hätte sie als Ammenmärchen abgetan. Am 19. Februar '85 hatte ein Knecht in einem Ziegelstadel nahe des kleinen Dorfs Breitenfurt plötzlich eine Art lauten Donner und ein Zischen gehört, während er Stroh schnitt. Als er zur Tür gelaufen war, um zu sehen, was das laute Geräusch verursacht habe, hatte er einen Stein vom Himmel herabfallen gesehen. Rauchend bohrte der sich bei seinem Sturz in eine ganze Menge an fertig gebrannten und aufgestapelten Ziegeln und zerschmetterte diese. So heiß sei der Stein gewesen, dass man ihn erst im Schnee abkühlen lassen musste, bevor man ihn anfassen konnte.

»Ursprünglich war der Stein wesentlich größer als das Stück, das Ihr hier seht. Wir haben ihn zerschlagen und Teile davon zu verschiedenen Forschern geschickt, weil wir hofften, so Aufklärung über seinen rätselhaften Ursprung zu erhalten. Aber ehrlich gesagt hat mich bis jetzt keine der gelieferten Erklärungen recht überzeugen können. Hat ihn vielleicht ein Blitz aus der Erde heraus und in den Himmel hinauf geschleudert? Das ist die bislang am häufigsten vertretene Meinung. Oder wäre es gar möglich, dass der Stein aus einer höheren Himmelsgegend, vielleicht gar vom Mond, auf unsere Erde gefallen ist? Wie gesagt, ich weiß es nicht. Die Sache wird wohl für immer ein Rätsel bleiben.«

Ich blickte den seltsamen Brocken nachdenklich an. Ein Stein, der vom Himmel gefallen war, das war in der Tat nahezu unglaublich. So etwas hatte ich noch nie gehört und es fiel mir schwer, mir das Geschehen vorzustellen. Diese Stadt barg doch immer wieder Überraschungen. Zum Abschied überreichte mir mein neuer Freund an diesem lehrreichen Nachmittag eine Schrift, die er vor einigen Jahren verfasst hatte. Eine Beschreibung verschiedener Altertümer, die in frühzeitlichen Grabhügeln gefunden worden waren.

»Vielleicht kann ich damit Eure Begeisterung für die Altertumskunde wecken. Das wäre schön. In jüngster Zeit interessiere ich mich auch sehr für die Teufelsmauer, wie sie im Volksmund genannt wird. Hinter diesem Namen verbirgt sich der Limes, der Befestigungswall der alten Römer. Nicht weit von hier, im Raitenbucher Forst, habe ich vor einiger Zeit die Fundamente eines Turms ausgegraben, der Teil dieser Grenzanlage war. Das ist sozusagen handfester als mein Donnerstein. Man weiß wenigstens ungefähr, wie die Gegenstände dorthin gekommen sind, wo sie sich nun befinden oder kann zumindest eine überzeugende Theorie entwickeln. Da ist nichts Rätselhaftes oder gar Übernatürliches dabei, wenn ich so sagen darf. Einen noch spektakuläreren Fund erhoffe ich mir übrigens in Burgsalach. Ich bin dort auf einige vielversprechende Hinweise gestoßen, dass sich im Erdreich noch weitere interessante Relikte aus römischer Zeit befinden könnten. Ich habe bereits bei seiner Exzellenz um Grabungserlaubnis nachgefragt und auch um die Bewilligung entsprechender Geldmittel, denn ohne die geht es nicht. Bislang leider ohne Erfolg. Aber mit Eurer Unterstützung ließe sich das ja vielleicht ändern.«

Der Mann war wahrhaftig ein Universalgelehrter! Offenbar gab es kaum einen Gegenstand, der ihn nicht interessierte. Mit ihm würde ich noch einiges entdecken und erfahren können. Daran bestand kein Zweifel. Pickl vermochte weit mehr Würze in meinen Alltag zu bringen als meine Freunde im Lesekreis. Ich versprach, die Abhandlung sogleich zu lesen. Die Beschäftigung mit einer weit zurückliegenden Epoche erschien mir im Moment jedenfalls weit angenehmer als die Auseinandersetzung mit unserer kriegerischen Gegenwart.

***

Ende April hatte Fräulein Eleonore ihr Versprechen wahr gemacht und Babette zurück nach Eichstätt gebracht. Ottilie hatte der Ankunft ihrer Tochter ungeduldig entgegengefiebert und auch ich hatte mich gefreut. Die temperamentvolle Babette würde wieder mehr Leben in unser Haus bringen. Den ganzen Winter über war es doch sehr ruhig gewesen, für meinen Geschmack zu ruhig. Nun könnten wir abends zu dritt plaudern und Babette könnte uns Erlebnisse aus ihrer Zeit in Wien erzählen. Vielleicht würden wir sogar vierhändig Klavier spielen, sie und ich. Meine Finger waren zwar schon ein wenig eingerostet, aber mit ein wenig Übung konnte ich das bestimmt wieder gut machen. Auch meine Kenntnisse in Französisch wollte ich gemeinsam mit ihr wieder ein wenig aufpolieren.

Fräulein Eleonore wollte die Gelegenheit nutzen und einige Tage in Eichstätt zubringen. Standesgemäße Bekanntschaften konnten wir ihr in unserer kleinen Stadt zwar nicht bieten, trotzdem schien sie den Aufenthalt zu genießen. Babette musste ihr alles zeigen: den Dom, die Schutzengelkirche, Residenzplatz und Sommerresidenz. Ganz offensichtlich wollte sie Babette auf diese Weise wieder an ihre Heimatstadt heranführen und ihr den Abschied von Wien leichter machen. Zu meiner Enttäuschung stieß sie damit bei meiner Stieftochter nur auf wenig fruchtbaren Boden. Babette zeigte wenig Begeisterung, wieder hier zu sein und machte kein Hehl daraus, dass sie Eichstätt wenig abgewinnen konnte und weit lieber in Wien geblieben wäre. Aber das konnte sich ja durchaus noch ändern.

»Schreibe mir nur recht häufig, mein liebes Kind, damit ich weiß, was du machst und wie es dir geht«, sagte Eleonore bei unserem letzten gemeinsamen Abendessen vor ihrer Abreise. »Mais en français, s'il te plaît. Das gibt dir und natürlich auch mir Gelegenheit, unsere Kenntnisse im Französischen zu pflegen.«

Nachdem Babette mit Tränen in den Augen versprochen hatte, dies zu tun, bat Eleonore sie, uns alleine zu lassen. Sie habe noch einiges mit uns zu besprechen. Babette folgte dieser Aufforderung nur widerwillig und Eleonore sah ihr wehmütig nach.

»Wir sehen uns dann morgen früh bei meiner Abreise wieder, ma chérie.«

»Falls sich wider Erwarten hier doch kein passender Ehemann für unsere liebe Babette finden sollte, so steht ihr meine Tür jederzeit wieder offen, das solltet Ihr wissen, Ottilie. Wenn ich ehrlich bin, vermisse ich sie jetzt schon. Aber so ist es eben im Leben.«

Ottilie nickte auf diese Worte bekräftigend.

»Ihr fragt mich, was es in Wien Neues gibt? Eigentlich nicht allzu viel, zum Glück möchte ich sagen. Die Dinge gehen ihren Gang, wie es so schön heißt. Eine Sache gibt es allerdings, die mir ein wenig Sorge bereitet. Es heißt, Kaiser Franz sei im Begriff, die Polizei neu zu organisieren, und sie durchsetzungskräftiger zu gestalten. Wie weit dieses Vorhaben bereits umgesetzt ist, kann ich nicht sagen. Aber es bereitet mir wie gesagt Sorge. Was, wenn ein junger, allzu ehrgeiziger Beamter durch irgendeinen unglücklichen Zufall auf den Nachlass der Engelhart stößt und auf die Idee kommt, sich diese ungewöhnliche Hinterlassenschaft und ihren plötzlichen Tod genauer unter die Lupe zu nehmen? Oder wenn man den Hehler dingfest macht und der ihren Namen nennt, um sich reinzuwaschen und ein geringeres Strafmaß zu erhalten? Die Verbindung zu Euch und damit schließlich auch zu mir herzustellen, dürfte einem einigermaßen geschickten Ermittler nicht allzu schwerfallen. Ach, ich wage gar nicht an diese Möglichkeiten zu denken und hoffe nur inständig, dass all diese Vorkommnisse niemals ans Tageslicht kommen, sondern für immer unter dem Schleier des Vergessens verborgen bleiben. Also lasst uns lieber von Erfreulicherem reden.«

Daraufhin bat Eleonore Ottilie, ihr noch einmal alles möglichst genau zu erzählen, was wir in Possenhofen über die Familie von Rosen erfahren hatten. Meine Frau kam dieser Bitte gern nach. Sie berichtete ausführlich vom Schloss, das wir aus der Ferne gesehen hatten, und seinen weitläufigen Parkanlagen, von den ausgedehnten Besitzungen, die der Graf von Rosen in der Gegend sein

Eigen nannte, und von der Hochachtung, die ihm die dortige Bevölkerung offenbar entgegenbrachte. Eleonore hing förmlich an Ottilies Lippen. Jedes Wort, jede Silbe schien sie begierig aufzusaugen.

»Feldmarschallleutnant ist der alte von Rosen also und befehligt ein Reiterregiment, sagt Ihr? Und dem Reichsgrafenstand gehört er an? Und sein Sohn, der in Wahrheit vielleicht mein Sohn ist, stünde demnach ebenfalls bereits in bayerischen Diensten? Er wäre demnach nicht in ein Findelhaus gekommen, sondern würde quasi als der Spross einer angesehenen Familie ein standesgemäßes Leben führen, genauso, wie es die Engelhart mir berichtet hat? Sie hätte also die Wahrheit gesagt? Diese Nachricht ist fast zu schön, um wahr zu sein. Ich würde sie nur zu gerne glauben. Ach, wenn ich ihn wenigstens einmal sehen könnte! Einmal nur, nur einen einzigen Blick auf ihn werfen! Ich wünsche es mir so sehr wie nichts sonst auf der Welt und gleichzeitig habe ich auch mehr Angst davor als vor allem anderen. Ich weiß nicht, was schlimmer ist: Ihn zu erkennen oder einen Fremden vorzufinden. Der erste Fall würde wahrscheinlich eine alte Wunde wieder aufreißen, der zweite einen lieben, sorgsam gehegten Traum zerstören.«

Bei ihren Worten blickten meine Frau und ich uns stumm an. Ich wusste, dass wir beide in diesem Moment an dasselbe dachten: an das Kindergrab jenes Ludwig auf dem Possenhofener Friedhof. Der ledige Sohn einer Stallmagd des Schlosses sei er gewesen, hatte die Wirtin Ottilie damals bei unserem Besuch in Possenhofen erzählt. Wie nicht anders zu erwarten, wollte die Herrschaft die werdende Mutter sofort aus dem Dienst entlassen. Doch als sich herausstellte, dass Madame von Rosen endlich guter Hoffnung sei und man in absehbarer Zeit also eine Amme benötigen werden, habe man von diesem Schritt abgesehen und der Magd bis zur Geburt ihres Kindes Unterkunft gewährt. Die beiden Buben seien nahezu am selben Tag geboren, doch während der eine an den Brüsten der Magd wuchs und gedieh, sei der andere bereits nach einer Woche verstorben.

Ich wusste, dass Ottilie in ihren Briefen Eleonore diesen Umstand nie mitgeteilt hatte. Wir hatten uns diesbezüglich lange beraten, waren aber schließlich zu dem Ergebnis gelangt, Eleonore nichts davon zu erzählen. Im Gegensatz zur Wirtin waren wir beide uns nämlich keineswegs sicher, welches Kind denn da zu Grabe getragen worden war. Es war vor allem ein Umstand, der mir eine traurige Möglichkeit in diesem Fall zumindest denkbar erscheinen ließ: Für mich sahen alle Neugeborenen ziemlich gleich aus und wenn ich ehrlich war, hätte ich das eine nicht vom anderen unterscheiden können. Zwei Kinder, nahezu am selben Tag geboren – was, wenn das überlebende Kind das der Stallmagd gewesen wäre? Hätte seine Mutter nicht alles darangesetzt, es für Ludwig von Rosen auszugeben? Andernfalls hätte der Tod ihres Nährkinds mit ziemlicher Sicherheit sowohl für sie selbst als auch für ihren Bastard den Absturz in bittere Armut bedeutet. Wohingegen ihr kleiner Sohn geradezu im wortwörtlichen Sinn auf Rosen gebettet wäre, wenn er als Ludwig von Rosen aufwuchs. Ottilie war meiner Theorie gegenüber zunächst skeptisch gewesen. Eine Mutter erkenne ihr Kind unter Tausenden, hatte sie eingewendet. Nach einiger Überlegung musste sie allerdings eingestehen, dass der Fall hier womöglich anders gelagert war. Falls Madame von Rosen nicht Ludwigs leibliche Mutter war – wie wir ja vermuteten – dann hatte sie vielleicht auch nicht gleich die tiefe mütterliche Bindung zu dem Kind. Im Licht des Verstandes besehen konnten wir diese zweite, traurige Möglichkeit keineswegs ausschließen. Es bestand aber auch keine Notwendigkeit, die arme Eleonore damit zu beunruhigen. Wie hatte die gerade sinngemäß gesagt: Manchmal sei es besser, wenn die Wahrheit nicht ans Licht komme, sondern vielmehr unter einem Schleier verborgen bliebe.

»Gib ihr Zeit! Sie wird sich schon wieder eingewöhnen. Und was das Kochen betrifft: Irgendwann wird sie's schon lernen.«

Wenn ich ehrlich war, glaubte ich meinen Worten selbst nicht so recht. Besonders was den zweiten Punkt anbetraf. Wenn ich ehrlich war, so musste ich zugeben, dass unsere gute Babette nach wie vor eine lausige Köchin war. In den zurückliegenden Wochen hatte ich zu meinem Leidwesen erfahren müssen, was man beim Kochen alles falsch machen konnte. Ich hatte klaglos Suppen gelöffelt, die kaum mehr als Wasser waren, und solche, die fast ungenießbar versalzen schmeckten. Ich hatte Grießmus gegessen, das eine so zähe Pampe war, dass man sie kaum schlucken konnte. Einmal waren die servierten Kartoffeln zu breiigen Klumpen zerfallen, ein anderes Mal steinhart. Jeder Tag, den Babette gezwungenermaßen am Herd verbrachte, barg neue kulinarische Katastrophen in sich. Im Stillen dankte ich Gott und vor allem meiner Frau unzählige Male dafür, dass sie Babette wenigstens noch nicht an Fleischgerichte ließ. Ich wollte mir gar nicht ausmalen, was sie damit erst anstellen würde. In schöner Regelmäßigkeit roch es im ganzen Haus unangenehm nach irgendetwas Verbranntem oder nach übergelaufener Milch.

»Babette schafft es, noch einmal das Wasser anbrennen zu lassen«, klagte Ottilie und ich konnte ihr nicht widersprechen. Das Mädel verstand es zwar, mit wenigen Griffen und wie von Zauberhand einen gedeckten Tisch in eine festliche Tafel zu verwandeln – aber was sie selbst dort servierte, war schlicht und einfach ungenießbar.

Babettes Stimmung wechselte wie das Aprilwetter. Mal war sie heiter-vergnügt und umgänglich, dann wieder niedergeschlagen und an anderen Tagen kratzbürstig. An manchen Tagen brachte sie kaum ein Wort heraus, an anderen gab sie ihrer Mutter nichts als Widerworte. Es war sonnenklar, dass sie ihrem Aufenthalt hier auch nach Wochen nichts abgewinnen konnte. Babette konnte und wollte sich nicht eingewöhnen. Dabei gab sich Ottilie alle Mühe, ihrer Tochter die Vergnügungen, die sich hier boten, in den wärmsten Tönen zu preisen. Sie führte die Lustbarkeiten des Faschings an, Maiandachten, Fronleichnamsprozessionen, Kirchweihfeste, Erntedank, Novemberrosenkränze, außerdem Primizen, Hochzeiten und Kindstaufen, Dulten und Märkte, die den Jahresrhythmus prägten und Farbe in den Alltag brachten.

»Und dann gibt in ein paar Wochen der berühmte Monsieur Destouches zwei Darbietungen. Eine Messe im Dom nach eigenen Kompositionen und in der »Traube« dann ein paar Tage später ein Instrumentalkonzert auf dem Forte Piano. Ist das vielleicht nichts? Der Mann ist schließlich weithin bekannt und hat schon an vielen Höfen gespielt.«

Auf Babette aber machte all das keinerlei Eindruck. Im Gegenteil. Sie lehnte all diese Vergnüglichkeiten kleinstädtischen Lebens geradezu kategorisch ab. Ottilie riss schließlich der Geduldsfaden.

»Wenn dem gnädigen Fräulein nichts gut genug ist – auch recht. Wenn du erst einmal einen eigenen Haushalt und Kinder hast, hast du für Dergleichen ohnehin keine Zeit mehr.«

»ICH WILL NICHT HEIRATEN!«

Babettes Wutschrei war ebenso wenig zu überhören wie die Tür, die gleich darauf laut krachend ins Schloss fiel, um eine Sekunde später wieder energisch aufgerissen zu werden.

»Ob's dir passt oder nicht, das ist der Lauf der Welt. Das war bei deinen Großmüttern so, das war bei mir so und es wird auch bei dir so sein. Es ist uns Frauen bestimmt zu heiraten und Mutter zu werden und du bist da keine Ausnahme!«

Ein paar Tage später hatten sich die Gewitterwolken wieder verzogen und es herrschte eine Art Waffenstillstand zwischen Mutter und Tochter. Ich saß in meinem Studierzimmer und versuchte mich in eine Lektüre zu versenken, die mich jedoch nur mäßig interessierte. Ottilie und Babette hatten sich mit Flickwäsche und zu stopfenden Socken in die benachbarte Stube zurückgezogen und die Türe offen stehen lassen.

»Glaub' mir Kind, das größte Glück für eine Frau ist, zu heiraten und Kinder zu bekommen. Die Natur selbst hat uns diese süße Pflicht auferlegt. Es ist ein unaussprechliches Glück, kleine, hilflose Geschöpfe ans Herz zu drücken und sich sagen zu können: Sie haben durch mich das Leben erhalten. Du bist ein gesundes, hübsches Mädchen. Du bringst eine schöne Mitgift mit, hast angenehme Umgangsformen – zumindest, wenn du es willst. Du kannst schön Klavier spielen und verstehst es, eine Tafel ansprechend zu decken. Und das mit dem Kochen wird auch noch werden. Glaub mir, wir werden einen guten Mann für dich finden. Da wäre beispielsweise der Wirtssohn vom Hotel »Traube«. Du bist ja so gerne unter Menschen. Als Wirtin wärst du immer mitten im Geschehen, da wäre dir sicher nie langweilig. Und du kämst mit vielen vornehmen Herrschaften zusammen. Schließlich ist die »Traube« das erste Haus am Platz. Aber wenn du den Kaspar nicht magst, dann gefällt dir vielleicht der Sohn des Hofschusters. Die Geschäfte gehen gut, alle vornehmen Herrschaften kaufen bei ihm und der junge Sepp wird die Werkstatt bestimmt bald vollständig übernehmen. Bei der vornehmen Kundschaft wäre es gut, wenn seine Frau die feinen Umgangsformen kennen würde.«

Ich hielt den Atem an und rechnete jeden Augenblick mit einem erneuten Wutausbruch. Aber nichts geschah. Nach einer Weile fuhr Ottilie in das Schweigen hinein fort: »Oder wie wäre es mit dem Matthias Wiesenpainter? Das ist ebenfalls ein äußerst tüchtiger, junger Mann. Seine Uhren sind weit über Eichstätt hinaus gefragt. Der kann es noch weit bringen. Oder wie wäre es mit einem der Söhne des Büchsenmachers Hassel? Aber wenn du keinen Handwerker magst, könnten wir vielleicht sogar einen der Herren Akzessisten ins Auge fassen. Denk dir Kind: Du wärst dann die Gattin eines höheren Hofbeamten! Wenn das dein verstorbener Vater noch erlebt hätte! Man könnte die Verlobung bereits in allernächster Zukunft feiern und die Hochzeit erst dann, wenn der Herr Kandidat eine feste Anstellung hat. Du könntest dann noch gut ein Jahr deine Freiheit genießen, an der dir offenbar so viel liegt.«

Schweigen. Einen Herzschlag lang hoffte ich schon, Babette ließe sich die Vorschläge ihrer Mutter durch den Kopf gehen. Aber weit gefehlt.

»Keiner von denen interessiert mich«, hörte ich sie schließlich sagen. »Ich begreife einfach nicht, warum Adam in München sein darf und ich hier versauern muss. Warum darf ich nicht auch so leben wie er?«

»Was für eine dumme Frage! Du kennst die Antwort: Adam ist ein junger

Mann und du bist ein junges Mädchen. Dein Platz ist im Haus an der Seite eines Mannes. Einen anderen gibt es für dich so wenig wie für alle übrigen Frauen. Wenn du das nicht willst, musst du ins Kloster. Etwas anderes gibt es nicht. Wo willst du denn leben? Willst du vielleicht deinen Geschwistern zur Last fallen? Willst du Dienstmagd für fremde Leute spielen, anstatt Herrin im eigenen Haus zu sein? Deine Schwester ist glücklich mit ihrem Xaver, deine Schulfreundin Anni hat sich schon letztes Jahr mit einem Metzger verheiratet und die Zenzl, die sogar ein Jahr jünger ist als du, ist auch schon seit Monaten mit einem Schreiner verheiratet. Und was heißt bitte schön hier in Eichstätt versauern? Bei uns in der Stadt ist jede Menge los. Da gibt es wahrhaftig andere Orte. Die Resl vom Nachbarn hat in eine Mühle bei Titting eingeheiratet. Die könnte vielleicht vom Versauern reden. Aber nein, die ist im Gegensatz zu dir mit ihrem Leben zufrieden! Sie hat ihren Mann, die Kinder und den Haushalt. Da bleibt keine Zeit für Langeweile. Wirklich Kind, du musst lernen, dich zu bescheiden!«

Es kam, was kommen musste: Türknallen.

***

Ich war der ewig gleichen, sinnlosen Diskussionen mehr als überdrüssig und brauchte dringend einen Tapetenwechsel. Andernfalls, dessen war ich mir sehr bewusst, würde auch mir bald der Kragen platzen und das wäre dem ohnehin schon schief hängenden Haussegen ganz sicher nicht zuträglich. Also beschloss ich, für ein paar Tage zu Adam nach München zu fahren. Mit dieser Reise wollte ich gleich zwei Fliegen mit einer Klappe schlagen. Zum einen würde ich Adam wiedersehen und zum anderen hoffte ich, mit ihm über Babette sprechen zu können. Die beiden hatten sich schon immer sehr nahegestanden. Vielleicht konnte er mir einen Rat geben, wie man sie zur Vernunft bringen könnte oder ihr zumindest brieflich einmal ins Gewissen reden.

Jetzt im August gab es im Ministerium wenig zu tun. Der Kurfürst und sein Hofstaat weilten in seiner Sommerresidenz Schloss Nymphenburg und die meisten Hofräte und höheren Beamten waren auf ihren Landsitzen. Aber einige Subalterne mussten natürlich in der Stadt die Stellung halten, darunter auch Adam. Er freute sich sehr über mein Kommen. Seine Unterkunft war zwar ähnlich bescheiden wie meine erste Bleibe damals nach meiner Ankunft in Eichstätt, doch im Unterschied zu meiner früheren Zimmerwirtin waren Adams Vermieter sehr umgängliche Leute und seine Hausfrau versorgte ihn fürsorglich mit üppigen Speisen.

»Die Münchner legen viel Wert auf Essen und Trinken, besonders auf ihr gutes Bier sind sie sehr stolz«, erläuterte er mir gleich nach meiner Ankunft. Er hatte sich inzwischen recht gut eingelebt und spielte mit Vergnügen für mich ein wenig den Fremdenführer. Es war gerade einmal ein Jahr her, dass Ottilie und ich München besucht hatten. Aber damals hatten wir keinerlei Sinn für die Schönheit der Stadt gehabt. Dazu waren uns die Ereignisse in Wien und vor allem der Schreck über jenen grauenhaften Fund in Weißgerber noch viel zu sehr in den Gliedern gesessen. So kam es mir jetzt vor, als sähe ich die Stadt zum ersten Mal. Gemeinsam mit Adam unternahm ich lange Spaziergänge durch die Straßen und Gassen. Natürlich zeigte er mir den Dom, die berühmte Frauenkirche, ein eindrucksvoller Ziegelbau mit zwei hohen Türmen, die von den berühmten welschen Hauben gekrönt waren.

»Ich bin glücklich, hier zu sein. Ich weiß, Mutter hätte mich lieber wieder in Eichstätt gesehen. Aber das ist nichts für mich. Schon allein die Tatsache, dass ich hier nicht in Gefahr bin, Onkel Laurenz über den Weg zu laufen und mir seine Belehrungen anhören zu müssen, gefällt mir.«

Adam lächelte schelmisch. Wir schlenderten gerade durch das Kreuzviertel im Nordwesten der Stadt, das es Adam mit seinen zahlreichen vornehmen Palais besonders angetan hatte.

»Ich würde zu gerne einmal wissen, wie es ist, in einem solch vornehmen Haus zu leben.« Sehnsüchtig seufzend blickte er auf die mit Stuck verzierten Fassaden. »Und wenn ich aufgrund meines Standes schon nicht so vornehm wohnen kann, so würde ich doch wenigstens gern einmal ein solches Palais von innen sehen und mit den vornehmen Herrschaften verkehren.«

Keine Frage, Adam war ehrgeizig. So verwunderte es mich auch in keinster

Weise, dass er sich in der kurzen Zeit, die er hier war, auch schon eifrig mit den politischen Gegebenheiten auseinandergesetzt hatte. Auch diese teilte er mir in ausführlichen Erläuterungen mit. Obwohl es ihm gelungen war, Bayern bislang aus dem Krieg gegen Frankreich herauszuhalten, war Kurfürst Karl Theodor in seinem Land nicht gerade beliebt und das offenbar aus einer ganzen Reihe von Gründen.

»Vieles habe ich nicht ganz verstanden, zumal es in den Kanzleistuben ohnehin oft nur hinter vorgehaltener Hand erzählt wird. Unter anderem wirft man dem Kurfürsten irgendwie vor, dass er vor Jahren in einer kriegerischen Erbauseinandersetzung mit Österreich das vormals bayerische Innviertel an die Kontrahenten verloren hat. Und dann war da noch irgendein Vorhaben, bei dem er ganz Bayern gegen die Österreichischen Niederlande eintauschen wollte. Das muss zu ziemlichen Erschütterungen geführt haben. Vor allem in der Beamtenschaft hat man ihm das wohl nie verziehen. Aber wie gesagt, ich weiß nichts Genaueres. Was ich dir da erzähle, habe ich mir aus diversen Anspielungen und Andeutungen zusammengereimt. Freiherr von Hompesch hält allerdings große Stücke auf ihn. Er meint, Karl Theodor sei einer der gelehrtesten Fürsten Deutschlands. Das allerdings scheint die hiesige Bevölkerung wenig zu beeindrucken. Mit dem Münchner Magistrat liegt er in fortwährendem Streit. Das ginge mich eigentlich nichts an. Aber wie du dir vorstellen kannst, verschaffen diese Querelen auch den Landesbeamten nicht unbedingt Sympathien in der hiesigen Bevölkerung. Ganz besonders scheint man ihm einen Vorfall zu verübeln, der bereits einige Jahre zurückliegt. Bei einer Bierprobe der Paulaner-Brüder auf dem Nockherberg soll er das angebotene Bier ausgeschlagen und stattdessen nach Wein verlangt haben. Das hat mir meine Vermieterin einmal erzählt. Die Münchner haben ihm das anscheinend nie verziehen. Wie ich dir bestimmt schon mehrmals gesagt habe, ist man hier über alle Maßen stolz auf das gute Bier, das in der Stadt gebraut wird. Karl Theodor hat sich mit seiner Forderung nach Wein also ganz schön in die Nesseln gesetzt. Aber es ist nicht nur das. Was die Leute auch bewegt, eine Frage, die man immer wieder hört, selbst in Gesprächen in den Wirtshäusern, ist die, wie es mit Bayern weitergehen soll, wenn der Kurfürst einmal nicht mehr ist. Karl Theodor hat nämlich keine Nachkommen. Er hat zwar angeblich mit einigen Mätressen mehrere Bastarde, aber sein einzig legitimer Stammhalter ist bereits einen Tag nach der Geburt gestorben. Karl Theodor ist schon an die siebzig und so wie es aussieht, werden aus seiner Ehe wohl keine weiteren Kinder hervorgehen.«

Von dem Vorhaben, Ländereien zu tauschen, das Adam gerade erwähnt hatte, hatte ich schon einmal gehört. Ich konnte mich allerdings nicht erinnern, wer mir davon erzählt hatte. War es Cobenzl gewesen? Ich wusste es nicht mehr. Jedenfalls hatte der Betreffende damals erwähnt, dass der Illuminatenorden deshalb verboten und seine Mitglieder verfolgt worden waren, weil man ihnen im Zusammenhang mit ebendiesen Plänen beziehungsweise deren angeblicher Behinderung die Einmischung in die Politik und in Staatsgeschäfte vorgeworfen hatte. Ich erinnerte mich, dass diese Information damals im Zusammenhang mit jenem mysteriösen Mordfall gestanden hatte, mit dessen Aufklärung mich der damalige Fürstbischof Johann Anton von Zehmen beauftragt hatte. Sechs Jahre war das jetzt her und ich dachte nicht allzu häufig und vor allem nicht gerne an diese Zeit zurück. Adam unterbrach meine Erinnerungen. Wie alle jungen Männer, die ein angestrebtes berufliches Ziel erreicht hatten, erzählte auch Adam gerne von seiner Arbeit. Als Akzessist stand er noch auf der untersten Sprosse der Leiter, aber es bestand für mich kein Zweifel daran, dass er sie möglichst hoch erklimmen wollte. Kein leichtes Unterfangen für einen Bürgerlichen. Adams oberstem Vorgesetzten, Freiherrn von Hompesch, unterstand das Finanz-, Ökonomie- und Kassenwesen. Mit dem hatte er freilich noch nie unmittelbar zu tun gehabt. Doch hatte er in dessen Namen immerhin schon einige Schreiben aufsetzen und auch einige Stellungnahmen in untergeordneten Fragen vorbereiten dürfen.

»Wie gesagt, mit Hompesch habe ich bislang nur sehr indirekt zu tun gehabt. Ich kenne ihn also nicht wirklich. Nach meinem ersten Eindruck scheint er aber ein umgänglicher Mensch zu sein, der um Fortschritt und Modernisierung des Landes bemüht ist. Es heißt, sein großes Ziel sei eine umfassende Reform der Grundherrschaft. Was er sich genau darunter vorstellt, weiß ich nicht. Die Pläne liegen offenbar seit Jahren auf Eis und es ist fraglich, ob sie jemals umgesetzt werden. Du siehst, ich bemühe mich, mich so schnell und so gründlich wie nur möglich, in die Verhältnisse hier einzuarbeiten. Der bayerische Hofstaat ist ja viel größer als der in unserem lieben Fürstbistum und es gibt viel mehr Männer, die es zu kennen gilt. Das macht die Sache nicht leichter. Gerade anfangs war es für mich sehr schwer, bei all den vielen Namen einen Überblick zu gewinnen. Dabei wollte ich weder durch allzu häufige Fragen unangenehm auffallen noch mich durch mein Unwissen blamieren. Also habe ich mir etwas einfallen lassen.«

Adam hatte sich also auch in dieser Situation wieder einmal zu helfen gewusst. Stolz präsentierte er mir eine Kladde.

»Hier, schau, so erspare ich mir die Peinlichkeit, ständig nachfragen zu müssen, wer das ist, wenn irgendein Name fällt. Da drin notiere ich mir die Namen und die Funktionen der Herrn Beamten, der Geheimen Räte und Kammerherren, die in Gesprächen bereits ein- oder mehrmals erwähnt wurden. Adrian von Riedl beispielsweise, der Wasser- und Straßenbaudirektor des Kurfürsten oder hier: Karl Albert von Lespilliez, sein Hofbaumeister. Dann haben wir noch Freiherrn von Aretin, Rat bei der Landesregierung. Seine genaue Funktion kenne ich allerdings noch nicht. Und was es mit dem hier auf sich hat, weiß ich auch noch nicht.«

Adam blickte versonnen auf seine Notizen.

»Montgelas. Vielleicht gehört er gar nicht hier hinein, weil er sich gar nicht in kurfürstlichen Diensten befindet. Jedenfalls nicht mehr. Er scheint hier aber früher eine wichtige Position innegehabt zu haben. Hompesch hat seinen Namen schon ein paarmal erwähnt und ich glaube, er hält große Stücke auf ihn. Seit einigen Jahren ist dieser Montgelas jetzt wohl im Dienst des Herzogs Karl August von Zweibrücken, einem Verwandten unseres Kurfürsten und vielleicht auch dessen Nachfolger hier in Bayern, wenn nicht noch ein Wunder geschieht und Karl Theodor doch noch einen legitimen Nachkommen zeugt.«

Auf der Suche nach weiteren interessanten Namen blätterte Adam weiter in seinen Notizen und wurde nach wenigen Augenblicken wieder fündig.

»Schau, der hier, der dürfte dich interessieren: Graf Rumford. Der ist bei unserem Kurfürsten ganz besonders angesehen, weil er sich gleich in mehreren Bereichen große Verdienste erworben hat.«

Rumford war erst vor Kurzem in den Grafenstand erhoben worden, wie mir Adam weitererzählte. Seine größte Leistung war es, der Bettelei in München ein Ende gemacht zu haben. Seine Methode dabei bestand anscheinend darin, den Bedürftigen anstelle von Almosen Lohn und Brot zu verschaffen. Zu diesem Zweck, erzählte Adam weiter, habe Rumford ein verfallenes Manufakturgebäude in einer Vorstadt in ein militärisches Arbeitshaus umbauen lassen. Neben Küche, Speisesaal und Backhaus enthielt es Werkstätten für Zimmerleute, Schmiede, Drechsler und andere Handwerker. Eine andere Reihe von Räumen wurde für Weber aller Art, Tuchmacher, Tuchscherer, Färber, Sattler, Wollsortierer und auch für Wohnungen und Magazine beschafft. Der nahegelegene Auer Mühlbach wurde zum Betrieb einer Walkmühle, einer Färberei und eines Waschhauses benutzt. Dieses Armenhaus lieferte nun die Bekleidung für die bayerische Armee. Überhaupt schien der Armee Rumfords Hauptaugenmerk zu gelten, wenn ich Adam richtig verstand. Vor ungefähr drei Jahren hatte Karl Theodor ihn zu seinem Kriegsminister ernannt.

»Noch hat das Reich seine Ankündigung, in den Krieg gegen Frankreich einzutreten, nicht in die Tat umgesetzt. Ob das gut oder schlecht ist, kann ich nicht beurteilen. Die Meinungen sind geteilt. Aber wenn es so weit kommen sollte, werden auch Bayern und Eichstätt Soldaten schicken müssen. Dann kann sich Graf Rumford zum Ruhm Karl Theodors hoffentlich bewähren.«

Während ich Adam so voller Enthusiasmus erzählen hörte, las ich das Papier, das er mir gezeigt hatte, aufmerksam durch.

*Graf Rumford, vorm. Benjamin Thompson, Armenfürsorge (Rumfordsuppe), engl. Garten, Kriegsminister*

»Vormals Benjamin Thompson? Der Name kommt mir bekannt vor. Ist das jener Thompson, der ursprünglich aus Amerika stammt?«

»Aus Amerika?«

Adam war über diese Neuigkeit so erstaunt, dass er sogar vergaß, mich zu fragen, woher ich das wüsste. Stattdessen nahm er mir die Kladde aus der Hand, um seine neuen Erkenntnisse einzutragen.

»Und was bedeutet *engl. Garten*?«

»Das ist der Englische Garten hier. Karl Theodor hat ihn, soviel ich weiß, auf Anregung Rumfords anlegen lassen. Kennst du den Park? Er ist für die Öffentlichkeit zugänglich. Dort kann man wunderbar flanieren und in der Nähe gibt es ein schönes Ausflugslokal. Also fast wie im Prater in Wien.«

Ich spürte einen leichten Stich. Wie lange war es her, dass ich mich für irgendein Unternehmen so hatte begeistern können wie Adam für seine Arbeit und alles, was damit zusammenhing. Das war für mich vorbei. Die letzten Jahre hatten es anders gefügt und ein ganz klein wenig enttäuscht war ich schon darüber, wenn ich ehrlich war. Ja, einen Moment lang sehnte ich mich fast wieder in die Zeit zurück, in der Adam und ich jenen ominösen Mordfall in Eichstätt aufzuklären hatten. Damals hatte ich wenigstens eine zwar ungeliebte, aber sinnvolle Beschäftigung gehabt. Unwillkürlich fiel mir Babette wieder ein. Sie wünschte sich ebenso sehnlich wie vergeblich, ein ganz anderes Leben führen zu dürfen als das, was ihr aufgrund ihres Geschlechts vorbestimmt war. Ihr Herz schlug für die Malerei, nicht für den Haushalt. Aber das Schicksal hatte es anders für sie bestimmt und sie hatte sich zu fügen. In diesem Punkt stimmte ich völlig mit Ottilie überein. Was sollte aus dem Mädel werden, wenn sie ledig blieb? Ich tat also, was ich mir vorgenommen hatte, wechselte das Thema und schilderte Adam die vertrackte Lage in Eichstätt. Ich bat ihn, zumindest brieflich seiner Schwester ins Gewissen zu reden. Die beiden Geschwister waren sich schon immer sehr nahegestanden. Vielleicht konnte er sie ja noch zur Raison bringen. Er hörte aufmerksam zu und versprach auch, es zu versuchen, doch glaubte er dabei wahrscheinlich selbst nicht an einen Erfolg. Babette war schon immer eigensinnig gewesen.

»Wenn ich ehrlich bin, kann ich sie mir gar nicht so richtig als Hausfrau vorstellen. Sie ist ganz anders als beispielsweise meine ältere Schwester Maria oder meine Basen. Ja, eigentlich anders als alle anderen Mädchen, die ich kenne – das sind freilich nicht allzu viele. Babette liebt die Abwechslung mindestens ebenso sehr wie ich. In Wien haben wir viel gemeinsam unternommen und ich denke, es war gerade ihr Temperament und ihre Unternehmungslust, die auch dem Fräulein von Gleizenstein so an ihr gefallen haben. Als Ehefrau und Mutter wird sie angesichts ihrer Pflichten für Vergnüglichkeiten wahrscheinlich wenig Zeit haben. Sie tut mir ein wenig leid. Ich habe die Möglichkeit, mir hier in München oder vielleicht auch anderswo, wenn es mir gefällt, mein Leben nach meinen Vorstellungen zu gestalten. Ich kann Theater, Oper oder Wirtshäuser besuchen, wann immer mir danach ist, während sie nur treu ergeben in ihr Los auf einen Gatten warten soll. Offen gesagt, bin ich froh, dass ich kein Mädchen bin, Francobaldi.«

Von dieser Warte hatte ich die Sache noch nie betrachtet. Aber wenn ich ein wenig darüber nachdachte, so musste ich Adam zustimmen. Er hatte nicht ganz Unrecht mit seinen Äußerungen. Aber so war es eben und daran war auch nichts zu ändern.

## *Fortunas Launen*

Adam hätte gerne noch mehr Zeit mit mir verbracht, aber die Pflichten riefen ihn wieder an seinen Schreibtisch. Mich aber zog es noch nicht nach Hause zurück und so überlegte ich, wie ich meine Zeit ohne Adam zubringen könnte. Alleine durch die Stadt zu streifen erschien mir wenig reizvoll, Palais und Kirchen hatte ich genug gesehen. Ich spielte kurz mit dem Gedanken, mir eine Mietdroschke zu nehmen, die Stadt durch das Isartor zu verlassen und jenseits des Flusses einige Bauerndörfer zu besuchen – Haidhausen oder Bogenhausen etwa, verwarf die Idee aber schließlich wieder. Dörfer kannte ich zur Genüge und eine Landpartie alleine zu unternehmen schien mir ebenfalls reizlos. Mir stand der Sinn nach einer Aufgabe, die meinen Geist forderte. Hier war guter Rat allerdings teuer. Es gab nichts und niemanden, der meiner Hilfe bedurft hätte. Plötzlich jedoch kam mir Ottilies und mein erster Besuch in München wieder in den Sinn. Meine Frau hatte mich damals mehr oder weniger unfreiwillig dazu veranlasst, mit ihr an den Würmsee zu fahren und Erkundigungen über Eleonores Sohn einzuholen. Die Erinnerung daran brachte mich auf eine Idee.

*v. O., 3.1.71, Wasserburg Kapuz.* Die Eintragungen auf Engelharts kurzer Liste kannte ich inzwischen längst auswendig. Im Gegensatz zu den drei übrigen Eintragungen, die allesamt zu unspezifisch waren, als dass ich ohne zusätzliche Informationen irgendeine Spur zu den betreffenden Kindern hätte finden können, sah ich im Fall No. 3 durchaus eine Möglichkeit. Immerhin war neben dem Ortsnamen noch der Begriff ›Kapuz.‹ vermerkt. Ich war nach wie vor davon überzeugt, dass es sich dabei um einen Verweis auf ein Kapuzinerkloster handeln musste. Die besagte Stadt lag ebenso wie der Würmsee nicht allzu weit von München entfernt. In einer Tagesreise konnte man sie sicherlich bequem erreichen. Plötzlich war mein Ehrgeiz geweckt. Wenn ich schon nicht herausfinden konnte, wie genau und vor allem durch wen die Engelhart ums Leben gekommen war, so konnte ich doch vielleicht Genaueres über das Schicksal der weggegebenen Kinder in Erfahrung bringen. Immerhin hatten

Ottilie und ich am Würmsee recht erfolgreich agiert, wie ich fand. Wir hatten nach unserer Rückkehr auch öfter über das mögliche Schicksal der anderen Kinder auf der Liste gesprochen. Seit Babette wieder bei uns war, vermieden wir das Thema allerdings aus verständlichen Gründen. Wieso aber sollte mir in Wasserburg nicht Ähnliches gelingen wie seinerzeit am Würmsee? Die Suche würde mir zumindest Beschäftigung verschaffen und mit etwas Glück auch meine Neugier befriedigen. Ottilie würde staunen, wenn ich ihr ganz unverhoffte neue Erkenntnisse von meiner Reise mitbringen würde. So beschloss ich also, in die Stadt am Inn zu reisen.

Zu meiner freudigen Überraschung lag Wasserburg sogar noch näher als ich gedacht hatte, nämlich nur gut dreißig Meilen östlich von München. In etwas mehr als vier Stunden hatte ich die Stadt erreicht.

Sie lag auf einer vom Inn fast vollständig umflossenen Halbinsel, die nur über eine schmale Landzunge erreichbar war. Die Fahrt hatte mich hungrig gemacht und ich beschloss, mir zunächst ein kräftigendes Mittagsmahl zu gönnen. Danach würde ich weiter sehen. Der Salzhandel hatte die Stadt einst reich gemacht, ein ehemaliger Salzstadel und ein beachtliches zweigiebliges Rathaus mit Fresken erinnerten noch an diese goldenen Zeiten. Ich betrachtete die beiden Giebel genauer. Wenn ich schon einmal hier war, konnte ich auch die Stadt ein wenig in Augenschein nehmen, fand ich. Ein Giebel zeigte das bayerische Wappen, das mir inzwischen auch vertraut war. Eine Inschrift gab als Jahreszahl 1459 an. Flankiert wurde es von zwei knienden Engeln mit Standarten. Links sah man den Pfälzer Löwen, rechts bayerische Rauten. Darunter befand sich ein frontal stehender Engel, der vor sich einen Schild mit dem Wasserburger Wappen hielt und seitlich zwei stehende Löwen mit Standarten, beide ebenfalls mit den Wappen der Stadt. Der Bürgerstolz zeigte sich auch in mehreren stattlichen Patrizierhäusern am Marktplatz. Sie waren sicher schon mehrere hundert Jahre alt und bildeten einen Arkadengang, der die Passanten vor Wind und Wetter schützte. Als neueres Gebäude stach mir nur eines mit seiner üppig stuckierten Fassade ins Auge. Es lag dem Rathaus gegenüber und war wesentlich breiter als die übrigen. Zwei oder gar drei der alten Patrizierhäuser hätten darin ohne weiteres Platz gefunden. Ganz war der Reichtum aus dieser Stadt offenbar noch nicht verschwunden, auch wenn Wasserburg mittlerweile zu einer eher verträumen, behäbigen Provinzstadt herabgesunken war. Endlich fand ich auch ein passendes Wirtshaus, wo ich meinen Hunger stillen konnte. Man konnte hier sicher geruhsam leben und das war in Zeiten wie diesen sicher nicht das Schlechteste. Ich schätzte die Zahl an Einwohnern auf vielleicht zweitausend. Das konnte mir nur recht sein. In einer Stadt von dieser Größe sollte sich meine Suche nicht allzu schwer gestalten.

Die Fahrt und das schwere Essen hatten mich allerdings schläfrig gemacht. Im Moment fehlte mir die Lust zu irgendwelchen Nachforschungen. Also beschloss ich, mich im Gasthaus einzuquartieren, ein ausgiebiges Mittagsschläfchen zu halten und erst am nächsten Tag mit meinen Erkundigungen zu beginnen. Aus Erfahrung wusste ich, dass in solch kleinen Städten nahezu jeder jeden kannte und man sich auch an Vorkommnisse, die bereits Jahrzehnte zurücklagen, noch gut erinnerte. Wenn meine Vermutung stimmte, hatte die Engelhart das Neugeborene bei einem Kapuzinerkloster abgelegt. Also machte ich mich am nächsten Morgen auf die Suche nach eben diesem. Ich brauchte dazu nur die Wirtin zu fragen. Sie gab mir bereitwillig Auskunft. Das Kloster lag auf der sogenannten Kapuzinerinsel, zu der eine schmale Brücke über den Inn hinüberführte. Vielleicht, so überlegte ich, war es gerade diese abseitige Lage des Klosters gewesen, die die Engelhart veranlasst hatte, das Kind dort abzulegen. So konnte sie vor neugierigen Blicken oder gar einer Entdeckung ziemlich sicher sein. Dieser Umstand, so meine Überlegung, würde darauf hindeuten, dass die Jungfer gute Ortskenntnisse gehabt haben musste.

Ruhig lag das bewaldete Inselchen im Fluss. Passanten verirrten sich dorthin sicher nur selten. Ich hatte versucht, mir während des kurzen Weges irgendeine Begründung auszudenken, weswegen ich jetzt nach einem Findelkind fragte, das dort vor gut zweiundzwanzig Jahren abgelegt worden war. Aber mir war keine überzeugende eingefallen. So blieb mir nichts anderes übrig, als auf mein Glück zu vertrauen und darauf, dass mir im Falle eines Falles doch noch eine Notlüge in den Sinn kommen würde. Ich klopfte mehrmals an der Pforte.

Nach geraumer Zeit hörte ich endlich Schritte hinter der Tür. Nachdem er mich zuvor durch den Ausguck beäugt hatte, öffnete ein Novize die schwere Eichentür einen Spalt breit und fragte mich nach meinem Begehr. Kaum hatte ich mein Anliegen vorgebracht, gebot er mir zu warten, schloss die Türe wieder und verschwand. Nichts passierte. Rings um mich herrschte Stille, während ich geduldig wartete. Ich überlegte gerade, ob ich nochmals klopfen oder mich besser einfach wieder davon trollen sollte, als sich die Türe wieder öffnete. Erneut erschien der Novize und dieses Mal führte er mich in einen kargen Raum gleich links hinter der Türe, der offensichtlich Besuchern vorbehalten war. Er bat mich, mich zu setzen. Der Prior sei leider nicht zu sprechen, da er im Moment wichtige Aufgaben zu erledigen habe, erklärte er mir. Immerhin hatte mein Gegenüber aber die Erlaubnis erhalten, mir das zu erzählen, was höchstwahrscheinlich ohnehin die ganze Stadt wusste. Irgendwie schien er sogar erfreut, mir die etwas pikante Geschichte auftischen zu dürfen, die er seinerseits freilich auch nur aus Erzählungen kannte. Schließlich hatte sich die ganze Sache lange vor seinem Eintritt ins Kloster zugetragen.

»Bei dem Kind, nach dem Ihr fragt, handelt es sich sicher um die Genoveva Stufler. Meine Mitbrüder haben mir schon oft davon erzählt. Der Pater Coelestin hat sie damals gefunden. Aber der ist mittlerweile verstorben. An einem 3. Januar war das. Und weil das der Namenstag der heiligen Genoveva ist, hat man das Kind auf diesen Namen getauft. Den Nachnamen Stufler hat sie erhalten, weil Coelestin sie auf den Klosterstufen gefunden hat.«

Ich musste unwillkürlich an die Geschichte von Franz Xaver Türhang denken, die mir Ottilie einmal erzählt hatte. Offenbar war es hier wie dort nicht unüblich, Findelkinder nach ihrem Auffindeort zu benennen. Genoveva Stufler also. Was wohl aus ihr geworden war? Ob sie überhaupt noch lebte? Ich fragte mein Gegenüber also auch danach.

»Wir Mönche konnten sie freilich nicht aufziehen. Sie wurde noch hier getauft, so viel weiß ich. Aber was danach aus ihr geworden ist, darüber haben wir eigentlich nie gesprochen. Ich vermute einmal, man hat sie als Gemeindekind ins Armen- und Waisenhaus oder zu Zieheltern gegeben.«

Ich bedankte mich für die Auskunft und verabschiedete mich so schnell wie möglich. Nicht, dass er doch noch auf die Idee kam, mich nach dem Grund für mein ungewöhnliches Interesse an der armen Genoveva Stufler zu fragen!

Mein anfängliches Glück verließ mich leider bald. Im Armenhaus kannte niemand ihren Namen und auch an ein Findelkind konnte man sich nicht erinnern. Also versuchte ich es auf dem Markt. Der Marktplatz war voller Menschen. Da musste ich doch jemanden finden, der mir Auskunft geben konnte! Die meisten Hausfrauen, die ich diesbezüglich ansprach, zuckten nur mit den Schultern. Eine brummte, die Geschichte von dem Findelkind habe sie zwar vor vielen Jahren einmal gehört, kenne aber weder dessen Namen noch wisse sie etwas über sein weiteres Schicksal. Es war in Wasserburg nicht anders als in Eichstätt oder Wien: Die Armut war zwar allgegenwärtig, aber als wohlbestallter Bürger nahm man sie trotzdem so gut wie nicht wahr. Die Armen waren nicht mehr als eine namen- und gesichtslose, diffuse Masse. Schließlich stieß ich auf eine Frau, die meinte, eine Genoveva habe vor einiger Zeit einmal für sie gewaschen. Ob es die Gesuchte war, wusste sie nicht zu sagen. Nachdem ich aber auch sonst keine weiteren Anhaltspunkte hatte, beschloss ich, dieser Fährte zu folgen und wandte mich wieder Richtung Inn an den Waschplatz. Ein altes Weib war gerade dabei, auf der Bleiche Wäsche auszulegen. Die fragte ich nach Genoveva Stufler.

»Da seid Ihr zwar an der richtigen Stelle, aber doch an die Falsche geraten. Am helllichten Tag, dass Ihr Euch nicht schämt! Aber das Luder wird froh sein über Eure paar Kreuzer. Ihre Kupplerin steht da drüben, das schamlose Weibsstück!«

Ich glotzte sie nur verständnislos an. Nichts lag mir im Moment ferner als ein Schäferstündchen und ich begriff überhaupt nicht, wie dieses Weib auf solch einen Gedanken gekommen war. Sie wollte schon weiter keifen, doch schien sie allmählich mein maßloses Erstaunen und Nichtbegreifen zu bemerken und wirkte plötzlich unsicher. Bevor ich das Missverständnis allerdings aufklären konnte, war schon eine weitere Alte, ein klapperdürres Gespenst mit einer Haut wie Leder, auf unseren Wortwechsel aufmerksam geworden. Sie war nur wenige Schritte entfernt gestanden und kam nun rasch herbei.

»Lass den Herrn in Ruhe, du alte Kröte und gönn' ihm sein Vergnügen! Hört nicht auf das Gekeife, mein Herr. Wenn Ihr zur Veva wollt, seid Ihr bei mir an der richtigen Adresse. Ich führe Euch gerne hin. Ihr müsst Euch nur noch ein klein wenig gedulden. Das Mädel hat gerade Besuch. Aber lang wird's nicht dauern und wir können uns derweil die Zeit bei einem Glas Branntwein vertreiben. Sie wird Euch gefallen, meine Veva; ein williges Weibchen, bei der Eure Flöte aufs Schönste klingen wird. Also kommt, ich zeige Euch ein gemütliches Lokal und wir trinken ein Gläschen auf Eure künftigen Freuden!«

Angewidert schüttelte ich nur heftig den Kopf. Mir fiel nichts ein, was ich entgegnen hätte können. Die alte Vettel begriff allmählich, dass hier kein Geschäft zu machen war und zog endlich leise schimpfend ihrer Wege. Die alte Wäscherin jedoch war jetzt in ihrer Rage nicht mehr zu bremsen. Und so erfuhr ich aus ihrem Gekeife schließlich, was ich hatte wissen wollen: Seit ihrem zehnten Lebensjahr hatte Genoveva als Wäscherin gearbeitet. Doch im Lauf der Zeit hatte das kalte Wasser ihre Gelenke zunehmend ruiniert, sodass sie die Tätigkeit aufgrund der unerträglichen Schmerzen schließlich kaum mehr ausüben konnte. Nun war sie also gezwungen, ihr Brot anderweitig zu verdienen. Viele Möglichkeiten hatte sie mit ihren gichtigen Fingern freilich nicht mehr.

»Das Bett mit einem Galan zu teilen ist ihr immer noch erträglicher, als auf dem fauligen Stroh im Armenhaus zu schlafen. Lang wird's ohnehin nicht mehr gehen, dann hat sie die Lustseuche dahingerafft. Recht geschieht's ihr, dem schamlosen Luder.«

Ich hatte genug. Nur weg hier! Da hatte ich es also, das Los von Kind No. 3. Was Genovevas Mutter wohl sagen würde, wenn sie wüsste, welchem Leben sie ihre Tochter ausgesetzt hatte? Mutterseelenallein. Dieses Wort, das ich bisher einfach so gebraucht hatte, ohne groß darüber nachzudenken, was seine Bestandteile eigentlich meinten, bekam für mich plötzlich eine ganz wortwörtliche Bedeutung. Ich konnte mir nicht helfen, mir tat die unbekannte junge Frau leid. Zweifelsohne war es lasterhaft, einem sündigen Gewerbe nachzugehen. Aber bei Lichte besehen – welche anderen Möglichkeiten standen ihr denn offen? War der Mensch wirklich so frei, wie manche Philosophen behaupteten, oder war er nicht vielmehr Sklave der Umstände, in die er hinein geboren wurde? Wäre die Genoveva Stufler auch in die Prostitution abgerutscht, wenn sie sich nicht als Findelkind hätte durchs Leben schlagen müssen, sondern im Schoß ihrer adligen Familie aufgewachsen wäre? Sicher nicht. Wer oder was bestimmte also unser Schicksal, wer warf die Würfel? Wem lachte Fortuna und wen stieß sie launisch von sich? War der Lauf der Welt der Wille Gottes oder eine blinde Abfolge von Zufällen und Verquickungen?

In dieser Nacht schlief ich schlecht. Ich wälzte mich in einem unruhigen Dämmer hin und her, während vor meinem inneren Auge ein Reigen illegitimer Kinder vorbeizog. Cobenzls Sohn mit der Zinngießerstochter, der arme Türhang, Genoveva Stufler und schließlich die privilegierten Bastarde Karl Theodors, sie alle hielten mich ab von meinem wohlverdienten Schlaf. Die unglückliche Genoveva ging mir auch am nächsten Morgen noch nicht aus dem Sinn. Ich bedauerte sie und hätte ihr gerne geholfen, wusste allerdings nicht wie. Einen kurzen Moment überlegte ich, ob ich ihr in einem Brief das Wenige mitteilen sollte, was ich über ihre Herkunft wusste: Dass ihre Mutter sehr wahrscheinlich eine Adelige war und unglücklich in andere Umstände gekommen sei. Als uneheliches Kind, dessen Existenz es in Adelskreisen zu vertuschen galt, habe man sie, Genoveva, bei den hiesigen Kapuzinermönchen als Findelkind ausgesetzt und von denen sei sie dann ins Armenhaus verbracht worden. Vom Schicksal ihrer Mutter aber hätte ich in Unterlagen aus dem Hause einer Verstorbenen in der Wiener Vorstadt Weißgerber erfahren ... Hier zögerte ich schon. Was wusste ich denn von Genoveva Stuflers vermeintlicher Mutter? Nicht mehr als das Kürzel »v. O.« und dass die Engelhart sehr wahrscheinlich ihre Gouvernante gewesen war. Ich merkte selbst, wie verworren, ja geradezu unglaubwürdig das in Genovevas Ohren klingen musste. Noch dazu, wenn das Schreiben von einem ihr völlig Unbekannten stammte. Musste sie da nicht annehmen, jemand wolle einen grausamen Spott mit ihr treiben? Und selbst wenn sie meinen Ausführungen Glauben geschenkt hätte – hätte das irgendetwas an ihrem Schicksal geändert? Wenn ich genauer darüber nachdachte, sah ich mich in diesem Zusammenhang noch mit weiteren Fragen konfrontiert, die es zu bedenken galt. War Genoveva des Lesens überhaupt so weit mächtig, dass sie meine Zeilen verstehen könnte? Das stand durchaus zu bezweifeln, schließlich war sie im Armenhaus aufgewachsen und auf eine ordentliche Schulbildung legte man dort mit Sicherheit keinen Wert. Aber selbst wenn sie lesen konnte – ich hätte nicht gewusst, wie ich ihr meinen Brief überhaupt zukommen lassen sollte. Ihre Adresse kannte ich nicht und an den Waschplatz zu ihrer Kupplerin hätten mich keine zehn Pferde mehr gebracht. Ich hätte Genoveva natürlich auch persönlich aufsuchen und ihr meine spärlichen Informationen mitteilen können. Dazu hätte ich mich aber ebenfalls an den Waschplatz begeben und bei ihrer Kupplerin nach ihrer Adresse fragen müssen. Das spöttische Grinsen, mit dem mich das grässliche Weib ohne Zweifel empfangen würde, bereitete mir schon Übelkeit, wenn ich es mir nur vorstellte. Und so leid sie mir auch tat, wenn ich ehrlich war, persönlich begegnen wollte ich Genoveva Stufler unter keinen Umständen. So schwankte ich zwischen Mitleid, Gewissensbissen und Ekel. Ihre Geschichte war ganz bestimmt nicht die, die ich Ottilie bei meiner Rückkehr gerne erzählt hätte. Ja, ich war enttäuscht. Wider alle Wahrscheinlichkeit hatte ich auf ein glückliches Ende gehofft. Aber das war eine Illusion gewesen. Nun hatte ich die traurige Wirklichkeit quasi mit eigenen Augen gesehen. Dabei war Genoveva sicher nicht die Einzige. Ich wagte gar nicht zu denken, wie vielen Kindern von Engelharts Listen ein ähnliches Los beschieden war. Mich erfasste ein ähnliches Grauen wie damals bei der Entdeckung der Kindergräber und ich wollte nur noch heim. Nichts wie weg und all den Horror endlich hinter mir lassen!

## *Sündenböcke*

Babettes Suppen gerieten mittlerweile passabel und auch die von ihr gekochten Kartoffeln waren genießbar. Ottilie hatte sie auch schon die eine oder andere Mehlspeise zubereiten lassen und sogar die waren einigermaßen gelungen – wenngleich sie nicht annähernd an den köstlichen Geschmack der Wiener Mehlspeisen herankamen. Die Wutausbrüche meiner Stieftochter hatten sich gelegt, sie ging ihrer Mutter ohne Murren und Klagen zur Hand und erledige die ihr aufgetragenen Pflichten. Von einem Bräutigam aber wollte sie immer noch nichts wissen. Was mir aber noch weit besorgniserregender schien, war der Umstand, dass ihr ihre frühere Lebhaftigkeit, ihr heiteres Gemüt und ihr Esprit völlig abhandengekommen schienen. Babette kam mir in manchen Momenten wie eine dieser Automatenpuppen auf dem Prater vor, die mithilfe eines mechanischen Antriebs in ihrem Inneren irgendwelche Bewegungen vollbrachten. Ein anderes Mal erinnerte sie mich an ein Tier, das im Käfig gefangen war. Der Glanz ihrer Augen war erloschen. Es tat mir in der Seele weh, sie so zu sehen und ich überlegte, wie ich ihr wenigstens ein bisschen von ihrer früheren Lebensfreude zurückbringen könnte. Zu Ottilies Geburtstag hatte sie ihre Mutter mit einem Porträt überrascht. Ottilie war gut getroffen und freute sich sichtlich über das wertvolle Geschenk. Das Bild hatte umgehend einen Ehrenplatz in unserer guten Stube erhalten, vor allem aber hatte es wieder einmal bewiesen, welch großes Talent in Babette schlummerte. Das brachte mich auf eine Idee, die dem Mädchen ihr Leben unter Umständen etwas versüßen konnte. Eine Beschäftigung, an der ganz offensichtlich ihr Herzblut hing, die sie gerne, ja mit Hingabe machte, und ganz bestimmt weit lieber als die ungeliebten Haushaltstätigkeiten. Mein Vorschlag überraschte Pickl sichtlich. Junge Frauen stellten für ihn wohl so etwas wie eine unbekannte Spezies dar. Der Umgang mit ihnen war ihm völlig fremd. Trotzdem war er geneigt auf meinen Vorschlag einzugehen.

»Euer Ansinnen ist ungewöhnlich, aber sicher nicht ungebührlich, Francobaldi. Ich persönlich bin natürlich für jede Unterstützung dankbar, mag sie auch von unkonventioneller Seite herrühren«, meinte er und so kamen wir überein, dass Babette Zeichnungen von besonders interessanten Stücken der Naturaliensammlung anfertigen sollte. Pickl wollte die Zeichnungen, sofern sie brauchbar waren, bei Bedarf seinen wissenschaftlichen Korrespondenzen beilegen, ich für meinen Teil hoffte, Babette damit eine Aufgabe zuzuschanzen, die ihrem Naturell entsprach. Da die Aufträge dafür vom hochverehrten Professor Pickl kamen, erwartete ich auch keinerlei Einwände von Ottilie und auf diese Weise war schließlich uns allen gedient. Wie erwartet machte sich Babette mit Feuereifer an die Arbeit und Pickl war von den von ihr abgelieferten Ergebnissen geradezu begeistert.

»Ganz ehrlich Francobaldi, ich hätte nie gedacht, dass ein junges Frauenzimmer zu derart genauen Zeichnungen überhaupt fähig ist. Man lernt doch wirklich nie aus.«

Im Verlauf der vergangenen Monate hatte sich ein neuer Begriff in unser aller Sprachschatz eingeschlichen: Guillotine. *A la guillotine, ô gué, A la guillotine* lautete der blutrünstige Refrain, der die Revolution begleitete. *La guillotine permanente* kostete zunehmend mehr Menschen den Kopf. Bereits im September des vergangenen Jahres waren in Paris über tausend Gefangene als vermeintliche Gegner der Revolution hingerichtet worden. Im Januar hatte man den König selbst exekutiert und im Oktober war Marie Antoinette schließlich ihrem königlichen Gemahl aufs Schafott nachgefolgt. Ein Name machte im Zusammenhang mit diesen Gräueltaten die Runde: Robespierre. Er war der Blutrichter gegen alle vermeintlichen Feinde der Revolution. Wie der Racheengel der Apokalypse suchte er die Menschen heim. Immer neue Hiobsbotschaften waren in den Zeitungen zu lesen. Das Kriegsglück jedoch schien den Franzosen hold. Unter ihrem Oberbefehlshaber Jean-Baptiste Jourdan hatten sie das Koalitionsheer bei Wattignies, einem Ort im Norden Frankreichs, von dem ich noch nie zuvor gehört hatte, geschlagen und so die Österreichischen Niederlande zurückgewonnen. Wie hatte sich die Revolution nur so zum Schreckgespenst Europas entwickeln können? Die Frage beschäftigte mehr oder weniger alle. In Ermangelung einer Antwort suchte man einen Schuldigen. Wer war schuld an diesen entsetzlichen Massakern und am Krieg? Irgendjemanden wollte, ja musste man für all die Misere verantwortlich machen.

Ein eisiger Wind hatte die Bäume und Sträucher gepeitscht und auch Pickl und mich während unseres Spaziergangs tüchtig durchgeblasen. Ein weiteres Mal wollten wir uns das nicht antun. Also hatte Pickl vorgeschlagen, morgen auf den gemeinsamen Spaziergang zu verzichten. Stattdessen sollte ich ihn wieder einmal in seiner Gelehrtenklause besuchen. Ich fror erbärmlich und wollte mich gerade ins warme Haus begeben, als ich Laurenz Hofstaetter auf der anderen Seite des Marktplatzes sah. Er fuchtelte heftig mit den Armen und kam zielstrebig auf mich zu. Für gewöhnlich grüßten wir uns allenfalls kurz. Abgesehen von den unumgänglichen Höflichkeitsbesuchen zwei- oder dreimal im Jahr, gingen wir uns möglichst aus dem Weg, wenn es sich irgendwie bewerkstelligen ließ. Doch dieses Glück wurde mir heute leider nicht zuteil. Mir blieb nichts anderes übrig. Ich stand fröstelnd vor meiner Haustüre, nur einen Schritt von Wärme und Behaglichkeit entfernt und musste mir jetzt sehr wahrscheinlich irgendein dummes Geschwätz anhören, das mich nicht im Mindesten interessierte. So war es auch. Hofstaetter schwadronierte über das Wetter und erkundigte sich nach dem Wohlergehen Ottilies und Babettes. Ich fragte mich ungeduldig, ob der Mann nichts zu tun hatte und vor allem, wie ich ihn möglichst schnell wieder loswürde.

»Und was sagst du zu den neuesten Erkenntnissen?« Der triumphierende Unterton in seiner Stimme war nicht zu überhören. Trotzdem hatte ich keine Ahnung, worauf er hinauswollte. Das schien ihm nur recht zu sein. Sein Gesicht nahm einen Ausdruck tiefster Zufriedenheit an. Irgendetwas wollte er mir genüsslich hinreiben.

»Hast du's vielleicht noch gar nicht gehört? Die ganze Stadt spricht darüber, seit unser Kaplan es letzten Sonntag in St. Walburg gepredigt hat.«

»Nein, was denn?«

Sein rundes Gesicht verzog sich zu einem spöttischen Grinsen.

»Die Illuminaten waren's.«

Ich begriff gar nichts. Aber Laurenz Hofstaetter machte es nun sichtlich

Freude, mich genauestens aufzuklären. Die Illuminaten, ein Haufen Umstürzler und gottloses Gesindel, von denen sich etliche leider auch in unserem friedlichen Fürstbistum eingenistet hätten, hätten sich in den letzten Jahren wie eine unheilvolle Seuche im Geheimen ausgebreitet. Laurenz nannte keine Namen, doch es war nur allzu offensichtlich, dass er sehr konkrete Persönlichkeiten der Stadt vor Augen hatte. Ebenso ersichtlich war auch, dass er mich mit ebendiesen unter einer Decke wähnte. Mittlerweile gebe es die Illuminaten im ganzen Reich, erboste er sich weiter. Sie waren die Wurzel allen Übels. Laurenz berichtete mir voller Ingrimm, ja geradezu mit Abscheu von einem gewissen Mirabo. Der habe sich auf einer Reise durch Preußen von dieser Pest anstecken lassen und so die verderbliche Saat nach Frankreich gebracht. Das hatte der Kaplan von der Kanzel gepredigt und seine Schäfchen gewarnt. Jetzt müsse man leidvoll erfahren, was dabei herauskommt, wenn man die Religion und die guten Sitten leugnet.

»Dieser Mirabo wird in der Hölle schmoren und alle seine Kumpanen mit ihm!«

Endlich hatte Laurenz seine Mission erfüllt und verabschiedete sich mit einem bissigen Tadel an mich: »Schuster, bleib bei deinen Leisten, sage ich immer. Aber manche wollen's ja nicht glauben. Sie kennen keine Moral, verachten die Kirche und ihre Gebote und wollen sogar die göttliche Ordnung der Stände aufheben. Jetzt sehen wir, wohin das führt.«

Mit einem letzten verächtlichen Blick auf mich machte er kehrt. Ich war wie vor den Kopf geschlagen. So war das also. Endlich hatte man einen oder besser gesagt mehrere Schuldige gefunden. Die Freidenker, Aufklärer, Freimaurer und Illuminaten hatten angeblich mit ihren aufrührerischen Gedanken die verderbliche Saat gesät. Sie alle waren Gottesleugner und Religionsspötter, die ihr wahres Gesicht hinter der Maske vermeintlicher Vaterlandsliebe verbargen. Tatsächlich aber waren sie Feinde der bürgerlichen Verfassung. Sie waren die wahrhaft Schuldigen. All dieses Gerede hätte mich kalt lassen können, denn ich hatte nie einem solchen Geheimbund angehört. Dennoch versetzten mir Laurenz' Äußerungen einen Stich ins Herz. Denn ich sah in ihnen das Andenken an meinen verstorbenen Freund beschmutzt und ich war mir sicher, dass genau das auch

Hofstaetters Absicht gewesen war. Cobenzl war Illuminat gewesen. Das wusste ich mit Sicherheit. Er hatte sich mir gegenüber offen dazu bekannt. Sehr wahrscheinlich waren seine Haltung und sein Tun aber auch anderen nicht verborgen geblieben. Ich wusste, dass der Geheimbund vor Jahren in Eichstätt sehr aktiv gewesen war. Das war allerdings vor meiner Ankunft hier gewesen. Ähnlich wie in Bayern war er schließlich auch im Fürstbistum Eichstätt verboten worden. In Bayern hatten seine Mitglieder darüber hinaus scharfe Strafen und Sanktionen zu erwarten gehabt. Adam Weishaupt, ein ehemaliger Ingolstädter Universitätsprofessor und Gründer des Ordens, hatte fliehen müssen. In Schloss Sandersdorf, unweit unseres Eichstätter Territoriums, aber schon auf bayerischem Gebiet gelegen, waren beim Ordensmitglied Baron de Bassus Schriften und Korrespondenzen des Geheimbunds konfisziert worden. Die einzelnen Mitglieder trugen zwar auch in den Unterlagen Geheimnamen, was ihre Identifizierung, soweit ich wusste, schwierig oder bislang unmöglich gemacht hatte, doch war es vielleicht nur eine Frage der Zeit gewesen, bis der eine oder andere enttarnt worden war. Was die Eichstätter Illuminaten anbetraf, so lag die Vermutung nahe, dass viele ehemalige Ordensangehörige in Cobenzls Umfeld zu suchen waren. Sehr wahrscheinlich waren viele Mitglieder unseres Lesekreises, vielleicht sogar alle mit Ausnahme von mir, Illuminaten gewesen. Vielleicht, so ging es mir durch den Kopf, war das auch der eigentliche Grund, weshalb Professor Pickl Cobenzls Einladung in den Lesekreis seinerzeit ausgeschlagen hatte. Meine Freunde, ehemalige Illuminaten? Die Frage beschäftigte, ja quälte mich geradezu – zumal ich schon seit geraumer Zeit das Gefühl nicht mehr loswurde, einige von ihnen ließen die Köpfe hängen wie begossene Pudel. Man hätte meinen können, es plage sie ein schlechtes Gewissen ob irgendeines Vergehens. Die einstige Diskussionsfreudigkeit, die Begeisterung für neue Ideen zur möglichen Verbesserungen der Gesellschaft und für die Bildung jedes Einzelnen war in unserem Lesekreis längst dahin. Stattdessen versicherte jeder der Anwesenden ein ums andere Mal, wie sehr er die Vorgänge in Frankreich verabscheue und wie berechtigt das Vorgehen der Koalitionäre gegen die Barbarei der Revolutionäre sei. Schlagartig erschien mir diese Beobachtung nun in einem völlig neuen Licht. Nie wäre ich auf die Idee gekommen, diese ehrenwerten Männer irgendwelcher unlauterer Absichten zu bezichtigen. Im Gegenteil: Ich hätte für die persönliche Integrität eines jeden von ihnen meine Hand ins Feuer gelegt. Cobenzl war ein Mann gewesen, der sich für die Bildung, für die Armenfürsorge und die Gemeinschaft eingesetzt hatte. In seinem Testament hatte er sowohl die Normalschule wie auch das Waisenhaus mit erheblichen Summen bedacht. Zeit seines Lebens hatte seine umfangreiche Bibliothek jedem Interessierten offen gestanden. Aber auch die anderen Mitglieder unseres Lese- und meines Freundeskreises hier, Bürgermeister Wunderer, der inzwischen bereits verstorbene Doktor Bachmayr, Engelbert Sausenhover, Gerstner, Barth – sie alle waren ehrenwerte Männer, deren Lauterkeit und ehrenwerte Absichten für das Gemeinwohl ich nicht eine Sekunde lang anzweifelte. Undenkbar, dass einer, mehrere oder gar alle von ihnen Umstürzler oder gar Landesverräter und Gotteslästerer sein sollten! Und was war mit Martin Sausenhover? Er hatte sich damals in jener so dramatischen Zeit meines Lebens ebenfalls als Illuminat zu erkennen gegeben. Ich hatte dieser Enthüllung damals nicht die Bedeutung beigemessen, die sie offenbar gehabt hatte. Das wurde mir jetzt erst klar. Damals war ich viel zu sehr mit meinen eigenen Problemen beschäftigt gewesen. Jetzt allerdings, im Lichte der neuesten Enthüllungen fragte ich mich, ob sein Rückzug aus dem Lesekreis und seine zunehmende Distanz mir gegenüber tatsächlich nur seiner vielen Arbeit geschuldet war, wie er vorgab. Oder steckten in Wahrheit ganz andere Beweggründe dahinter? Seit seine Exzellenz Graf von Stubenberg regierte, wehte ein deutlich anderer Wind. Im Gegensatz zu seinem Vorgänger Johann Anton von Zehmen stand Stubenberg den Idealen der Aufklärung deutlich reservierter, um nicht zu sagen ablehnend gegenüber. Für den wenig selbstbewussten Martin Sausenhover aber musste die Missbilligung seiner Ideale durch seinen Landesherrn schwer erträglich sein. Ganz zu schweigen von den nun lauthals vorgebrachten Anschuldigungen. Plötzlich kam mir eine Äußerung Philipp Graf Cobenzls wieder in den Sinn, der ich bislang keinerlei Bedeutung zugemessen hatte. Hatte er damals bei meinem Besuch in Wien nicht erwähnt, dass sich bei Hofe die Stimmung gegenüber den sogenannten Geheimgesellschaften, seien es Freimaurer oder Illuminaten, deutlich geändert habe? Wenn ich mich recht erinnerte, hatte Cobenzl damals gesagt, man stehe ihnen nun weit kritischer gegenüber als ehedem zuvor. Das war vor mehr als einem

Jahr gewesen. Damals war ich viel zu sehr damit beschäftigt, das unsägliche Ansinnen des Grafen abzuwehren, ich solle die Rätsel um Mozarts Tod aufklären. Im Lichte der neuesten Vorwürfe stellte sich der Sachverhalt für mich plötzlich ganz anders dar. Hatte Cobenzl damals nicht sogar angedeutet, der möglicherweise unnatürliche Tod Mozarts könne Kaiser Franz einen Grund geben, entschiedener gegen die Freimaurer und andere Geheimbünde vorzugehen?

***

Ottilie ließ mir durch unser Dienstmädchen Walli ausrichten, dass sie und Babette zu Maria, Ottilies älterer Tochter, gegangen seien. Dort werde ihre Hilfe dringend benötigt, denn Johann und die kleine Anna seien schwer an Masern erkrankt und hätten hohes Fieber. Walli meinte, es sei unklar, ob die beiden heute noch zurückkämen oder vielleicht doch über Nacht dortblieben. So unerfreulich der Anlass war, im Moment war mir Ottilies Abwesenheit ganz recht. Ich musste allein sein, um das Gedankenwirrwarr in meinem Kopf zu ordnen. Ich bat das Dienstmädchen, mir ein einfaches Abendessen zu bereiten und mir warmen, gewürzten Wein zu bringen. Laurenz' Ausführungen hatten mir den Tag gründlich verdorben. Ich war sicher, dass genau das auch seine Absicht gewesen war. Mirabo, Mirabo, Mirabo. Hofstaetter hatte den Namen förmlich ausgespuckt. Mir sagte er gar nichts und ich überlegte, wie man ihn wohl schrieb. Tatsächlich Mirabo? Mirabot? Mirabeau? Wie sollte ich etwas über diesen ominösen Mann herausbekommen, wenn ich nicht einmal wusste, wie man seinen Namen schrieb? Nach einigem Grübeln beschloss ich, Adam diesbezüglich zu schreiben. Vielleicht hatte er in München einen besseren Zugang zu Informationen. Das war durchaus möglich, schließlich waren die Illuminaten ja vor allem in Bayern aktiv gewesen. Das hatte ich zumindest bis jetzt angenommen. Aber hatte Laurenz nicht gesagt, jener Franzose sei während einer Reise durch Preußen mit dem Geheimbund und seinen Ideen in Kontakt gekommen? Dann müsste er sich aus der bayerischen Universitätsstadt Ingolstadt und unserem kleinen, beschaulichen Eichstätt ja viel schneller und viel weiter verbreitet haben, als ich vermutet hatte. War das möglich? Schließlich hatte der Orden nicht allzu lange existiert, bevor er auch schon wieder verboten worden war. Ich hatte ihn bislang immer als eher regionales Phänomen begriffen und als eine flüchtige Erscheinung von lediglich kurzer Dauer angesehen. So wie Laurenz Hofstaetter die Sache dargestellt hatte, wäre der Orden allerdings weit mehr gewesen. Was auch immer seine heimlichen Ziele gewesen waren, sie wären in äußerst kurzer Zeit auf erstaunlich viel Resonanz gestoßen. War so etwas möglich? Aber andererseits: Genügte nicht oft schon ein Funke, um einen Brand zu entfachen, ein harmloser Schneeball, um eine Lawine in Gang zu setzen, ein kleiner Kiesel, um einen Steinschlag hervorzurufen? Wie gesagt, die Sache quälte mich. Sie quälte mich umso mehr, als ich es nicht wagte, mit einem meiner vorgenannten Freunde darüber zu sprechen. Trotzdem musste ich mit jemandem über diese Dinge reden. Nur mit wem? Ottilie wäre unter anderen Umständen meine erste Wahl gewesen. Sie war klug und ich konnte mich auf ihre Verschwiegenheit verlassen. Aber sie war im Moment mit ganz anderen Sorgen beschäftigt. So kam ich nach etlichem Grübeln auf den Gedanken, mit Ignaz Pickl über die Angelegenheit zu sprechen. Ich kannte inzwischen seine feine Beobachtungsgabe nicht nur bei Kuriositäten der Natur, sondern auch seinen Mitmenschen gegenüber. Pickl mochte nicht sehr gesellig sein, er mochte von sich aus wenig zu einer Unterhaltung beitragen, aber er war ein umso genauerer Beobachter. Und er war verschwiegen. Dessen war ich mir sicher. Ich grübelte lange, wie ich ihm mein Anliegen vorbringen sollte. Schließlich wollte ich nicht wie jemand wirken, der aus reiner Lust an Klatsch und Tratsch einfach nur neugierig war. Ich war weit davon entfernt, jemanden verunglimpfen oder diffamieren zu wollen. Vielmehr interessierte mich, aus welchen Beweggründen sich der eine oder andere meiner Freunde diesem ominösen Geheimbund wohl angeschlossen haben könnte. Für morgen hatte mich Pickl ohnehin zu sich eingeladen. Vielleicht war das unwirtliche Novemberwetter, das uns dazu veranlasst hatte, bei unseren liebgewordenen Spaziergängen zu pausieren, in diesem Zusammenhang nun sogar ein Segen. Ein Gespräch, wie ich es führen wollte, brauchte die Ruhe und die Abgeschiedenheit einer Wohnung.

Ich bezweifle ehrlich gesagt, Euch eine befriedigende Antwort auf Eure Frage geben zu können. Aber vielleicht kann ich Euch gewissermaßen auf indirektem Wege zumindest doch ein wenig mehr Einblick verschaffen.«

Ich sah ihn erwartungsvoll an, aber Pickl schwieg nach diesen einleitenden Worten. Ich konnte ihm förmlich ansehen, wie er sich bemühte, seine Gedanken zu ordnen und in eine logische Abfolge zu bringen. Genau diese, seine analytischen Fähigkeiten, sein genaues Abwägen, sein Bemühen um einen möglichst objektiven Blick auf die Dinge waren es ja, die ich an ihm schätzte und die mich bewogen hatten, ihn mit meinem Anliegen zu behelligen.

»Vielleicht sollte ich zunächst mit meinen ganz persönlichen Erfahrungen beginnen, bevor ich versuche, Euch eure Frage zu beantworten, Francobaldi«, begann er schließlich. »Und noch etwas möchte ich vorwegschicken: Ich glaube nicht, dass sich Gesinnungen oder gar Ideen durch Verbote aus der Welt schaffen lassen.«

Ich begriff zwar noch nicht, was er mir mit diesen Erläuterungen sagen wollte, doch wollte ich seinen Gedankengang nicht durch Fragen unterbrechen.

»Wie Ihr wisst, war ich ein Angehöriger des Jesuitenordens. Ich möchte sagen, der Orden war meine Heimat. Er ersetzte mir meine Familie. Ihr wisst es vielleicht nicht, aber ich wurde recht früh Waise. Mein Vater starb, als ich elf war. Meine Mutter verheiratete sich kurz darauf wieder. Aber auch sie verstarb drei Jahre später. Ich habe zu dieser Zeit schon das Jesuitengymnasium besucht und bin danach in den Orden eingetreten. Eine andere Heimat hatte ich nicht. Der Orden hat mir alles gegeben, was ich verlangte. Man ließ mich an der Universität Ingolstadt studieren. Und nicht nur das. Ich durfte kurze Zeit später an ebendieser Universität selbst Mathematik unterrichten und das astronomische Observatorium aufbauen. Wenige Jahre später bin ich dann als Professor an unsere Ordensuniversität nach Dillingen gegangen, wo ich ebenfalls Mathematik und außerdem noch Hebräisch unterrichtet und zusätzlich noch die dortige Sternwarte sowie das physikalische Museum geleitet habe. Neben dem Glauben ist mir die Wissenschaft Lebensinhalt. Ich habe ihr mit Freuden gedient und hätte in Dillingen für immer glücklich und zufrieden leben können. Doch es kam anders. Unser Orden wurde verboten. Ähnlich wie den Illuminaten später hat man auch uns allerlei Verschwörungen nachgesagt. Angeblich hätten wir wiederholte Male im Geheimen irgendwelche Intrigen gesponnen. Man könnte fast von einer Ironie der Geschichte sprechen, möchte ich meinen. Denn so wie man den sogenannten Aufklärern nun die Schuld an den Ereignissen in Frankreich zuschreibt, so hat man meinen Orden wiederholt beschuldigt, aufklärerische Bestrebungen zu torpedieren. Das Verbot, das Papst Clemens schließlich verkündet hat, traf mich wie ein Blitz aus heiterem Himmel. Könnt Ihr Euch vorstellen, welche Erschütterung, welchen Schmerz, welche Verzweiflung es bei mir hervorgerufen hat? Es war wie nach dem Tod meines Vaters oder meiner Mutter. In gewisser Weise sogar noch schlimmer. Bei allem Schmerz über den Tod meiner Eltern konnte ich mich doch trösten, dass es Gottes Wille gewesen war, dass sie jetzt in SEINER Seligkeit sind. Nach dem Verbot des Ordens aber sah ich keinerlei Trost für mich. Im Gegenteil: Ich fühlte meine Ordensbrüder und mich verunglimpft und besudelt durch einen ungeheuerlichen Vorwurf. Viele sprachen damals das Wort »Jesuit« wie ein Schimpfwort aus. Könnt Ihr Euch vorstellen, wie man sich da fühlt? Es ist grauenhaft. Ich bin ein Mann der Wissenschaft. Die hohe Politik hat mich nie sonderlich interessiert und ich war beileibe kein Verschwörer! Ebenso wenig wie alle anderen Brüder, die ich kannte. Mit einem Mal aber war mir meine geistige Heimat genommen. Viele meiner Mitbrüder hat es sogar noch schlimmer getroffen als mich. Denn wenn man so will, hatte ich Glück im Unglück, weil ich sehr schnell die Stelle hier in Eichstätt antreten konnte. Manch einer war im Hinblick auf seinen weiteren beruflichen Werdegang weniger erfolgreich und stand zumindest zeitweise bildlich gesprochen auf der Straße, stellungslos und somit ohne festes Einkommen und ohne Dach über dem Kopf.«

»Wenn ich Eure Ausführungen richtig verstehe, so meint Ihr also, dass auch die Illuminaten ebenso wie einst die Jesuiten zu Unrecht verunglimpft werden?«

»Ja und nein. Was die Jesuiten betrifft: Ich weiß nicht, ob oder inwieweit sich einzelne Brüder jemals der Intrigen schuldig gemacht haben. Da gab es irgendwelche Vorfälle in Portugal, in Spanien und Frankreich, in die angeblich jeweils Jesuiten verstrickt gewesen sein sollen. Wie gesagt, ich interessiere mich kaum für Politik und all das kam mir erst Jahre später zu Ohren. Einzelheiten kenne ich bis heute nicht. Eines aber weiß ich: Schwarze Schafe gibt es überall. Das heißt aber beileibe nicht, dass die ganze Herde verdorben ist. Ich habe Adam Weishaupt nie kennengelernt. Er ist ja um einiges jünger als ich und als er an der Universität in Ingolstadt lehrte, war ich schon längst in Dillingen. Ich weiß nicht, mit welchen Motiven oder Absichten er seine geheime Gesellschaft gegründet hat. Aber in Analogie zu meinen eigenen Erfahrungen kann ich mir durchaus vorstellen, dass zumindest der eine oder andere seiner Gefährten der Gemeinschaft mit den allerbesten Absichten beigetreten ist.«

Pickl schwieg eine Weile. »Genau genommen kann ich es mir nicht nur vorstellen, sondern ich weiß es. Ich kenne ein, vielleicht sogar zwei ganz konkrete Beispiele. Aber seid mir nicht böse, Francobaldi, ich möchte dieses Gespräch hier gerne unterbrechen. Einige unaufschiebbare Aufgaben warten heute noch auf mich. Wenn Ihr wollt, können wir es aber gerne morgen oder übermorgen fortsetzen. Bis dahin habe ich Zeit, meine Gedanken noch etwas zu ordnen. Ich habe Euch sicher nicht die Antwort gegeben, die Ihr erhofftet. Aber vielleicht konnten meine Worte Eure Bedenken zumindest ein wenig besänftigen.«

***

Babette war an diesem Abend sichtlich enttäuscht, dass ich ihr keinen Zeichenauftrag mitgebracht hatte. Aber meine Aufmerksamkeit war viel zu sehr von meinen eigenen Fragen beansprucht gewesen. Ich hatte schlicht nicht daran gedacht, meinen Freund um weitere Beschäftigungen für das Mädel zu bitten. Pickls Worte hatten mich in der Tat hinsichtlich meiner Freunde beruhigt. Ich war mir sicher, dass jeder von ihnen dem inzwischen verbotenen Geheimbund allenfalls in allerbester Absicht – wie es Pickl formuliert hatte – beigetreten war. Trotzdem hätte ich nur zu gerne gewusst, wer von ihnen tatsächlich Illuminat gewesen war. So wartete ich also ungeduldig auf unser Treffen am nächsten Tag.

»Ich hoffe, ich habe mit meiner gestrigen Ankündigung keine falschen Hoffnungen bei Euch geweckt, lieber Francobaldi«, begrüßte er mich. »Als ich Euch ein oder zwei ganz konkrete Beispiele ankündigte, meinte ich keineswegs Personen, die Ihr kennen könntet. Wenn Ihr von mir erwartet, Euch konkrete Namen unter Euren Bekannten aus dem Lesekreis nennen zu können, so muss ich Euch leider enttäuschen.«

Diese Eröffnung enttäuschte mich in der Tat ein wenig. Wie ungeduldig hatte ich die Stunden gezählt in der Hoffnung, endlich mehr Klarheit zu gewinnen. Pickl konnte mir meine Gefühle wohl vom Gesicht ablesen, als er fortfuhr: »Ja, wenn ich ehrlich bin, würde ich Euch die Namen wahrscheinlich nicht einmal nennen, wenn ich sie wüsste. Die Leute wollten geheim bleiben in ihrem Tun und ich bin kein Waschweib, das die Geheimnisse anderer leichtfertig preisgibt. Andererseits verstehe ich Euer Anliegen durchaus oder meine zumindest, es zu verstehen. Ihr wollt begreifen, was sich in den Jahren vor Eurer Ankunft hier abgespielt hat. Ihr wollt gegen keinen Eurer geschätzten Bekannten einen ungerechtfertigten Verdacht hegen.«

Ich nickte zustimmend.

»Dann will ich Euch also nicht länger auf die Folter spannen. Wie gesagt, ich werde keine Namen von Personen nennen, die Ihr kennt. Aber ich kann Euch zwei Beispiele von Mitgliedern der Eichstätter Illuminaten nennen, die ich persönlich gekannt habe. Beide sind übrigens lange vor Eurer Ankunft hier wieder aus Eichstätt weggegangen. Der Erste ist ein ehemaliger Schüler von mir, Franz Xaver Bronner. Bronner stammte aus Höchstädt an der Donau. Das ist nicht allzu weit von meiner einstigen Wirkungsstätte in Dillingen entfernt. Sein Vater war ein recht erfolgloser Ziegelbrenner und wohl ein sehr strenger Mann. Die Familie war arm. Leicht hat er es sicher nie gehabt. Aber er war ein heller Kopf und hatte eine schöne Singstimme, so dass man ihn als Stipendiat in einer höheren Schule aufnahm. Eigentlich wollte er Weltpriester werden. Aber die Familie hätte sich die Ausrichtung einer Primizfeier nicht leisten können und so überredete man ihn mehr oder weniger, ins Benediktinerkloster in Donauwörth einzutreten. Wirklich heimisch ist er dort aber nie geworden, wie er mir später einmal gestand. Wenn die Jesuiten für mich Heimat und Familie bedeuteten, so war es beim jungen Bronner mit den Benediktinern in Donauwörth eher das glatte Gegenteil. Er ist übrigens ein paar Jahre später dann tatsächlich aus dem Kloster geflohen. Aber das ist eine andere Geschichte und tut hier nichts zur Sache. Jedenfalls erhielt er im Jahr '82 die für ihn wunderbare Gelegenheit, seine Kenntnisse in der Mathematik zu mehren. Man, besser gesagt sein Prior, Beda Mayr, schickte ihn dessenthalben nach Eichstätt, wo er bei mir Unterricht erhalten sollte. So habe ich ihn also kennengelernt. Ein begabter und fleißiger junger Mann. Wir waren uns auf Anhieb sympathisch und plauderten gerne miteinander. Bronner wusste einiges aus Dillingen zu erzählen. Das hat mich, wie Ihr Euch denken könnt, besonders interessiert. Er hat mich manchmal auch zum Feldvermessen begleitet und sogar nach der von mir neu entwickelten Methode einen Visierstab nebst den dazu gehörigen Tabellen verfertigt. Ihr wisst schon, dieses Gerät, mit dem man das Volumen von unterschiedlichen Fässern bemessen kann. Vor allem aber begeisterte er sich so wie ich für die Mathematik in ihrer ganzen Bandbreite, für Arithmetik und Algebra ebenso wie für Geometrie und Trigonometrie samt den Kegelschnitten … Unter uns gesagt, Francobaldi, es ist nicht allzu häufig, dass ich einen Gleichgesinnten finde, der sich ebenso sehr wie ich für diese Themen erwärmt.«

Diese Aussage meines Gegenübers verstand ich nur allzu gut. Bei mehr als einer Gelegenheit hatte ich Mühe gehabt, meinen verehrten Freund von einer ausschweifenden Deduktion irgendeines mathematischen Phänomens mir gegenüber abzuhalten. Im Unterschied zu diesem jungen Bronner konnte ich ihm in diese Gefilde beim besten Willen nicht folgen.

»Besagter Pater Beda hatte den jungen Mann vor seiner Abreise noch eindringlich gewarnt, sich in Eichstätt auf keinen Fall von irgendeinem Geheimbund anwerben zu lassen. Er hat ihm sogar mit dem Entzug seiner Freundschaft gedroht, falls er dieser Weisung zuwider handeln würde. Offenbar war Beda selbst kurz zuvor in München von irgendeiner dieser ominösen Gesellschaften, ich vermute einer Loge der Freimaurer, angeworben worden. Angeblich hätten dort nur die besten Köpfe Bayerns Zutritt erhalten. Er jedoch fühlte sich von dieser Gesellschaft kurz darauf betrogen. So jedenfalls hat es mir Bronner später erzählt.«

Natürlich kam alles ganz anders als es Pater Beda erhofft hatte. Bronner war damals mit Unterstützung seines Prälaten zur Miete bei der Witwe des Waldvogts untergekommen. Eben dieser Prälat aber hatte den jungen Mönch auch mit einem Eichstätter Kanoniker bekannt gemacht, der, wie sich bald herausstellte, einem Geheimbund angehörte. Bronner pflegte während seines ganzen Aufenthalts in Eichstätt einen freundschaftlichen Umgang mit ihm und schließlich fand ebendieser Kanoniker auch einen Anknüpfungspunkt, wie er den jungen Mann für die Geheimgesellschaft anwerben könnte. Die Gelegenheit bot sich unvermutet bei einem Gespräch, dem eine Vorgeschichte vorausgegangen war: Bronners Vermieterin hatte nämlich ein Gartengrundstück nebst Pavillon an einen fürstbischöflichen Hofherren vermietet. Zu diesem Garten hatte Bronner ebenfalls Zugang. Der Mieter hatte das Gebäude standesgemäß mit Fresken bemalen und Aufschriften anbringen lassen. Unter diesen Aufschriften aber war eine chiffrierte, die gewissermaßen naturgemäß die Neugier des jungen Mönchs kitzelte. Er tüftelte so lange, bis er sie dechiffriert hatte. Wie sich herausstellte, war es ein Gedicht des Preußenkönigs Friedrich, das der Domherr dort verewigt hatte.«

Den französischen Wortlaut hatte Pickl nicht mehr im Gedächtnis, doch lautete er sinngemäß übersetzt in etwa so:

*Ohne Vorurteile und Ehrgeiz bringe ich hier mein Leben zu, indem ich die Wahrheit in der Philosophie suche und mich damit über die Bestimmungen meines Standes hinwegsetze.*

Der Inhalt habe Bronner beeindruckt, berichtete Pickl weiter, und als ihn kurze Zeit später der befreundete Kanoniker besucht habe, habe er ihm voller Stolz von seiner Entdeckung erzählt. Sein Besucher aber habe dies zum Anlass genommen, aus Bronner dessen Haltung gegenüber Geheimgesellschaften herauszukitzeln. Doch damit nicht genug. Er habe sich schließlich sogar selbst als Mitglied eines geheimen Ordens zu erkennen gegeben und dem jungen Bronner angeboten, ihn bei Interesse und selbstredend unter dem Siegel der

Verschwiegenheit und der Geheimhaltung zu einem Treffen mitzunehmen. Dabei habe er ihm sein Ehrenwort gegeben, dass in der besagten Gesellschaft nichts, aber auch gar nichts gegen den Staat, die Religion oder gegen die allgemeinen guten Sitten gesprochen oder getan werde.

»Ihr könnt Euch vielleicht vorstellen, wie hin- und her gerissen der junge Mann damals sein musste. Auf der einen Seite hatte er die eindringlichen Warnungen und Ermahnungen seines väterlichen Freundes Beda im Ohr, auf der anderen Seite stand jener Kanoniker, der ebenfalls sein vollstes Vertrauen genoss. In dieser Zerrissenheit seines Gemüts hat er schließlich mich um Rat gefragt. Oder nein, das stimmt so nicht. Bronner wollte damals eigentlich keinen Rat von mir. Er wollte sich lediglich eine Last von der Seele reden und so erzählte er mir von dem Vorfall. Er nannte damals keinen Namen. Aber es gehörte nicht viel Kombinationsgabe dazu, um zu wissen, um welchen Kanoniker es sich bei dem Betreffenden handeln musste. Sein Name war Hyazinth Arnold. Ihr kennt ihn nicht, Francobaldi. Arnold hat die Stadt lange vor Eurer Ankunft hier verlassen. Das ist auch der Grund, weshalb ich nicht zögere, seinen Namen hier zu nennen. Er war am Priesterseminar als Repetitor tätig. Ich kannte ihn gut und zweifle nicht im Geringsten an seiner ehrenwerten Gesinnung. Er war ein aufrechter Christ, ein gläubiger Katholik und auch seine Staatstreue habe ich niemals angezweifelt. Er ist später übrigens nach Brünn in Mähren gegangen und war dort Erzieher eines jungen Grafen. Und was Bronner angeht: Ich kann es nicht beschwören, dass er sich den Illuminaten angeschlossen hat, aber ich halte es für durchaus wahrscheinlich. Wie gesagt, er war ein aufgeweckter junger Mann, wissensdurstig, interessiert an Philosophie, an Literatur und an theologischen Fragen – und ehrgeizig. Im Gegensatz zu mir war er sehr gerne in Gesellschaft und es hat ihm sicher gefallen, in vertrauteren Umgang mit höher gestellten Persönlichkeiten zu kommen.«

»Aber Ihr seid Euch nicht sicher, dass er damals der Geheimgesellschaft beigetreten ist?«

»Sagen wir so: Ich weiß es nicht zweifelsfrei. Aber wenn Ihr einmal genauer darüber nachdenkt, so liegt das quasi in der Natur der Sache. Als Mitglied der Illuminaten war oder wäre Bronner wie alle anderen auch nach außen hin zur Geheimhaltung verpflichtet gewesen. Allerdings hat mich in der Folgezeit vieles von dem, was er mir so erzählt hat, vermuten lassen, er sei Arnolds Einladung in den Orden gefolgt. Er erwähnte beispielsweise einige Titel von Büchern, die er gemeinsam mit Gleichgesinnten las. Eines davon war von Adam Weishaupt. Das weiß ich noch, allerdings habe ich den Titel vergessen. Ein anderes war *Der Roman meines Lebens* von Knigge. Daran erinnere ich mich. Ich hatte damals das starke Gefühl, er wolle mir mit diesen Hinweisen auf seine Lektüre zu verstehen geben, dass er dem Orden angehöre, ohne sein gegebenes Wort zu brechen.«

Wir saßen eine Weile schweigend da. Mit Pickl schweigen zu können, ohne dass es quälend oder peinlich wäre, war eine der Eigenschaften, die ich an diesem Mann überaus schätzte. Solche Menschen waren selten zu finden. In Pickls Gelehrtenstube schien das ganze Weltgetöse weit entfernt und die stürmischen Wellen hier zu einem sanften Gekräusel abgeschwächt. Trotzdem wurde es allmählich Zeit aufzubrechen. Aber ich hatte keine Lust, mich aus meinem Fauteuil zu erheben. Auch dem Professor schien daran gelegen, unser Zusammensein noch ein wenig zu verlängern. Denn nach einer Weile nahm er den Gesprächsfaden wieder auf.

»Wenn Ihr noch ein wenig Zeit habt, möchte ich Euch noch etwas erzählen. Es gehört zwar nicht unmittelbar zu unserem Thema. Aber vielleicht interessiert es Euch dennoch. Es geht um einen jungen Musiker namens Simon Mayr. Wie Ihr wisst, ist die Musik eine meiner größten Leidenschaften. Ihr zuliebe, um ihr zu lauschen, begebe ich mich sogar ab und an in größere Gesellschaft. Bei solch einer Gelegenheit war es, dass ich einige Lieder des jungen Mannes zu Gehör bekam. Ich erinnere mich noch sehr genau. Wunderbare Kompositionen, die mich stark berührten. Ich war begeistert und nahm mir vor, bei nächster Gelegenheit seine Exzellenz auf dieses ungewöhnliche Talent aufmerksam zu machen. Solche Begabungen wie diesen Mayr findet man schließlich nicht alle Tage und es hätte seiner fürstbischöflichen Exzellenz gut angestanden, wenn es ihm gelungen wäre, den jungen Mann an seinen Hof zu holen. Wir hätten einen zweiten Mozart hier haben können. Mayr hätte dermaleinst sehr gut die Stelle des Hofkapellmeisters und Kompositeurs Bachschmid übernehmen können. Aber das waren Träume. Luftschlösser. Damals aber war ich mir sicher, von diesem Komponisten bald noch mehr zu hören. Doch ich hatte mich getäuscht. Es kam alles ganz anders.« Pickl seufzte. »Besagter Mayr stammte irgendwo hier aus der Gegend, hatte in Ingolstadt studiert und war damals Musiklehrer bei Baron de Bassus auf Schoss Sandersdorf. Ich nehme an, der Name de Bassus sagt Euch etwas?«

Ich nickte. »Ihr meint jenen Baron, bei dem man im Mai '87 eine Hausdurchsuchung durchführte und angeblich kompromittierende Schriften gefunden hat?«

»Genau den. Bassus war Illuminat. Das ist allgemein bekannt. Was jenen Mayr anbetrifft, so kann ich nicht sagen, ob er mit diesem Geheimbund irgendetwas zu schaffen hatte. Tatsache aber ist, dass er gemeinsam mit Baron de Bassus Sandersdorf verließ. Soweit ich weiß, begleitete er seinen Brotherrn in die Schweiz und ist bis heute nicht mehr zurückgekommen. Ich habe seither nichts mehr von ihm gehört. In meinen Augen ist das ein großer, ja unersetzlicher Verlust. Wenn ich ehrlich bin, erinnert mich seine Geschichte ein wenig an meine eigene. Bei ihm wie bei mir waren es Ereignisse von außen, die den eigenen Lebensweg durchkreuzten. Ich kann nur hoffen, dass es seinem musikalischen Werdegang nicht geschadet hat.«

Ich wollte mir nach diesem langen Nachmittag, der bei Pickls Ausführungen so schnell verflogen war, noch ein wenig die Beine vertreten. So spätabends war keiner meiner Bekannten mehr unterwegs und so hatte ich Muße, über Pickls Ausführungen nachzudenken. Ich hätte zu gerne gewusst, wer der besagte Domherr war, der die chiffrierte Inschrift hatte anbringen lassen. Ich war mir sicher, dass Pickl seinen Namen kannte. Er hatte ihn aber wohl aus Gründen der Diskretion verschwiegen. Für heute war es dazu zu spät, die Stadttore längst geschlossen, aber ich nahm mir vor, an einem der nächsten Tage zum Garten der Waldvögtin hinauszulaufen. Ich wollte mir den Pavillon einmal genauer anschauen, auch wenn ich mir sicher war, dass die Geheimschrift inzwischen schon längst übertüncht war. Wenn ich ehrlich war, fand ich diese vermeintliche Geheimniskrämerei ziemlich kindisch. Meiner Meinung nach hätte es vollauf genügt, die Inschrift im französischen Wortlaut hinzuschreiben. Das hätte ohnehin kaum jemand verstanden. Eine Geheimschrift auf einem Gebäude dagegen erregte jedermanns Aufmerksamkeit. Das musste selbst dem Dümmsten klar sein und ich vermutete, der ominöse Domherr hatte es auch gewusst. So wurde ich das ungute Gefühl nicht los, das sich der Betreffende damit sehr bewusst hatte in Szene setzen wollen. Andererseits … Vielleicht tat ich dem guten Mann mit dieser Überlegung unrecht, vielleicht litt er tatsächlich unter der Bestimmung seines Standes – was auch immer er darunter verstanden haben mochte. Litt so sehr, dass er auf eine Geheimschrift verfallen war, um seinen Gefühlen überhaupt Ausdruck verleihen zu können. Was wusste ich schon? Wieder einmal kam mir Babette in den Sinn. Litt nicht auch sie unter den Bedingungen ihres Standes als Frau?

Wie so oft um diese Jahreszeit und in dieser Stadt, waberte dichter Nebel um mich herum. Man sah kaum die eigene Hand vor Augen, die Umrisse der Häuser waren geisterhaft verhüllt. Unwillkürlich musste ich an meine Ankunft hier denken. Damals hatte wochenlang Nebel geherrscht und ich hatte das beklemmende Gefühl gehabt, in mehr als einer Hinsicht im Nebel zu tappen. Während ich nun so durch die stillen Straßen ging, schien es mir ähnlich wie damals, als berge die Stadt allerlei Geheimnisse, die ich nicht kannte. Mancher wusste mehr, als er sagte, dessen war ich mir inzwischen sicher. Wo wohl die Aufnahmerituale in den Illuminatenorden stattgefunden hatten? Im Haus eines der Domherren, vielleicht jenes Domherrn, der den besagten Gartenpavillon gemietet hatte, oder möglicherweise sogar in Cobenzls Palais, in dem auch ich des Öfteren Gast gewesen war, oder aber an ständig wechselnden Plätzen? Diesen Bronner, so ging es mir durch den Kopf, hätte ich auch gerne kennengelernt. Er schien ein ungewöhnlicher Zeitgenosse zu sein. Dass er als Neuankömmling hier nach Gesellschaft gesucht hatte, konnte ich freilich nur allzu gut nachvollziehen. Mir war es ja bei meiner Ankunft damals nicht anders ergangen. Für einen Mönch schien er allerdings doch einen ungewöhnlich losen, um nicht zu sagen bedenklichen Lebensstil gehabt zu haben. Ein Liebhaber von Theateraufführungen und ein Schwarmgeist gegenüber dem einen oder anderen weiblichen Wesen. Das hatte Pickl zumindest zwischen den Zeilen angedeutet. Ich war mir sicher, dass einige meiner Freunde ihn mehr oder weniger gut gekannt hatten. Trotzdem war sein Name noch nie gefallen. Aber vielleicht war es manchmal eben geraten, die Vergangenheit ruhen zu lassen. Er und Pickl hatten noch einige Zeit miteinander korrespondiert, sich aber schließlich leider doch aus den Augen verloren. Schade, denn ich hätte gerne gewusst, was aus ihm geworden war.

## *Unerwarteter Besuch*

Sehr zu meinem Leidwesen gelang es mir nicht ganz, die Erinnerungen an Wasserburg und an Genoveva Stufler aus meinem Gedächtnis zu löschen. Sie blitzten von Zeit zu Zeit wieder auf. Trotzdem hatte ich mich im Großen und Ganzen wieder recht bequem in meinem Leben eingerichtet. Auch die Erinnerung an den schrecklichen Knochenfund in Weißgerber und alles, was damit zusammenhing, war allmählich verblasst. Die Frage, was wohl aus Kind No. 4 geworden war, beschäftigte mich ebenfalls nur noch selten. Immerhin durfte ich davon ausgehen, dass es bei Zieheltern untergekommen war und sein Leben nicht als Findelkind hatte beginnen müssen. Ich verbrachte meine Tage recht angenehm mit Spaziergängen, Korrespondenzen an Adam und meinen Bruder Giacomo und hatte nach langer Zeit endlich doch das Klavierspielen wieder für mich entdeckt – wenn auch nicht wie ursprünglich gewünscht vierhändig mit Babette. Mit Ignaz Pickl traf ich mich weiterhin regelmäßig. Seine Beschreibung verschiedener Altertümer, die in Grabhügeln gefunden worden waren, hatte ich erst vor ein paar Tagen mit großem Interesse fertig gelesen. Wir hatten beschlossen, bei seiner Exzellenz noch einmal um finanzielle Unterstützung für weitere Grabungen im Frühjahr nachzufragen. Dazu wollten wir vielleicht auch Babette mitnehmen, die dann an Ort und Stelle Zeichnungen der aufgefundenen Gegenstände anfertigen könnte. Doch bis dahin war noch Zeit. Der Boden würde ja noch monatelang gefroren sein.

Das Kriegsgeschehen drang zwar wie ein bedrohliches, glücklicherweise aber noch recht fernes Donnergrollen an mich heran. So saß ich an diesem Winternachmittag lesend gemütlich in der warmen Stube. Das ganze Haus war von den Düften der Weihnachtsbäckerei, von Zimt, Nelken, Kardamom und anderen exotischen Gewürzen durchzogen. Angeregt durch die köstlichen Düfte und in Vorfreude auf das Gebäck, das mich bald erwartete, hatte ich mir an diesem gewöhnlichen Werktag ausnahmsweise sogar ein Gläschen Danziger

Goldwasser zum Kaffee gegönnt. Im Lauf der Jahre hatte ich mir angewöhnt, meine Sonn- und Feiertage mit diesem Getränk zu krönen, das mir kurz nach meiner Ankunft in Eichstätt der örtliche Weinhändler empfohlen hatte. Während ich ein Buch über Leben und Leiden König Ludwigs XVI. – das Werk war von der hiesigen Hofbuchhandlung angepriesen worden – in den Händen hielt, blickte ich immer wieder versonnen von meinem Lieblingsfauteuil hoch und sah den lautlos schwebenden, dicken Schneeflocken zu. So sehr ich auch versuchte, mich in die Lektüre zu vertiefen, vermochte mich das Buch doch nicht sonderlich zu fesseln. Ich wurde einfach das Gefühl nicht los, es sei mit recht schneller Feder verfasst worden. Vielleicht war es im französischen Original besser, aber die deutsche Übersetzung sprach mich nicht wirklich an. So schweiften meine Gedanken immer wieder ab. Gestern war endlich der lang ersehnte Brief von Adam gekommen. Ich hatte ihn ja gebeten, falls es möglich sei, in München Auskünfte über jenen ominösen Mirabo (Mirabot? Mirabeau?) einzuholen, der, angeblich infiziert durch die Illuminaten, die verderbliche Saat der Revolution nach Frankreich getragen hatte. Adam hatte nun tatsächlich Informationen über einen gewissen Mirabeau ausfindig machen können. Besagter Marquis de Mirabeau wäre demnach zu Beginn der Revolution Abgeordneter und Wortführer des sogenannten Dritten Standes gewesen. Als Präsident der verfassungsgebenden Nationalversammlung hatte er tatsächlich eine wichtige Funktion innegehabt. Doch war er bereits im Jahr '91 verstorben und posthum schließlich mehr oder weniger geächtet worden. Der Grund dafür waren private Papiere des Königs, die nach dem Sturz der Monarchie entdeckt worden waren, und Mirabeaus enge Verbindungen zum französischen Königshaus ans Licht gebracht hatten. Wenn ich ehrlich war, wusste ich mit diesen Informationen nicht recht etwas anzufangen. Sie passten und passten doch auch wieder nicht zu Laurenz' gehässiger Beschreibung dieses Mannes. Einmal mehr hatte ich den Eindruck, dass in diesen unruhigen Zeiten niemand mehr zu wissen schien, wer Freund und wer Feind, was gut und was böse war, und dass manch einer seine Gesinnung schneller wechselte als sein Hemd. Quasi zum Trost schenkte ich mir noch ein Gläschen Goldwasser ein, blickte hinaus auf die wirbelnden Flocken und verlor mich allmählich in angenehmeren Tagträumen. Da riss mich unser Dienstmädchen Walli plötzlich recht unsanft aus meiner wohligen Behaglichkeit, indem sie den Burschen des Hotels »Traube« mit einer Botschaft an mich ins Zimmer führte: Ein Hausgast, ein gewisser Herr Schmittmeyer, bitte dringend um meinen Besuch, wann immer es mir genehm sei. Er werde sich diesbezüglich ganz nach meinen Wünschen richten. Ich solle dem Burschen nur bitte Bescheid geben, ob und wann er die Ehre haben dürfe, mich in seiner Unterkunft zu empfangen. Schmittmeyer. Der Name sagte mir etwas. Aber ich wusste nicht was. Allerdings war ich mir sicher, ihn schon einmal gehört zu haben. Waren wir uns vielleicht in Wien bei irgendeiner Gelegenheit vorgestellt worden? Ich konnte mich beim besten Willen nicht erinnern. Da ich mir aber keine Blöße geben wollte, geschweige denn einen peinlichen Fauxpas begehen, trug ich dem Hausburschen auf, Schmittmeyer meinen Besuch für den nächsten Abend anzukündigen. Ich hoffte, mich wieder an ihn zu erinnern, wenn ich ihm gegenüberstand.

»Herr Francobaldi, welche Freude, Euch zu sehen. Ich danke Euch von Herzen, dass Ihr meiner Einladung gefolgt seid. Ich habe eine wahre Odyssee hinter mich gebracht, um zu Euch zu gelangen.«

Ich antwortete nichts. Was hätte ich auch sagen sollen? Vor mir stand ein stattlicher Mann um die sechzig, gut gekleidet und mit markanten Gesichtszügen. Ein Mann, der mit beiden Beinen im Leben stand, vital und selbstbewusst. Bestimmt war er gewohnt, in der Regel zu bekommen, was er wollte. Ich war mir sicher, ihn noch nie zuvor in meinem Leben gesehen zu haben. Anders als seine stattliche Erscheinung vermuten ließ, begann er das Gespräch nur zögerlich.

»Ich bin Euch wirklich überaus dankbar, dass Ihr dieser Einladung eines Unbekannten gefolgt seid. Das ist ja keineswegs selbstverständlich und ich war mir beileibe nicht sicher, ob Ihr wirklich kommen würdet. Aber zumindest wollte ich es versuchen. Wer nicht wagt, der nicht gewinnt, heißt es ja immer.«

Er schwieg und auch ich wusste nichts zu sagen. Meine Verwunderung war mit jedem seiner Worte nur noch gewachsen. Was wollte dieser Mann von mir? Schmittmeyer schien meine Gedanken zu erraten.

»Ihr fragt Euch jetzt natürlich, was ich von Euch will. Warum bittet Euch ein Unbekannter, ihn zu besuchen? Tja, die Sache ist etwas kompliziert, muss ich gestehen. Kompliziert und delikat, um ehrlich zu sein. Ich habe deshalb einige Flaschen Wein und auch etwas zu essen heraufbringen lassen. Da redet es sich leichter.«

Bei diesen Worten forderte er mich mit einer Geste auf, mich zu setzen und goss mir Wein ein. Auf dem Tisch stand eine große Platte mit allerlei deftigen Köstlichkeiten, Würsten, Presssack, geräuchertem Schinken, kaltem Braten, gepökelter Zunge und Gänseschmalz. Ich folgte zwar seiner Aufforderung, jedoch mit zunehmendem Misstrauen. Was bewog ihn dazu, mich in dieser Art überschwänglich zu bewirten?

»Ich bin sicher, Ihr seid ein Mann der Ehre, Herr Francobaldi«, fuhr er nach einigen Augenblicken fort, »und werdet von dem, was ich Euch gleich erzähle, kein Wort gegenüber Dritten verlautbaren lassen.«

Ich konnte mir beim besten Willen immer noch keinen Reim darauf machen, was dieser Mann von mir wollte, und nickte nur verhalten. Wie kam er nur auf die Idee, mich, einen ihm völlig Fremden, aufzusuchen und mir ein wie auch immer geartetes Geheimnis anvertrauen zu wollen?

»Wie gesagt, ich habe eine Odyssee hinter mich gebracht, um zu Euch zu gelangen. Eigentlich komme ich aus Salzburg. Von dort hierher in Eure schöne Stadt wäre es ja noch nicht so weit, das ließe sich in ein paar Tagesreisen bewerkstelligen. Aber mein Weg hat mich zunächst einmal nach Wien geführt.«

Er sah mich erwartungsvoll an, als hoffe er, dass ich wisse, worauf er hinauswollte. Aber ich hatte immer noch nicht die geringste Ahnung.

»Dort wollte ich ursprünglich die Jungfer Engelhart aufsuchen.«

Die Engelhart! Ja, natürlich! Jetzt fiel mir wieder ein, woher ich seinen Namen kannte. Gleichzeitig durchfuhr mich ein heftiger Schreck. Diese Begegnung konnte nichts Gutes bedeuten. Krampfhaft überlegte ich, wie ich mich aus dieser unangenehmen Lage befreien könnte. Aber mir fiel beim besten Willen nichts ein. Also versuchte ich, meine Unsicherheit hinter einer möglichst unverfänglichen Frage zu verbergen. »Dann seid Ihr womöglich jener Herr Schmittmeyer, der der Jungfer sein Haus verkauft hat? Ich habe den Notarvertrag vor einiger Zeit zufällig gesehen.«

»Genau der bin ich. Aber die Engelhart ist ja mittlerweile verstorben, wie Ihr wisst. Die Mieterinnen des Hauses haben mich an eine Mademoiselle von Gleizenstein, die neue Eigentümerin, verwiesen – und die mich wiederum an Euch. So bin ich also von Wien hierher gereist.«

Diese Ausführungen alarmierten mich nur noch mehr. Eleonore hätte diesen Fremden an mich verwiesen!? Was in aller Welt hätte sie denn zu diesem Schritt veranlasst?

Schmittmeyer schien meine Zweifel bemerkt zu haben.

»Ich kann Eure Verwunderung gut nachvollziehen, verehrter Herr Francobaldi, und ich versichere Euch, dass es Mademoiselle von Gleizenstein bei meinem Besuch durchaus ähnlich erging. Auch sie begegnete mir mit einem berechtigten Misstrauen. Erst als ich ihr mein Anliegen genauer darlegte, schenkte sie meinen Worten Glauben und hat mir schließlich Euren Namen genannt. Sie wollte Euch mein Kommen brieflich ankündigen, aber ich fürchte, ich war schneller als die Post. Ihr seid meine letzte Hoffnung, also lasst mich bitte erklären! Wie gesagt, Mademoiselle von Gleizenstein hat mich an Euch verwiesen. Sie erwähnte, dass Ihr nach Engelharts Tod ihren Nachlass inventarisiert und unter Umständen auch Informationen für mich hättet …«

Da war sie also wieder, die verdammte Engelhart. So sehr ich es auch wollte, ich wurde sie scheinbar nicht los. Soweit ich mich erinnern konnte, hatte Schmittmeyer in besagtem Vertrag ausdrücklich festgelegt, dass die Jungfer ihn nie wieder kontaktieren dürfe. Nun aber hatte er sie anscheinend von sich aus und freiwillig aufsuchen wollen. Damals hatte ich vermutet, dass es sich bei ihm um einen Liebhaber handele, der seine verflossene Geliebte ein für alle Mal loswerden wollte. Der Mann jedoch, der mir hier gegenübersaß, erschien mir für den ehemaligen Liebhaber der Engelhart dann doch zu jung. Die Beziehung der beiden musste anderer Natur sein. Die Auflösung dieses Rätsels interessierte mich jetzt doch, auch wenn ich immer noch keine Ahnung hatte, was ich mit all dem zu tun hätte.

»Bevor ich alles erzähle, erlaubt mir eine Frage: Wie ist sie denn gestorben, dieses alte Miststück?«

Diese boshafte Bemerkung über eine Tote verblüffte mich. Ich berichtete

Schmittmeyer das Wenige, was ich wusste. Dabei erwähnte ich jedoch meinen Verdacht, es könne sich bei dem Sturz auch um etwas anderes als einen Unfall gehandelt haben, mit keinem Wort.

»Ehrlich gesagt würde es mich nicht wundern, wenn jemand bei ihrem Tod ein bisschen nachgeholfen hätte. Das Weib war eine skrupellose Erpresserin. Ich möchte gar nicht wissen, was die alles auf ihrem Gewissen hatte.«

»Aber woher …«

Schmittmeyer ließ mich nicht ausreden.

»Ja, das ist eine lange Geschichte. Aber bitte geniert Euch nicht und greift beherzt zu, während ich erzähle«. Er goss uns beiden nach und nahm einen kräftigen Schluck. »Wo soll ich am besten anfangen? Die Geschichte reicht weit zurück. Aber ich muss so weit ausholen, fürchte ich, damit Ihr versteht. Ihr müsst meine Lage von damals begreifen, um zu verstehen, was dann geschah. Vor dreißig Jahren war ich noch ein einfacher Ladenbesitzer, weit weniger wohlhabend zwar, als ich es jetzt bin, aber dennoch glücklicher möchte ich meinen. Ich liebte meine Frau über alles. Wir hatten zwei Kinder. Die Geburt des zweiten war kompliziert gewesen. Meine Frau wäre beinahe daran gestorben und es hieß, sie könne keine weiteren Kinder mehr bekommen. Nun, damit hätten wir leben können, denn wir hatten ja bereits zwei. Doch dann ereilte uns ein unfassbares Unglück: Beide verstarben innerhalb weniger Wochen an Blattern. Unser Schmerz war unbeschreiblich. Ich selbst, ich gestehe es, stürzte mich nach einigen Wochen der Starre in die Arbeit, um ihn wenigstens für die Stunden meiner Tätigkeit nicht spüren zu müssen. Meiner Frau aber gelang das nicht und sie konnte sich mit dem Verlust einfach nicht abfinden. Jedem ärztlichen Rat zum Trotz setzte sie alles daran, noch einmal in andere Umstände zu kommen. Doch jede weitere Schwangerschaft endete mit einer Fehlgeburt. Es war die Hölle, das dürft Ihr mir glauben. Jahre des Schmerzes und der Verzweiflung. Ich musste hilflos zusehen, wie meine Frau immer unglücklicher, immer hoffnungsloser wurde, wie sie nahezu in ihrer Verzweiflung verging. Obwohl sie anwesend war, war sie einfach nicht mehr da. Versteht Ihr? Es gab Tage, da war sie nicht einmal in der Lage aufzustehen. Ich fürchtete um ihren Verstand und um ihr Leben. Und dann, eines Tages, kam sie plötzlich mit einem Vorschlag: Eine junge Mademoiselle aus gutem Hause sei unglücklich in andere Umstände geraten und müsse das Kind weggeben. Ich weiß nicht, woher sie diese Information hatte. Ich fragte sie weder damals noch später danach. Fragt mich bitte nicht, weshalb. Es war einfach so. Meine Frau Emilie bat mich, nein, sie flehte mich an, wir sollten das Neugeborene an Kindes statt aufnehmen und als unser eigenes ausgeben. Ich weiß nicht, wie oft ich mich seitdem gefragt habe, ob ich damals anders hätte handeln oder entscheiden müssen. Aber ich fürchtete um das Leben meiner geliebten Frau, fürchtete sie auch noch zu verlieren. Also willigte ich schließlich entgegen meiner eigentlichen Überzeugung ein. Zunächst schien alles ganz einfach. Emilie reiste zum vereinbarten Termin mit einer Amme in die Nähe von Prien am Chiemsee. Dort irgendwo sollte die Entbindung in aller Heimlichkeit stattfinden. Über die genaueren Umstände weiß ich nichts. Ich wollte es auch nie wissen. Nach etwa einer Woche also kam meine Frau mit dem Säugling zurück. Es war ein Mädchen und wir ließen sie auf den Namen Dorothea nach meiner Schwiegermutter taufen. Emilie war überglücklich. Sie liebte das Kind wie zuvor unsere eigenen. Ihre Schwermut war mit einem Mal weg und sie war wieder die zärtlichste Ehefrau, die man sich nur vorstellen kann. Insofern kann ich behaupten, dass es die kleine Dorothea war, die mir meine Frau, ja, wie soll ich sagen, wieder geschenkt hat. Es hätte alles gut sein können. Die Kleine wuchs und entwickelte sich prächtig und sie war wohl auch ein hübsches und liebes Kind. Aber, ich gestehe es, ja zu meiner Schande gestehe ich es: Ich konnte für dieses Kind keine väterlichen Gefühle entwickeln.« Er schwieg eine Weile.

Endlich begriff ich. *D.v.R., 7.9.74, Salzburg, ZE: M.S.* Die kryptischen Kürzel erschienen mir wieder vor meinem geistigen Auge. Ohne zusätzliche Hinweise hatte ich sie nicht dechiffrieren und folglich auch keine weiteren Schlüsse ziehen können. Nun war mir auf einen Schlag alles klar und ich ahnte, weshalb Fräulein Eleonore den Mann zu mir geschickt hatte.

»Lasst mich raten: Die Vermittlerin des Kindes war eben jene besagte Jungfer Engelhart. Und ich nehme an, Ihr habt zu Eurem Leidwesen auch nach der Übergabe des Kindes weiter mit dieser Person zu tun gehabt.«

Schmittmeyer schaute mich erstaunt an und nickte, fragte mich jedoch nicht, woher ich das wusste.

»Ich nehme weiterhin an, dass dieses Weib Euch in irgendeiner Form erpresst hat.«

Es war, wie ich vermutet hatte. Regelmäßig um Dorotheas Geburtstag im September herum war die Engelhart aufgetaucht, hatte betont, wie sehr die leibliche Mutter ihr Kind vermisse und welche Mühe es sie, die Engelhart, koste, die Mutter davon abzuhalten, ihre Tochter zurückzufordern. Nie hatte sie dabei vergessen zu erwähnen, wie schlecht es ihr selbst gehe und wie kümmerlich sie sich durchschlagen müsse. Ich war mir sicher, sie hatte auch regelmäßig die leibliche Mutter aufgesucht und ihr, ähnlich wie bei Eleonore von Gleizenstein, von dem Kind berichtet und von ihr ebenfalls Zuwendungen erpresst.

»Ich muss zugeben, dass ich die Aversion dieser schrecklichen Person gegenüber im Lauf der Zeit auch auf unsere Ziehtochter übertragen hatte. Ich ließ mir nichts anmerken, zumindest bemühte ich mich darum, schon allein um Emilie nicht zu kränken, die das Kind ja liebte. Aber mein Verhältnis zu Dorothea war vergiftet. Ich wurde den Verdacht nicht los, die Engelhart könnte uns den Balg einer Gassenhure untergeschoben haben. Ich traute dieser Frau alles zu und um ganz ehrlich zu sein: Ich hätte ihr bei mehr als einer Gelegenheit am liebsten den Hals umgedreht. So gut es ging, vermied ich den Umgang mit dem Kind. Ich vergrub mich wieder in meine Arbeit. Inzwischen war aus meinem Laden ein Handelsunternehmen hervorgegangen. Meist blieb ich in meinem Kontor, bis ich sicher war, dass Dorothea schon zu Bett gebracht war.«

Das also war das Geheimnis. Schmittmeyer war keineswegs Engelharts verflossener Liebhaber, er war der mehr oder weniger unfreiwillige Ziehvater von Kind No. 4.

»Dann habt Ihr ihr das Haus wohl so günstig verkauft, um sie ein für alle Mal loszuwerden? Als Abfindung sozusagen, um den wiederholten Erpressungen ein Ende zu machen?«

»Genau so ist es. Ich war damals in einer schwierigen Lage. Meine Frau war an Schwindsucht erkrankt. Ich wollte sie den fortwährenden Erpressungen nicht weiter aussetzen. Lieber biss ich in den sauren Apfel und überließ diesem Weib ein Haus zum Spottpreis, das ich selbst günstig aus einer Konkursmasse erworben hatte. Wien war weit genug weg. Ich hoffte, sie nie mehr wiederzusehen.«

»Ich denke, die Engelhart hat sich an die Abmachung gehalten? Andernfalls hätte sie das Haus verloren.«

Schmittmeyer bestätigte das.

»Trotzdem wolltet Ihr sie jetzt noch einmal aufsuchen? Ich vermute, Ihr hattet einen triftigen Grund dafür?« Ich stellte meine Fragen mit Bedacht. Ich wollte den Mann nicht überfordern. Schmittmeyer wirkte nach wie vor äußerst angespannt. Fortwährend knetete er seine Hände, schenkte mir und vor allem sich selbst fleißig nach und trank in großen Schlucken. Der Alkohol schien ihm nichts auszumachen.

Wie sich bald zeigte, hatte der Mann durchaus einen triftigen Grund, die Engelhart aufzusuchen. Er hatte seiner Frau auf dem Sterbebett versprochen, sich gut um das Mädchen zu kümmern und er hielt dieses Versprechen soweit es ihm möglich war. Er hatte sie zu Klosterschwestern in eine gute Schule gesteckt. Aus dem Kind war inzwischen eine junge Frau im heiratsfähigen Alter geworden.

»Dorothea ist mittlerweile mit einem vornehmen jungen Mann verlobt, dessen Name hier nichts zur Sache tut. Sie wollen im nächsten Frühjahr heiraten. Ich schätze meinen künftigen Schwiegersohn sehr. Er ist ein tüchtiger junger Mann, der in naher Zukunft in mein Geschäft einsteigen kann. Seht, Francobaldi, ich bin seit dem Tod meiner Frau ein einsamer Mann. Meine älteste Schwester wohnt in Graz und wir haben uns nie sonderlich verstanden. Meine Jüngere ist im Kloster. Mein einstiger Schwager, der Bruder meiner Frau, ist ein bigotter Pfarrer, mit dem ich nichts anfangen kann. Ich werde mich in den nächsten Jahren aus dem Geschäftsleben zurückziehen. Dann möchte ich mein Privatleben genießen und ich sehne mich nach der Geborgenheit einer Familie. Ich würde gerne Großvaterfreuden erleben, wenn mir schon die Freude an meinen eigenen Kindern zum größten Teil versagt blieb. Aber …«

»Aber es gibt ein Problem, das Euch auf der Seele lastet?«

»Genauso ist es.«

»Und deswegen wolltet Ihr – trotz all der widrigen Umstände – die Engelhart aufsuchen? Sie sollte Euch in dieser Angelegenheit helfen?«

Schmittmeyer bejahte. »Wie gesagt, ich schätze meinen künftigen Schwiegersohn sehr. Ich wünsche ihm alles Glück der Welt und deshalb könnte ich den Gedanken nicht ertragen, ihm das ledige Kind einer Gassenhure als Ehefrau unterzujubeln.«

Gassenhure. Für einen kurzen Moment dachte ich an Genoveva Stufler.

»Die Engelhart hatte ja seinerzeit behauptet, Dorothea sei zwar unehelich geboren, aber immerhin das Kind eines adligen Fräuleins. In meiner Verzweiflung wollte ich jetzt, dass sie mir ihr Wort darauf mit einem heiligen Eid besiegelt. Ich hoffte, vor einem Meineid würde selbst dieses ruchlose Weib zurückschrecken. Also bin ich nach Wien gereist, um sie aufzusuchen. Jetzt aber ist sie tot und ich stehe genauso ratlos da wie zuvor. Nun gibt es wohl niemanden mehr, der mir meine Zweifel zerstreuen könnte. Ihr seid meine letzte Hoffnung – wie ich leider gestehen muss. Nur der vage Hinweis von Mademoiselle von Gleizenstein, Ihr könntet womöglich doch irgendwelche hilfreichen Informationen für mich haben, hat mich wider alle Vernunft dazu veranlasst, Euch aufzusuchen.«

In diesem letzten Punkt täuschte sich Schmittmeyer. Ich konnte ihm sehr wohl helfen. Für heute war es dazu allerdings schon reichlich spät. Mein Gastgeber hatte uns während unseres Gesprächs fleißig Wein nachgeschenkt und ich hatte mehr getrunken als mir zuträglich war. Im Moment war ich nicht in der Verfassung für bedeutsame Enthüllungen, die einer sorgfältigen Wortwahl bedurften. Überdies benötigte ich auch ein wenig Zeit, um mir zu überlegen, was genau ich Schmittmeyer preisgeben konnte ohne Eleonore oder mich selbst in die Bredouille zu bringen. Also bat ich ihn, unsere weitere Unterredung auf den kommenden Abend zu verschieben.

## *Schlussfolgerungen*

Schmittmeyer erwartete mich zum vereinbarten Zeitpunkt bereits ungeduldig. Trotzdem wirkte er deutlich entspannter als noch tags zuvor. Wieder hatte er uns eine üppige Bewirtung und mehrere Flaschen Wein heraufbringen lassen. Ich wollte nicht gleich mit der Tür ins Haus fallen und so plauderten wir zunächst über einige Belanglosigkeiten, bevor ich unser eigentliches Thema vorsichtig anschnitt.

»Ihr habt gestern erzählt, dass Ihr die Engelhart aufsuchen wolltet, damit sie Euch unter Eid versichert, dass Eure Dorothea adliger Abstammung sei.«

Schmittmeyer nickte bekräftigend. »Aber da war das alte Luder leider schon unter der Erde.«

»Nun, wie Euch bereits bekannt ist, habe ich Engelharts Nachlass inventarisiert. Ich will auf die Einzelheiten nicht näher eingehen. Sie tun nichts zur Sache. Jedenfalls stieß ich dabei auf eine merkwürdige Liste, auf der abgekürzt mehrere Namen und Geburtsdaten verzeichnet waren. Es hat lange gedauert, bis sich mir der Sinn dieser Aufzeichnungen erschloss, und ich möchte aus Gründen der Diskretion auch nicht genauer darauf eingehen.«

Mein Gegenüber gab mir seine Zustimmung zu erkennen.

»Auch wenn ich Euch die Identität der leiblichen Mutter nicht nennen kann – ich kenne sie selbst nicht – so kann ich euch doch versichern, dass es ein adeliges Fräulein war. Eure Dorothea kam als eine ›von R.‹ zur Welt. So ist sie in Engelharts Liste verzeichnet und Ihr dürft wohl mit Sicherheit davon ausgehen, dass die Aufzeichnungen der Jungfer in diesem Punkt wahrheitsgetreu sind.«

Ich befürchtete schon, Schmittmeyer würde nach weiteren Details fragen, aber zu meiner Erleichterung war er mit dieser Auskunft zufrieden und drückte mir die Hand. Ich konnte ihm förmlich ansehen, wie gelöst er war.

»Ich danke Euch. Ihr könnt Euch nicht vorstellen, welche Last Ihr von meinem Herzen genommen habt. Wir werden uns sicher nie wieder begegnen, aber diese Unterredung werde ich mein ganzes Leben lang nicht vergessen. Ich bin sicher, alles, was ich euch anvertraut habe, ist bei Euch so gut aufgehoben wie im Beichtstuhl. Und was mich betrifft, so wird keine Menschenseele jemals etwas über die Existenz dieser geheimnisvollen Liste erfahren. Ich werde die Begegnung mit Euch niemandem gegenüber jemals erwähnen. Sie hat sozusagen nie stattgefunden und ich wäre euch dankbar, wenn Ihr es ebenso halten würdet.«

Das zu versprechen, fiel mir nicht schwer. Es ging schon auf Mitternacht zu, als ich mich beinahe schon freundschaftlich von Schmittmeyer verabschiedete. Die Lichter in allen Häusern ringsumher waren längst erloschen und die Bewohner zu Bett gegangen. Lediglich der heilige Willibald schaute verwundert von seinem Sockel, als ich zu so später Stunde die wenigen Schritte über den Marktplatz zu unserer Wohnung ging. Die Nacht war sternenklar und unter meinen Füßen knirschte der frisch gefallene Schnee. Am liebsten wäre ich noch ein wenig spazieren gegangen, doch das war um diese nachtschlafende Zeit nicht mehr schicklich. Also gönnte ich mir wenigstens ein paar Augenblicke vor unserer Haustüre. Die klare, kalte Luft tat mir wohl.

Im Haus roch es vom gestrigen Tag her immer noch ganz leicht nach Weihnachtsgebäck. Ottilie war wie alle anderen längst schlafen gegangen. Ich war zwar hundemüde, wusste aber genau, dass ich jetzt nicht einschlafen könnte. Dazu gingen mir viel zu viele Gedanken im Kopf herum, die ich erst sortieren musste. Also setzte ich mich im dunklen Salon in mein Lieblingsfauteuil. Das Feuer im Kachelofen war längst erloschen und er spendete nur noch wenig Wärme. Für den Moment machte mir das nichts aus. Gedankenverloren blickte ich hinaus in die Dunkelheit. Ich hatte Schmittmeyer nur das Nötigste enthüllt. Die zweite Liste und vor allem die Kinderleichen im Garten unter der Weide hatte ich nicht erwähnt. Wozu auch? Für mich aber war es, als würden sich endlich fehlende Mosaiksteinchen zu einem Gesamtbild zusammenfügen. Würmsee, Wasserburg und Prien am Chiemsee. Ich war zwar in der Geografie Bayerns nicht allzu beschlagen, aber doch so weit, dass ich wusste, dass diese Orte nicht allzu weit entfernt voneinander lagen. Ich vermutete, dass die Engelhart ursprünglich irgendwo in dieser Gegend ihre Wurzeln gehabt haben könnte. Was oder wer sie nach Jahrmarkt in Ungarn gebracht haben könnte, war nach wie vor unklar. Doch war sie von dort nach der Entlassung aus den Gleizensteinschen Diensten höchstwahrscheinlich wieder in ihre alte Heimat zurückgekehrt. Eleonores Schwangerschaft mochte von ihr vielleicht noch nicht beabsichtigt gewesen sein. Doch war ich mir sicher, dass sie spätestens ab diesem Zeitpunkt ihre künftigen Brotherren sehr genau auswählte. Ich konnte mir sogar vorstellen, dass sie ihre weiblichen Schützlinge geradezu animierte, sich auf die Avancen ihrer Verehrer einzulassen, dass sie ihnen ganz bewusst und gezielt Möglichkeiten zu wiederholten tête-à-têtes verschaffte und dass sie inständig hoffte, dies möge nicht folgenlos bleiben. In der Gegend zwischen Würmsee, Wasserburg und Chiemsee musste sie sich außerdem ein Netzwerk aus Informanten aufgebaut haben. Vor meinem geistigen Auge sah ich sie wie eine Spinne im Zentrum ihres unsichtbaren Netzes, die heimlich, still und leise ihre Fäden spann. Wahrscheinlich hatte sie damals bereits ganz ähnlich agiert wie später dann in Wien, hatte ahnungslose Dienstboten ausgehorcht, vielleicht sogar die eine oder andere Komplizin gehabt. Wie hatte Eleonore gesagt: »Manche Zofe weiß eher, wenn eine Frau in guter Hoffnung ist als ihr Gemahl.« Sicher wusste dann auch so manche von vergeblichen Kinderwünschen oder von verzweifelten Bemühungen, die Familiendynastie zu erhalten. Die Engelhart musste dann nur noch die richtigen Schlüsse aus den Informationen ziehen. So konnte sie wie im Fall der Dorothea oder vielleicht auch bei Ludwig von Gleizenstein ein ungewolltes Kind in eine wohlhabende Familie vermitteln und von beiden Seiten Profit herausschlagen. Von der leiblichen Mutter, indem sie ihr regelmäßig von ihrem Kind berichtete und von den Zieheltern, indem sie behauptete, die echte Mutter vermisse ihr Kind sehr und es bedürfe etlicher Überredungskünste, um sie davon abzuhalten, dieses zurückzufordern. Bei den Fällen No. 1 und No. 5 war eine regelmäßige Erpressung aber wohl nicht so ohne weiteres möglich gewesen wie bei No. 2 und No. 4. Ich tippte hier eher auf Schweigegeld beziehungsweise eine einmalige Abfindung. Wobei durchaus nicht ausgeschlossen war, dass die Engelhart vor maßgeblichen Lebensereignissen wie etwa einer Verheiratung oder dem Beginn einer Berufslaufbahn der betreffenden Kinder noch einmal eine zusätzliche Summe erpresst haben könnte. Gut möglich, dass auch Fräulein Eleonores Eltern Engelharts Schweigen mit einer stattlichen Summe erkauft hatten. Eleonore hatte uns ja seinerzeit berichtet, dass ihre Mutter nach Ludwigs Geburt immer noch hoffte, ihre Tochter verheiraten zu können. Die Engelhart hatte es jedenfalls mit Sicherheit verstanden, höchst geschickt auf der Klaviatur der Gefühle zu spielen und die Ängste, Befürchtungen, Hoffnungen und Sehnsüchte anderer zu ihren Gunsten zu nutzen. Ich hatte mich immer gefragt, wie sie die Kaufsumme für das Haus aufgebracht haben könnte. Von ihrem Lohn als Gouvernante wäre das selbst bei dem geringen Kaufpreis sicher nicht möglich gewesen. Doch angesichts der Anzahl an erpressten Personen schien es mir nun sehr wohl vorstellbar. Plötzlich fiel mir auch das kleine Schmuckkästchen wieder ein, das ich in Engelharts Besitz gefunden hatte. Ein goldenes Medaillon hatte sich darin befunden. Es trug die Initialen ES, daran erinnerte ich mich genau. ES – Emilie Schmittmeyer? Auch ein schön gearbeiteter Rosenkranz war darin gewesen. In das Namensplättchen waren die Initialen FvR eingraviert gewesen. Konnte sich dahinter vielleicht als ehemalige Besitzerin Madame von Rosen verbergen? Ihren Vornamen kannte ich zwar nicht, aber die Buchstaben vR deuteten für mich durchaus in diese Richtung. Und hatte der ebenfalls im Kästchen befindliche Siegelring nicht die Initialen JvW getragen? JvW wie bei jenem ersten Eintrag auf der kurzen Liste, jenem unbekannten Kind A.v.W., das im Haus seines Vaters aufgewachsen war? Ich hielt es durchaus für denkbar, dass die Engelhart die betreffenden Stücke als eine Art Trophäe für sich behalten hatte.

Und was war mit Genoveva Stufler? Ihr Fall schien mir etwas anders gelagert zu sein. Immerhin war sie das einzige Kind auf der kurzen Liste, das sein Leben als Findelkind fristen musste. Waren Engelharts Pläne hier nicht ganz aufgegangen? Die Familie von O. war immerhin vermögend genug, eine Gouvernante zu beschäftigen. Hätte sie da nicht auch die Mittel besessen, das ungewollte Kind gegen Kostgeld an irgendwelche Pflegeeltern zu geben? Irgendeine arme Bauers- oder Handwerkerfamilie, für die das arme Wurm eine willkommene zusätzliche Einnahmequelle bedeutet hätte, hätte sich mit Sicherheit finden lassen und man hätte Genoveva das Armenhaus erspart. Ich grübelte lange und je länger ich darüber nachdachte, desto unerklärlicher wurde mir der Umstand, weshalb Genoveva als Findelkind ausgesetzt worden war. War es möglich, dass Eltern beziehungsweise Großeltern so grausam und gewissenlos sein konnten und ihrer in Not geratenen Tochter und deren Kind nicht beistanden? Oder hatten die von O's am Ende gar nichts von der Schwangerschaft ihrer Tochter gewusst? Hatte sie sie, aus welchen Gründen auch immer, vor ihnen verheimlicht? Etwa weil sie Strafen oder Sanktionen welcher Art auch immer gefürchtet hatte? Und hatte die Engelhart mitgespielt, weil sie sich langfristig davon sogar noch mehr Profit versprach? Die Umstände und Beweggründe würde ich nicht mehr herausfinden. Ich konnte mir allerdings sehr gut vorstellen, dass es gerade die Umstände von Fall No. 3 gewesen waren, die die Engelhart schließlich auf die Idee gebracht hatten, sich der Neugeborenen ihrer künftigen Klientinnen in Wien kurzerhand im Findelhaus zu entledigen. Ja, das Bild rundete sich. Es enthielt zwar immer noch blinde Flecken, aber ich war überzeugt, die Geheimnisse der Jungfer auf weite Strecken entschlüsselt zu haben. Manches hatte sich zum Guten entwickelt, anderes nicht. Kind No. 3 war zur Prostituierten herabgesunken. Aber aus dem anonymen Kind No. 4 war eine junge Frau geworden, die demnächst ihr Glück an der Seite ihres Mannes finden würde. Zumindest ihre Ziehmutter hatte sie vorbehaltlos geliebt und vielleicht würde auch Schmittmeyer ihr und ihren Kindern in Zukunft mit mehr Wohlwollen und Zuneigung begegnen können. Immerhin aber hatte der Mann endlich seinen Seelenfrieden gefunden, wie er mir versichert hatte. Für ihn war ein langes, quälendes Kapitel zu einem guten Ende gekommen und auch ich konnte die Sache endlich ruhen lassen.

Was sollte ich Ottilie von diesen jüngsten Erkenntnissen erzählen? Die Frage beschäftigte mich. Einerseits hatte ich Schmittmeyer mein Wort gegeben, die Angelegenheit geheim zu halten und dieses gegebene Versprechen wollte ich unter keinen Umständen brechen. Andererseits war Ottilie ebenso tief wie ich selbst in die Vorgänge verwickelt und hatte ein Anrecht darauf, zumindest oberflächlich über diese jüngste Entwicklung informiert zu werden. Ich war müde und wollte schlafen, aber dieser Konflikt bereitete mir einiges Kopfzerbrechen und ich wusste, ich würde keine Ruhe finden, solange ich ihn nicht gelöst hatte. Wieder grübelte ich lange und schließlich hatte ich einen überzeugenden Weg gefunden. Ich würde Ottilie erzählen, dass der Mann, den ich gestern und heute getroffen hatte, mir einiges über Kind No. 4 berichtet hatte, was ich meinerseits aber nicht weitergeben dürfe, da ich diesbezüglich mein Wort gegeben hatte. Nur so viel könne ich verraten: Das Los besagten Kindes sei all die Jahre hindurch ein gutes gewesen und auch sein weiteres Leben schien unter einem guten Stern zu stehen. Ja, so konnte es gehen. Mit dieser Auskunft würde ich Schmittmeyers Wunsch respektieren und gleichzeitig käme auch Ottilie zu ihrem Recht. Ich kannte meine Frau gut genug und war mir sicher, sie wäre mit dieser Erklärung zufrieden und würde nicht weiter in mich dringen. Meine übrigen Erkenntnisse, die ich in den letzten Stunden gewonnen hatte, wollte ich gerne mit ihr teilen. Ja, ich brannte geradezu darauf, sie ihr möglichst bald zu berichten. Heute Nacht würde ich gut schlafen.

## *Die Brautwerbung*

Den ganzen Winter über hatte Ottilie irgendwelche Bekannte zum Kaffee geladen. Die rasche Folge der Einladungen hatte mich zunächst verwundert und ich war außerdem darüber erstaunt, dass jeweils nur eine einzige Frau, das nächste Mal dann eine andere zu Gast gebeten wurde. Zuerst die Gattin des Hofschusters Gruber, dann die Frau des Uhrmachermeisters Wiesenpainter, schließlich die Frau des Büchsenmachers Hassel und ich weiß nicht, wer noch alles. Nach und nach fiel mir dann eine Gemeinsamkeit bei allen auf: Alle Eingeladenen waren Mütter junger Männer im heiratsfähigen Alter. Keine davon war allerdings ein zweites Mal gekommen, geschweige denn, dass uns ein junger Mann seine Aufwartung gemacht hätte. Das änderte sich an einem Nachmittag im Februar. Die Wirtin der »Traube« kam bereits zum zweiten Mal und diesmal brachte sie auch ihren Sohn Kaspar mit. Ob ich wollte oder nicht, ich musste diesmal der Kaffeetafel beiwohnen und selbstverständlich musste auch Babette mit von der Partie sein. Ich kannte den jungen Mann vom Sehen, schließlich waren wir fast Nachbarn, näher zu tun gehabt aber hatte ich noch nie mit ihm. Babette und Kaspar jedoch kannten sich von Kindesbeinen an. Der junge Mann machte einen äußerst passablen Eindruck auf mich. Überhaupt konnte ich mir Babette sehr viel besser als Gastwirtin eines gut geführten Hauses vorstellen, als beispielsweise als Metzgersgattin. Ottilie servierte zur Feier des Tages nicht nur Kaffee und Kuchen, sondern auch das edle Danziger Goldwasser. Sie wollte schließlich Eindruck machen. Auch die Kleiderfrage hatte sie im Vorfeld intensiv bedacht – zu meinem Leidwesen, wie ich gestehen musste. Denn schließlich und endlich war ich der Adressat all ihrer Überlegungen gewesen. Ich konnte nicht sagen, wie oft sie gewählt und verworfen, und anschließend wieder umdisponiert hatte, bis endlich eine Lösung gefunden war, die ihr im wahrsten Sinne des Wortes tragbar erschien. Babette hatte sich da anscheinend weit weniger den Kopf zerbrochen. Zumindest hatte ich nichts von etwaigen Überlegungen mitbekommen.

»Du warst also einige Zeit in Wien, Kind. Gesellschafterin bei einer Mademoiselle, wie mir deine Mutter erzählt hat. Das ist sicher nicht ganz verkehrt. In einem guten Haus wie dem unseren sollte man sich schon auf die feinen Umgangsformen verstehen. Wir sind schließlich das erste Haus am Platz und bei uns verkehren vornehme Leute. Unser Kaspar«, fügte Frau Grubmüller mit erkennbarem Mutterstolz hinzu, »hat einige gute Häuser in Regensburg, Augsburg und München besucht. Da hat er auch einiges gelernt.«

Babette nickte bei diesen Worten nur freundlich, entgegnete aber nichts. Die Mitteilung schien sie nicht sonderlich zu interessieren.

»Unsere Gäste kommen ja oft von weit her«, fuhr die Wirtin fort. Wieder nickte Babette nur freundlich. Ich fühlte, wie Ottilie neben mir zunehmend nervöser wurde. Ein Thema! Wir brauchten dringend ein Thema, irgendeinen Gegenstand, über den wir in ein Gespräch kommen konnten! Ich grübelte verzweifelt. Aber je mehr ich mir den Kopf zermarterte, desto weniger fiel mir ein.

»Wir haben übrigens das Konzert sehr genossen, das Monsieur Destouches letzten September in Eurem Haus gegeben hat. Unsere Babette begeistert sich sehr für Musik. In Wien hat sie Klavierunterricht erhalten und sie spielt auch zu Hause weiterhin. Französisch hat sie übrigens auch ein bisschen gelernt. Sie kann sogar in dieser Sprache korrespondieren.«

Die Wirtin Grubmüller nickte anerkennend, während Babette die Worte ihrer Mutter mehr oder weniger teilnahmslos zur Kenntnis nahm.

»Ja, das Konzert war ein großer Erfolg. Wir sind Seiner Exzellenz überaus dankbar, dass er Monsieur Destouches nach Eichstätt geholt hat. Es war doch wieder einmal eine sehr schöne Abwechslung.«

Wieder Schweigen.

»Ja, das war es«, pflichtete Ottilie ihr schließlich bei. »Wir freuen uns auch schon auf das angekündigte Theaterspiel.«

»Ihr meint sicher das der Schüler unseres Lyzeums? Wie war der Titel noch einmal? Ich meine, irgendetwas Vaterländisches.«

»Der Deserteur aus Kindesliebe«, erstmals hatte Babette von sich aus das Wort ergriffen und ihre Mutter nickte erleichtert.

»Ah ja, genau, du sagst es, liebe Babette. Du interessierst dich also auch für das Theater? Früher hatten wir ja öfter Schauspieltruppen hier. Viele von ihnen haben bei uns logiert. Da war manchmal etwas los, kann ich Euch sagen! Fürstbischof von Zehmen war ein großer Freund des Theaters. Seine Exzellenz Graf Stubenberg ist in dieser Hinsicht zurückhaltender, wie mir scheint.«

»In Wien war ich oft im Theater.« Wieder nickte Frau Grubmüller anerkennend. Babette schien nun endlich aus ihrer Apathie erwacht. »Aber mehr noch als für das Theater interessiere ich mich für die Malerei«, fuhr sie fort. »Die Malerei ist meine eigentliche Passion. Am liebsten mache ich Porträts. Derzeit komme ich leider wenig dazu. Aber ich fertige wissenschaftliche Zeichnungen für Professor Pickl an. Für das Armarium. Versteinerungen, Blütenstände, die Maserung bestimmter Steine. Das ist auch interessant. Ich lerne dabei eine Menge. Vor allem, was die Perspektive und Schattierungen anbetrifft. Und für das Frühjahr plant Professor Pickl eine Grabungsexpedition hier irgendwo bei uns in der Umgebung. Römische Altertümer, soviel ich weiß. Die soll ich dann ebenfalls zeichnen, und zwar noch am Fundort, also noch so, wie man sie beim Graben aufgefunden hat.« Babette geriet bei ihren Worten immer mehr in Begeisterung. Das Mädel strahlte förmlich. Frau Grubmüller und ihr Sohn aber starrten sie an, als sähen sie ein Kalb mit zwei Köpfen. Plötzlich hatten beide es sehr eilig aufzubrechen. Die Wirtin murmelte etwas wie ›unsere Gäste nicht länger warten lassen‹ und weg waren sie.

Das war ja gründlich danebengegangen! Ich war auf das Schlimmste gefasst: Vorwürfe von Ottilies Seite, weil ich Babette zum Zeichnen animiert und die Sache mit Professor Pickl eingefädelt hatte, Streit, Widerworte von Babette, Türknallen … Nichts dergleichen geschah. Kein Eklat, keine Tränen, kein Geschrei. Der Rest des Tages verlief in geradezu unheimlicher Normalität. Walli räumte den Tisch ab und Babette half ihr. Ottilie machte sich daran, ihr gutes Geschirr zu spülen. Sie hütete es stets wie ihren Augapfel und nie hätte sie Walli an die Pflege ihres feinen Porzellans gelassen. Das Abendessen wurde zu gewohnter Stunde aufgetragen. Wir speisten und Ottilie plauderte, als sei nichts gewesen. Der Besuch wurde mit keinem Wort mehr erwähnt. Ich fühlte mich dennoch höchst unbehaglich. Wie hätte ich diesem Frieden trauen können? Doch auch die nächsten Tage verliefen in Ruhe und Harmonie. Ottilie kümmerte sich wie gewohnt um den Haushalt und verhielt sich, als sei überhaupt nichts vorgefallen, Babette ebenso. Mittlerweile fragte ich mich, ob ihre enthusiastischen Ausführungen an der Kaffeetafel Kalkül gewesen oder einfach ihrer unschuldigen Begeisterung für die Malerei entsprungen waren. Ich wusste es nicht. So oder so, sie hatten Wirkung gezeigt. Babette schien sich dessen jedoch überhaupt nicht bewusst zu sein. Noch mehr aber verwirrte mich Ottilies scheinbare Gelassenheit angesichts des Vorfalls. Seit Monaten hatte sie Himmel und Hölle in Bewegung gesetzt, um Babette nach Eichstätt zurückzuholen und hier für eine Ehe zu erwärmen. Ich war nicht immer ihrer Meinung gewesen. Inzwischen aber begann ich ihre Sorge zu teilen. Was sollte aus dem Mädel werden, wenn sie einen ernst zu nehmenden Heiratskandidaten derart vor den Kopf stieß? Auf diese Art würde sie in der Tat niemals die süßen Freuden der Ehe und das Glück eines eigenen Hausstandes genießen.

»Ich bin mit meinem Latein am Ende. Ich habe alles getan, was in meiner Macht stand. Mehr kann ich nicht. So wie die Dinge liegen, habe ich keine Handhabe. Jetzt mag es also gehen, wie es will. Ich kann sie nicht zu ihrem Glück zwingen. Und wer weiß, vielleicht wäre es am Ende auch gar kein Glück.«

Ottilie sprach diese Worte in ruhigem Tonfall unvermittelt und ohne erkennbaren Anlass in die Dunkelheit unserer stillen Schlafkammer hinein. Ich wusste genau, was sie meinte. Doch ich hatte nicht das Gefühl, dass sie eine Antwort erwartete. Ich hatte auch keine.

***

*Journal intime de la Mademoiselle Eleonore de Gleizenstein*

*Vienne, le 5 mars 1794*

*Quelle surprise! Ich kann es noch gar nicht glauben! Es ist fast zu schön, um wahr zu sein. Gestern kam ein Brief von Ottilie. Sie fragt, ob Babette wieder zu mir könne. Und ob sie das kann! Natürlich kann sie! Meine liebe Babette kommt wieder! Aber wie heißt es so schön: des einen Freud, des andern Leid. So sehr ich mich über diese Neuigkeit freue, so ahne ich doch auch gleichzeitig, wie schwer meiner Freundin dieser Entschluss gefallen sein muss und ich möchte gar nicht wissen, wie viele Tränen sie darüber vergossen hat. Sie habe alles versucht, schreibt sie und ich bin überzeugt, dass sie das hat. Doch allen Bemühungen zum Trotz kann sich Babette offenbar (noch) nicht für das Eheleben begeistern. Was soll man da machen? So werde ich also gleich nach Ostern Ende April wieder nach Eichstätt reisen, um das Mädel abzuholen. Ziemlich genau ein Jahr ist es dann her, dass ich sie schweren Herzens dorthin gebracht habe. Wie hat Ottilie in ihrem Brief geschrieben: ›Manchmal meine ich, ich verstehe die Welt nicht mehr. So vieles verändert sich. Mir scheint fast, wir sind in eine völlig neue Zeit geworfen. Was gestern noch galt, scheint mit einem Mal überholt. Die jungen Leute zieht es plötzlich in die weite Welt, sie wollen anders leben als wir Altvorderen.‹ Damit hat sie sicher nicht ganz Unrecht. Hier in Wien kann man die neue Zeit bisweilen sogar schon ganz augenfällig auf den Straßen sehen. Manche Junge tragen nicht einmal mehr einen Haarbeutel. Perücken seien aus der Mode, behaupten sie. Aber wie dem auch sei – gebe Gott, dass wir alle diese Zeit, die uns auf Erden geschenkt ist, bald wieder in Frieden leben können! (Doch danach sieht es im Moment leider nicht aus.)*

*Vienne, le 18 mars 1794*

*Heute stand in der Zeitung die Meldung zu lesen, ein Mann habe seine Gattin erschlagen, weil die ihm angeblich ein Kuckuckskind untergeschoben hatte. Es ist nicht der erste derartige Bericht. Ein Mensch hat sein Leben verloren, fünf unmündige Kinder ihre Mutter. Dennoch bin ich sicher, dass der Mann mit einer recht milden Strafe davonkommen wird. Schließlich habe er seine Ehre verteidigen müssen, wird man vor Gericht argumentieren. Seine Frau habe ihn ja schändlich betrogen. Mon dieu! Wenn alle betrogenen Ehefrauen ihre Männer meucheln würden, wäre das halbe Land entvölkert. Aber ein untreuer Ehemann wird völlig anders beurteilt als eine untreue Gattin. Ihm sieht man's nach, ihr nicht. Die Polizei hat neuerdings ihre Augen und Ohren überall, heißt es. Es soll allenthalben Polizeispitzel geben, denn Polizeiminister Graf von Pergen möchte möglichen jakobinischen Verschwörungen auf die Spur kommen, sagt man. So macht man also*

*Jagd auf Männer, die sich für die Gleichheit aller Bürger und die Einrichtung einer Volksvertretung starkmachen und die Abschaffung der Klöster sowie eine Verstaatlichung des Kirchenguts fordern, während man offensichtlich nicht einmal in der Lage (oder vielleicht gar nicht willens!) ist, einfache Frauen aus dem Volk vor ihren eifersüchtigen Ehemännern zu schützen.*

*Was mich an diesem Artikel über das Schicksal der unglücklichen Frau hinaus aber fast noch mehr aufgewühlt hat, war der Begriff »Kuckuckskind«. Ich musste dabei unwillkürlich an die von Rosens denken und wieder tauchte die Frage auf, die ich mir in den vergangenen Monaten ich weiß nicht wie oft gestellt habe: Gesetzt den Fall jener Ludwig wäre mein Sohn, weiß der alte von Rosen von den Umständen seiner Herkunft oder hat ihm seine Gattin nicht ebenfalls ein Kuckuckskind untergeschoben? Ich werde es nie erfahren. Aber wenn ich mir etwas wünschen könnte, so hätte ich vor Jahren gerne Mäuschen spielen wollen im ehelichen Gemach.*

## *Gerüchte*

*A l'arme!* Zu den Waffen! Das Damoklesschwert, das seit nunmehr einem Jahr über unseren Köpfen geschwebt war, war gefallen. Alle Gebete, die seine Exzellenz zur Erhaltung des Friedens angeordnet hatte, waren offenbar vergeblich gewesen. Nach den Königreichen Sardinien-Piemont, Großbritannien, Spanien und Neapel machte nun auch das Deutsche Reich seine Ankündigung endlich wahr und entsandte Truppen, um in den Krieg einzugreifen. Angesichts der französischen Übermacht war dieser Schritt unausweichlich geworden. Die Kriegsmacht der Franzosen schien unerschöpflich. Man sprach von etwa siebenhunderttausend Soldaten. Eine unvorstellbare Zahl, die die der Koalitionäre bei Weitem übertraf. Eines musste man den Franzosen lassen: Sie waren findig und wussten sich zu wehren. Als die Koalitionstruppen im vergangenen Jahr einige beachtliche Gewinne hatten verbuchen können, war man in Paris auf die Idee gekommen, kurzerhand mehr Soldaten in den Kampf zu entsenden und führte die *Levée en masse* ein. Auf diese Weise wurden alle ledigen Männer im Alter von achtzehn bis fünfundzwanzig Jahren zum Kriegsdienst verpflichtet. Dem galt es endlich etwas entgegenzusetzen. So stellte der Fränkische Kreis, zu dem auch unser kleines Fürstbistum zählte, ein Kürassier- und ein Dragoner-Regiment, außerdem vier Regimenter zu Fuß, zwei Grenadier-Kompanien und Artillerie. Der Bayerische Kreis stellte ein Regiment zu Fuß. Insgesamt entsandte das Reich gut an die vierzigtausend Mann. Es hieß, seine Exzellenz Kaiser Franz sei zur Eröffnung des neuen Feldzugs höchstpersönlich Anfang April in Brüssel eingetroffen und wenige Tage danach in das Hauptquartier des Prinzen von Sachsen-Coburg nach Valenciennes weiter gereist. Ich fragte mich, ob wohl auch Cobenzl mit an die Front gereist wäre. Im *Intelligenzblatt* stand darüber nichts zu lesen, doch das war nicht weiter verwunderlich. Vielleicht wusste Fräulein Eleonore Genaueres. In Wien war man sicher besser informiert. Ich würde sie fragen, wenn sie in ein paar Tagen nach Eichstätt kam. Eine unmittelbare Auswirkung hatte der Kriegseintritt für meine Freunde und mich jetzt schon: Joseph Barth sah sich gezwungen, die Herausgabe der *Vaterländischen Monatsschrift* einzustellen. Seine letzte Ausgabe schloss er mit einem langen und emotionalen Text zum Abschied: Auf dreihundertneunundzwanzig Bögen Papier habe er in den vergangenen zwei Jahren alles Wissenswerte aus unserem Fürstbistum mit dem Zirkel seiner traulichen Freunde geteilt. Nun aber hätten sich ihm unüberwindbare Hindernisse in den Weg gestellt. Als Verwalter des Zeughauses war er nun in Folge des Krieges weit mehr gefordert als ehedem zuvor und darüber hinaus war auch noch sein Schreiber als Fourier ins Feld gezogen. Mein junger Freund schloss sein Werk mit einem Horaz-Zitat: *Vive vale* … und ich spürte, wie schwer ihm diese Entscheidung gefallen sein musste. Gerade dieses an und für sich unspektakuläre Ereignis führte mir deutlich vor Augen, dass die schon lange brüchige Ära des Friedens nun unwiderruflich Vergangenheit war und der Krieg nun endgültig unser aller Leben bestimmen würde. Ich hatte die Monatsschrift immer gerne gelesen. Ihre Lektüre würde mir fehlen. Den besagten Schreiber hatte ich genau so wenig wie sonst einen der Soldaten persönlich gekannt, doch wurden mit Kriegseintritt aus der bislang anonymen Masse, die da weit weg in den Österreichischen Niederlanden und anderswo kämpfte, mit einem Mal konkrete Menschen, Männer, die Namen hatten und Familien. Wie viele von ihnen würden auf dem Schlachtfeld ihr Leben lassen müssen, wie viele kämen als Kriegsinvaliden zurück, gezeichnet für den Rest ihres Lebens? Diese bangen Fragen beschäftigten sicher nicht nur mich. Dementsprechend gedrückt beging man in der Stadt das Osterfest dieses Jahres.

So sehr auch die Geschehnisse die allgemeine Stimmung drückten, in unserem Haus herrschte eine seit Langem nicht mehr gekannte Harmonie. Babette war wie ausgewechselt, seit ihr Ottilie eröffnet hatte, dass sie wieder nach Wien und in ihr vermisstes Leben zurückdürfe. Sie schien mir wie ein Vogel, der endlich dem verhassten engen Käfig entkam und sich nun frei in die Lüfte – sein eigentliches Element – erhob. Babette strahlte förmlich von innen heraus, so wie ich das seit ihrer Ankunft hier noch nicht gesehen hatte. Eine Last schien von ihr abgefallen.

In ihrer Korrespondenz waren Ottilie und Fräulein Eleonore übereingekommen, dass diese das Osterfest bei uns in Eichstätt verbringen solle. Ottilie fand den Gedanken unerträglich, dass ihre gute Freundin diese allerhöchsten christlichen Feiertage allein zubringen müsse, und hatte sie eingeladen. Zu meiner Überraschung hatte Eleonore auch tatsächlich eingewilligt, zumindest insoweit, dass sie die Mahlzeiten mit uns einnehmen und Stunden in geselliger Runde verbringen wollte. Einquartiert hatte sie sich wie schon bei ihrem letzten Besuch mit Zofe und Lakai im Hotel »Traube«. Wie nicht anders zu erwarten, erregte ihr Besuch auch diesmal Aufmerksamkeit in unserer Stadt. Ja, wahrscheinlich sogar mehr noch als beim letzten Mal. Es hatte sich schnell herumgesprochen, was der Zweck ihres Aufenthalts war, und ebenso, dass Mademoiselle von Gleizenstein die Feiertage als Gast in unserem Haus zu verbringen gedachte. Wir besuchten auch gemeinsam das Hochamt, das an diesem Ostersonntag von seiner Exzellenz höchstpersönlich zelebriert wurde. Wenn ich ehrlich bin, zollte ich seiner Predigt über die Wiederauferstehung und die damit für alle Menschen wahren Glaubens verbundene Hoffnung auf Erlösung nicht die Aufmerksamkeit, die ihr wahrscheinlich gebührt hätte. Mir schwirrten derweil Verszeilen durch den Kopf. Sie stammten aus dem Gedicht, das mein verstorbener Freund Cobenzl so geliebt und häufig rezitiert hatte:

*Deine Zauber binden wieder,*
*Was der Mode Schwert geteilt;*
*Bettler werden Fürstenbrüder,*
*Wo dein sanfter Flügel weilt.*

Ja, es gab sie, gab sie immer noch, diese Freundschaft über die Standesgrenzen hinweg. Die Überwindung gesellschaftlicher Schranken war möglich! Die Freundschaft zwischen Eleonore und uns war ja der augenfällige Beweis dafür. Auch wenn es in unserem Fall nicht wie in Schillers Ode die Freude, sondern ein geteiltes schmerzliches Geheimnis war, das uns verband. Laurenz Hofstaetters Credo vom Schuster, der bei seinen Leisten bleiben solle, das er mit vielen andern teilte, war nicht in Stein gemeißelt. Vielleicht übertrieb Schiller ein wenig mit der Verbrüderung von Bettlern und Fürsten, aber im Kern hatte er Recht: Eine Überwindung der Standesgrenzen war möglich! Diese, meine tiefste Überzeugung, würde ich mir nicht rauben lassen – weder vom blutrünstigen Wüten des Tyrannen Robespierre noch von konservativen Kräften, die eine alte und überlebte Ordnung wiederherstellen wollten.

Die Wirtin Grubmüller, die uns seit jenem verunglückten Nachmittag kaum mehr eines Blickes gewürdigt hatte, grüßte auffällig freundlich, ja ehrerbietig, als wir durch das Domportal schritten. Es waren schöne Feiertage und meine Sorge, Eleonore könnte sich bei mir nach Schmittmeyer erkundigen, ob er mich aufgesucht habe oder was er von mir gewollt habe, erwies sich als unbegründet. Unsere Freundin war diskret genug, die Angelegenheit mit keiner Silbe zu erwähnen. Am Dienstag nach den Feiertagen war es so weit: Der Abschied stand bevor. Babette musste packen. Die beiden wollten am darauffolgenden Morgen in aller Frühe abreisen. Aller Vorfreude zum Trotz hatte das Mädel plötzlich Tränen in den Augen.

»Komm Babette, ich werde dir beim Packen helfen. Ihr entschuldigt uns bitte.« Mit diesen Worten ließ meine Frau Fräulein Eleonore und mich allein im Salon zurück.

»Es trifft sich vielleicht ganz gut, Francobaldi, dass wir beide für einen Moment allein sind. Ich wollte Euch nämlich noch etwas mitteilen. Nicht dass ich es vor Ottilie verheimlichen wollte – Gott bewahre! Aber ich denke im Augenblick ist sie mit dem Abschied von ihrer Tochter schon genug belastet und ich möchte sie nicht zusätzlich beunruhigen. Die Sache oder besser gesagt der Vorfall, um den es geht, bereitet mir nämlich Sorgen. Rundheraus gesagt: Eine mysteriöse Dame hat sich nach der Engelhart erkundigt. Das heißt, ob sie mysteriös war, kann ich im Grunde gar nicht beurteilen, denn ich habe sie nicht gesehen. Die Unbekannte war nur draußen in Weißgerber und hat sich bei meinen Mieterinnen über den Verbleib der Engelhart erkundigt. Als die ihr keine Auskunft geben konnten, ist sie in ihre Mietdroschke gestiegen und wieder verschwunden. Die Sache hat aber den Frauen keine Ruhe gelassen und weil ich sie ja gebeten hatte, mir Bescheid zu geben, falls sich jemand nach der Engelhart erkundigen sollte, sind sie meiner Bitte unverzüglich nachgekommen. Ganz in Schwarz sei sie gekleidet gewesen und habe einen dichten Schleier getragen. Ich weiß nicht warum, aber ich hatte plötzlich den Verdacht, bei jener Frau könne es sich um die Mutter jenes Kindes handeln, das vor Jahrzehnten in Wasserburg bei den Kapuzinern abgegeben wurde. Das mag nur eine Einbildung sein, Anhaltspunkte habe ich dafür überhaupt keine. Dieser Gedanke drängte sich mir nur spontan auf. Aber wer auch immer sie war und was auch immer sie von der Engelhart wollte, die Angelegenheit beunruhigt mich. Sie war ehrlich gesagt auch mit ein Grund, weshalb ich schon zu den Osterfeiertagen nach Eichstätt gefahren bin, und nicht, wie ursprünglich geplant, erst danach. Ich wollte weg aus Wien, weg so schnell wie möglich. Glaubt mir, Francobaldi, die Atmosphäre dort hat sich sehr verändert, seit Kaiser Franz Graf von Pergen zum Polizeiminister ernannt und mit weitreichenden Kompetenzen ausgestattet hat. Der hat viele junge und vor allem ehrgeizige Männer eingestellt, die nur darauf warten, mit einem Ermittlungserfolg Lorbeeren einheimsen zu können. Sie sind angeblich auf der Jagd nach möglichen Jakobinern, nach Freunden oder gar Unterstützern der Französischen Revolution bei uns in Österreich. Sogar draußen in Weißgerber, wo sich sonst kaum jemals die Polizei hat blicken lassen, ist sie nun regelmäßig präsent. Vor allem natürlich, wenn es eine Aufführung im Hetztheater gibt. Unlängst gab es dort nach einer Vorführung eine Schlägerei. Das war auch früher schon gang und gäbe, aber früher hat es niemanden groß interessiert. Diesmal jedoch gab's Verhaftungen wegen Störung der öffentlichen Ordnung. Das wäre an und für sich ja zu begrüßen, aber ich kann mich des Eindrucks nicht erwehren, dass es von Pergen und Kaiser Franz vor allem daran gelegen ist, politisch missliebige Personen ins Visier zu nehmen. Wie gesagt, es herrscht eine ungute Atmosphäre des gegenseitigen Misstrauens in der Stadt und Gerüchte machen sich breit. Meine Freundin, die Gräfin Schallenberg ist beispielsweise in großer Sorge wegen ihres Schlosses Rosenau. Dort draußen herrschte immer ein sehr freigeistiges Klima, müsst Ihr wissen. Alle möglichen kritischen Geister gingen dort ein und aus. Rosenau war ein Treffpunkt für viele fortschrittlich Gesinnte. Der alte Graf Schallenberg hat seinen Landsitz sogar nach aufklärerischen Idealen gestalten lassen. Er hat dort eine Siedlung für die Arbeiter gebaut, ein Spital für Alte und Kranke und auch eine Schule einrichten lassen. Inzwischen hat sich das politische Klima so sehr gewandelt, dass der junge Graf sogar Umbauten im Schloss vornehmen lassen will, um alle Spuren des einstigen Versammlungsorts zu tilgen. Kaiser Franz will gegen die Geheimbünde vorgehen, weil er in ihnen Verschwörungsnester vermutet, heißt es. Unter ihm hat sich das Klima gründlich gewandelt, das könnt Ihr mir glauben. Im Gegensatz zu Kaiser Joseph, der selbst einer Loge angehörte, steht Franz allem fortschrittlichen Gedankengut äußerst kritisch gegenüber. Ich weiß zuverlässig, dass etliche ehemalige Mitglieder von Logen mittlerweile in großer Sorge sind. Aber nicht nur das. Ich könnte mir sogar vorstellen, dass manch einer die Gunst der Stunde nutzen könnte, um sich vielleicht an jemandem zu rächen, indem er ihn diskreditiert und seine mögliche Vergangenheit als Freimaurer oder Ähnliches ans Licht bringt.«

Ich sah Eleonore fragend an.

»Worauf wollt Ihr hinaus, meine Liebe?«

»Tja, das kann ich so konkret leider gar nicht sagen. Mir gehen derzeit eine Menge fataler Möglichkeiten durch den Kopf. Als vor einiger Zeit jener – wie hieß er noch? – jener Schmittmeyer oder so ähnlich eines Tages unvermutet vor meiner Tür stand, habe ich zwar gezögert, ihn an Euch zu verweisen, aber seine Geschichte, die er mir in groben Zügen erzählte, wirkte glaubwürdig und ich hoffte, Ihr könntet ihm vielleicht helfen. Ich vermutete, er habe von der Engelhart Auskünfte bezüglich seiner Tochter erhalten wollten. Höchstwahrscheinlich war die vor nicht allzu langer Zeit in Schwierigkeiten gewesen und der gute Mann auf der Suche nach seinem Enkelkind. Keine Angst, Francobaldi, ich werde Euch jetzt nicht fragen, was der tatsächliche Grund seines Besuchs war. Der geht mich nichts an und ich will ihn nicht wissen. Diskretion! Aber mittlerweile hat sich einiges verändert und ich würde einem Fremden mit wesentlich mehr Misstrauen begegnen. Ich habe das Gefühl, meine Angst von damals nach Engelharts Tod hat zu einem ganzen Rattenschwanz an Komplikationen geführt. Inzwischen fürchte ich freilich nicht mehr, jemand könne mein Geheimnis von damals entdecken, ja ich fürchte nicht einmal mehr, dass irgendjemand in absehbarer Zeit die Kindergräber draußen in Weißgerber entdeckt. Meine Angst ist mittlerweile viel diffuser und weniger greifbar. Die Engelhart scheint leider keineswegs so vergessen, wie ich das vermutet hätte. Das war jetzt bereits das zweite Mal innerhalb recht kurzer Zeit, dass sich jemand nach ihr erkundigt hat. Was, wenn noch mehr kommen? Wir wissen nicht, mit wem sie zu Lebzeiten in Kontakt gestanden war.«

»Ihr meint, sie könnte womöglich mit irgendwelchen Geheimbünden in Verbindung gewesen sein? Mit Verlaub …«

»Nein, Ihr missversteht mich. Das glaube ich keineswegs. Aber was ist, wenn unter ihren Klientinnen ein entehrtes Mädchen war, das sich nun an seinem ehemaligen Liebhaber rächen möchte, oder eine Dienstmagd, an der sich ihr Herr schändlich vergangen hat? Dergleichen kommt vor. Was, wenn so eine Frau nun die Stunde gekommen sieht und den Verführer nicht nur als moralisch fragwürdige Person, sondern als Geheimbündler oder gar Jakobiner anschwärzt? Allein das Gerücht reicht mittlerweile schon aus, um jemanden gesellschaftlich zu diskreditieren. Das beunruhigt mich. Moral und Sitte und die politisch richtige beziehungsweise falsche Gesinnung werden plötzlich auf merkwürdige Weise verknüpft.«

Allmählich glaubte ich zu verstehen, was Eleonore meinte. Hatte man nicht auch Adam Weishaupt seinerzeit vorgeworfen, man habe in den in Schloss Sandersdorf beschlagnahmten Korrespondenzen der Illuminaten auch Rezepte zur Abtreibung der Leibesfrucht gefunden? So etwas in der Art hatte ich irgendwo einmal gehört. Eleonore unterbrach meine Gedanken.

»Man könnte mich beschuldigen, ich habe von Engelharts Treiben gewusst, habe womöglich sogar mit ihr unter einer Decke gesteckt. Warum sonst hätte ich mich so sehr um die Regelung ihres Nachlasses bemüht? Und welche geheime Absicht hätte ich mit dem Kauf ihres Hauses verfolgt? Und dann, wenn man es genau bedenkt, wissen wir noch nicht einmal, was hinter ihrem Tod wirklich stand. Bislang haben wir irgendeinen Zusammenhang mit ihrem zweifelhaften Gewerbe vermutet. Das ist durchaus naheliegend. Aber mit Gewissheit wissen wir nicht einmal das. Es könnte auch etwas ganz anderes dahinterstecken, von dem wir nicht die geringste Ahnung haben. Ehrlich gesagt würde ich am liebsten für längere Zeit ganz aus Wien verschwinden in der Hoffnung, dass irgendwann doch Gras über alles gewachsen ist.«

Ich hörte Eleonore aufmerksam zu. Ich teilte ihre Befürchtungen nicht in allen Punkten, wollte ihr aber helfen, mögliche Erklärungen gegenüber allzu Neugierigen zu finden. Leider fand ich dazu keine Zeit, denn Ottilie kam gerade vom Packen zurück.

Am nächsten Morgen war es so weit: Babette sollte uns nun also verlassen. Sie versprach, sehr häufig zu schreiben und drängte uns, sie in Wien zu besuchen.

»Ich werde dich vermissen, liebe Mama. Aber so schwer mir der Abschied von dir fällt, ich kann nicht hierbleiben. Ich hoffe, du verstehst mich irgendwann.«

Ottilie hatte mit den Tränen zu kämpfen. Trotzdem nickte sie bekräftigend zu den Worten ihrer Tochter.

»Sei unbesorgt, ich verstehe dich jetzt schon, Kind. Und besuchen werden wir dich sicher auch einmal, wenn auch vielleicht nicht ganz so bald.«

Ich umarmte meine Stieftochter schweigend. Der Abschied fiel auch mir nicht leicht. Ich schärfte ihr noch einmal ein, auch meinen Bruder, den sie Onkel Giacomo nannte, regelmäßig zu besuchen. Sie versprach es. Eleonore versicherte ebenfalls, weiterhin regelmäßig zu schreiben und uns über alles auf dem Laufenden zu halten. Ich wusste, dass sie damit nicht nur Babettes und ihr eigenes Wohlergehen meinte, sondern vor allem auch unser gemeinsames Geheimnis. Ich hatte ihr in einem ungestörten Moment versprochen, auch Ottilie von den jüngsten beunruhigenden Entwicklungen in Kenntnis zu setzen.

# *Das Porträt*

*Journal intime de la Mademoiselle Eleonore de Gleizenstein*

*Possenhofen, le 30 avril 1794*

*In Begleitung meiner lieben Babette habe ich es nun also doch endlich gewagt, jenen Ort aufzusuchen, der mich all die Jahre immer wieder in meinen Träumen verfolgt hat. Ich habe Babette gegenüber vorgegeben, ihr eine im wahrsten Sinne des Wortes malerische Landschaft zeigen zu wollen und ihr einen kurzen Aufenthalt hier versprochen. Damit habe ich nicht gelogen, wenngleich mein eigentliches Motiv freilich ein gänzlich anderes und weit persönlicherer Natur war. Nun sind wir also hier. Die Unterkunft ist äußerst bescheiden, aber für drei oder vier Tage wird es gehen. Zumal es mich ohnehin nicht wirklich nach Wien zurückzieht. Nach all der Aufregung dort genieße ich hier die Ruhe umso mehr. Die Reise verlief ohne Zwischenfälle und nun blicke ich von meinem Zimmer aus auf den See und die dahinterliegenden Berge. Vom Ufer aus schaue ich hinüber zu der Insel, die für mich mit so schmerzlichen Erinnerungen verbunden war. War, ja war, denn sie ist es nicht mehr. Zumindest längst nicht mehr in dem Maß, wie das noch bis vor Kurzem der Fall war. Es ist, als hätte sich eine Wunde, die nie heilen wollte, nun doch endlich geschlossen.*

*Possenhofen, le 2 mai 1794*

*Manchmal gehen die Dinge einfacher, als man sich das je ausgemalt hat. Mon dieu, was habe ich gegrübelt, gehofft und gebangt – nur um am Ende festzustellen, dass es im Grunde ganz einfach war. Junge Mädchen ziehen junge Männer an wie Kerzen die Motten. Genauso war es auch in diesem Fall. Kaum stand Babette mit ihrer Staffelei am Ufer, kam auch schon der junge Monsieur von Rosen herbei geritten. Natürlich hatte es sich in Windeseile herumgesprochen, dass eine Dame und ihre Gesellschafterin zu einem Malaufenthalt am Ort logierten. Und natürlich war der junge Monsieur neugierig. Ich sage »der junge Monsieur von Rosen« und doch könnte ich ebenso gut »mein Sohn« sagen. Denn er ist es, daran besteht kein Zweifel! Er ist seinem Vater wie aus dem Gesicht geschnitten. Er und Babette unterhielten sich angeregt, während ich auf einer Bank saß und vorgab zu lesen. In Wahrheit konnte ich natürlich kaum meinen Blick von den beiden wenden. Er ist ein wohlerzogener junger Mann von angenehmen Umgangsformen. Viele seiner Gesten und auch seine Körperhaltung erinnerten mich sofort an meinen einstigen Verlobten, seinen Vater. Er scheint auch ein ebenso guter Reiter zu sein. Nur sein Zungenschlag ist ein anderer. Wie nicht anders zu erwarten, spricht er die bayerische Mundart dieser Gegend. Ich kann nicht sagen, dass ich mütterliche Gefühle gehabt hätte. Wie auch? Ludwig ist inzwischen erwachsen und ich kenne ihn eigentlich gar nicht. Trotzdem erfüllte mich ein Gefühl von tiefer Zufriedenheit, ja, fast möchte ich sagen von Glück. Für mich grenzt das alles an ein Wunder. Welche Ängste hatte ich nach Engelharts Tod bis auf den heutigen Tag ausgestanden! Die Furcht, mein lange gehütetes Geheimnis könne publik werden, hat mir nächtelang den Schlaf geraubt und mir im wahrsten Sinne des Wortes die Luft abgeschnürt. Unglaublich, welch glückliche Wendung die Ereignisse zumindest in diesem Punkt nun wider Erwarten genommen haben. Da sitze ich auf einer Bank am Ufer des Sees und kann mich nicht sattsehen am Anblick dieser beiden jungen Menschen, zu denen ich eine ganz besondere Beziehung habe. Babette liebe ich wie eine Tochter und dieser junge Mann ist tatsächlich mein Sohn, mein Fleisch und Blut!*

*Sobald ich wieder in Wien bin, werde ich Ottilie und Francobaldi diese fantastische Neuigkeit berichten. Ich kann es kaum erwarten, mein Glück mit diesen lieben Menschen zu teilen. Schließlich und endlich habe ich es ja auch ihnen zu verdanken. Wären sie nicht gewesen, hätten sie nicht die Mühe auf sich genommen, auf eine bloße Vermutung hin hierher zu reisen, ich hätte meinen Sohn nie gesehen.*

*Possenhofen, le 3 mai 1794*

*Unverhofft kommt wahrhaft oft. Unser Aufenthalt hier verlängert sich zu meiner großen Freude noch um ein paar weitere Tage. Zu verdanken habe ich dies gewissermaßen einem Wunsch Ludwigs. Er ist nämlich auf die Idee gekommen, Ba-*

*bette um ein Porträt seiner selbst zu bitten. Ludwig zu Pferde und im Hintergrund der See. In der Tat ein schönes Motiv. Es soll ein Geburtstagsgeschenk für seine Mutter werden (selbstverständlich meinte er damit Madame von Rosen und ich gebe zu, das Wort »Mutter« aus seinem Mund zu hören, versetzte mir einen leichten Stich ins Herz). Babette hat mit Rücksicht auf unseren kurzen Aufenthalt zunächst abgelehnt. Doch ich kam diesem Wunsch natürlich nur allzu gerne nach. Schließlich kam man überein, dass sie hier vor Ort nur die Skizze oder besser gesagt die grobe Ausarbeitung anfertigt, was nach ihrer Einschätzung zwei oder drei Tage in Anspruch nehmen dürfte. Die eigentliche Ausgestaltung wird dann in Wien erfolgen. Da Madame von Rosen erst im August Geburtstag hat, lässt sich das gut bewerkstelligen. Für mich bedeutet das gleich doppeltes Glück. Auf diese Weise sind mir hier noch ein paar Tage vergönnt, an denen ich Gelegenheit habe, Ludwig zu sehen, ohne dass jemand beginnt, sich über unseren langen Aufenthalt in Possenhofen zu wundern oder gar Fragen zu stellen – und dann hat mich Ludwigs Vorschlag noch auf eine Idee gebracht. Ich werde Babette in Wien bitten, mir eine Kopie des Gemäldes anzufertigen. Begründen werde ich meinen Wunsch damit, dass mich der junge Mann an jemanden erinnert, den ich vor langer Zeit gekannt habe. Und das ist ja nicht einmal gelogen.*

## *Post von Babette*

Babettes Abreise hinterließ eine Lücke. Mit ihrem Temperament hatte sie trotz aller leidigen Debatten doch Leben ins Haus gebracht. Die Stille, die nun herrschte, war unüberhörbar. Sie fehlte nicht nur ihrer Mutter, sondern auch mir. Unser Gefühl des Verlustes wurde durch die allgemeine Lage nur noch verstärkt. Die Welt schien zunehmend aus den Fugen zu geraten. Die Koalitionstruppen hatten ihre Hauptstreitkräfte in den Österreichischen Niederlanden versammelt. Obwohl die Truppen der Alliierten denen der Franzosen zahlenmäßig weit unterlegen waren, konnten sie unter ihrem Oberbefehlshaber, dem Prinzen von Sachsen-Coburg, zunächst bei der Belagerung der Festung Landrecies und der Schlacht bei Tournai Erfolge verzeichnen. Die Freude darüber währte allerdings nicht lange. Am 26. Juni erlitten die österreichischen Truppen bei Fleurus bereits eine schwere Niederlage. Nun waren die Revolutionstruppen auf dem Vormarsch und die Österreichischen Niederlande bis auf weiteres, ja vielleicht sogar für immer verloren. Und schlimmer noch: Die Auswirkungen des Krieges waren nun auch bei uns zu spüren. In vielen Höfen und Handwerksbetrieben fehlten mittlerweile die Arbeitskräfte und die Verpflegung der Truppen ließ die Lebensmittel knapp und kostspielig werden. Die fortschreitende Teuerung belastete viele Familien über Gebühr und trieb so manchen ins Armenhaus. Das fühlte sich beängstigend an. Trotz des strengsten Verbots von Bettelei sah man auch immer wieder Bedürftige vor den Kirchentüren und auf öffentlichen Plätzen. Zur wachsenden Armut kam die traurige Nachricht von Verwundeten oder gar Gefallenen. Bald schon hatten die ersten Familien einen toten Sohn, Bruder, Ehemann oder Vater zu beklagen. Noch hörte man von nicht allzu vielen solchen Fällen, doch war jedem klar, dass sie noch zunehmen würden, je länger der Krieg dauerte. Weil sich bereits jetzt die nächtlichen Einbrüche häuften, ordnete seine Exzellenz an, dass jedermann von nachts zehn Uhr bis früh um vier selbst bei Mondschein nur mit einer stark leuchtenden Laterne die Straße betreten dürfe. Trotz der Widrigkeiten schienen all diese Beschwernisse verglichen mit dem, was man aus Frankreich hörte, noch harmlos. Dort herrschte im ganzen Land der blanke Terror, *la terreur*. Wer heute noch Freund und Weggefährte war, konnte schon morgen als Feind und Vaterlandsverräter hingerichtet werden. Längst machte ein geflügeltes Wort die Runde in ganz Europa: Die Revolution, hieß es, frisst ihre eigenen Kinder. Robespierres Ideal, auf den Trümmern des Thrones die heilige Gleichheit einzurichten, war inzwischen bis zur Unkenntlichkeit pervertiert. Wie der Tod so machten auch Robespierre und seine Anhänger längst keinen Unterschied mehr zwischen Arm und Reich, Jung und Alt, Mann oder Frau. Sein Blutgericht konnte buchstäblich jeden und jede treffen. Ein Schicksal unter vielen machte im Sommer von sich reden. Mit gerade einmal zwanzig Jahren fand Cécile Renault ihren Tod unter der Guillotine. Man warf der jungen Frau einen Attentatsversuch auf den Tyrannen vor und verurteilte sie kurzerhand zum Tod. Gemeinsam mit ihr wurde die ganze Familie des Mädchens hingerichtet. Achtzehn unschuldige Menschen. Aber wie selbst die schwärzeste Nacht einmal ein Ende hat, so endlich auch Robespierres Terrorregime. Der Mörder zahlloser Unschuldiger wurde schließlich selbst verhaftet und hingerichtet. Das war zumindest ein schwacher Silberstreif am Horizont, wenngleich das Morden auch damit längst noch nicht gänzlich endete. Vielleicht durfte man aber doch allmählich zu hoffen wagen, dass irgendwann wieder Vernunft und Menschlichkeit die Oberhand gewinnen würden.

Trotz aller Beschwernisse, die der Krieg mit sich brachte, war Ottilies und mein Leben erfreulich unbelastet. Ich traf mich weiterhin mit Pickl zu ausgedehnten Spaziergängen und schätzte seine ruhige, besonnene Art in diesen Zeiten mehr denn je. Die gemeinsame Beschäftigung mit naturwissenschaftlichen Fragestellungen war mir ein angenehmer Zeitvertreib. Der arme Mann musste zu seinem Leidwesen allerdings mit einer für ihn herben Enttäuschung fertig werden. Die leeren Kassen unserer Exzellenz ließen seine geplante Grabungsexpedition – zumindest vorläufig – scheitern. In Zeiten wie diesen wäre es unverantwortlich gewesen, dafür Geld auszugeben. Meine Enttäuschung darüber hielt sich ehrlich gesagt in Grenzen. Im Verlauf der zurückliegenden Monate war nämlich eine neue Idee in mir herangereift, die meine Zeit in Anspruch nehmen und mir für archäologische Unternehmungen ohnehin kaum mehr Raum lassen würde. Ich spielte nämlich mit dem Gedanken mein altes Vorhaben wieder aufzugreifen und ein fortschrittliches Erziehungswerk zu verfassen. Was wohl Cobenzl dazu sagen würde? Über zwei Jahre war es inzwischen her, dass wir beide uns ernsthaft diesbezüglich Pläne gemacht hatten. Inzwischen war viel passiert in meinen Leben. Vor diesem Hintergrund war es vielleicht gar nicht verwunderlich, dass ich mein ursprüngliches Vorhaben inzwischen radikal überdacht hatte. Cobenzl und ich hatten ursprünglich nahezu selbstverständlich die Erziehung und Bildung von Knaben im Sinn gehabt. Wir mussten uns darüber gar nicht expressis verbis verständigen, es verstand sich gewissermaßen von selbst. Ich aber wollte nun nicht einfach ein neues Erziehungswerk schreiben, nein, ich liebäugelte mit der nahezu revolutionären Idee, ob es nicht sinnvoll und notwendig sein könnte, über das Lesen und Schreiben, die Grundrechenarten und den Katechismus hinaus Bildungsinhalte zu formulieren, die es jungen Mädchen unter Umständen ermöglichen könnten, ein unabhängiges Leben jenseits von Ehe oder Kloster zu führen. Wie gesagt, ein revolutionärer, vielleicht gar utopischer Gedanke, aber gerade das reizte mich. Auch wenn ich bislang noch keinerlei Idee hatte, wie solch ein Bildungskanon speziell für Mädchen aussehen könnte und noch weniger, wo ich ansetzen könnte. Professor Pickl würde mir bei diesem Vorhaben keine Hilfe sein können. Die holde Weiblichkeit stand ihm fern und ich war überzeugt, er konnte und wollte sich Frauen nicht anders denn als Ehefrauen und Mütter oder keusche Nonnen vorstellen. Aber unter Umständen konnte ich mich einmal mit Fräulein Eleonore zumindest brieflich darüber austauschen. Die Zeitschrift, die sie Ottilie in Wien einmal zu lesen gegeben hatte, fiel mir wieder ein. Wie hatte sie noch einmal geheißen? *Pomona* – oder so ähnlich. Und die Herausgeberin? Ihr Name war mir entfallen. Trotzdem hatte ich das Gefühl, ich könnte so vielleicht auf eine allererste Idee kommen. Zumindest ließ mich mein Vorhaben bereits jetzt Babettes Abwesenheit leichter ertragen. Irgendwie fühlte ich mich durch meinen Plan mit ihr im Geiste verbunden und außerdem lenkte es mich von der allgemein schlechten Lage ab. In Eichstätt gab es Gerüchte, dass hier demnächst ein Hauptfeldspital der österreichischen Armee eingerichtet werden könnte. Ansonsten gingen die Wochen und Monaten so einigermaßen ruhig dahin. Adam schrieb uns in einem Brief, dass Kurfürst Karl Theodor zu seinem großen Leidwesen die linksrheinisch gelegenen Teile der Pfalz sowie das Herzogtum Jülich am Niederrhein an die französischen Besatzer verloren habe. In einem anderen teilte er uns mit, dass die Gemahlin des Kurfürsten, Elisabeth Auguste, verstorben sei. Trotz des fortgeschrittenen Alters des Herrschers hoffe man in München nun auf eine erneute Vermählung und einen möglichen Thronfolger. Auch Babette schrieb uns regelmäßig aus Wien. Sie erzählte in ihren Briefen von Spazierfahrten, Theater- und Opernbesuchen, allerlei Wiener Klatsch, Visiten bei Onkel Giacomo und seiner Frau und sonstigen kleinen Ereignissen.

»Hauptsache, sie ist glücklich«, pflegte Ottilie nach der Lektüre oft leise seufzend zu kommentieren. Ich wusste, wie schwer ihr der Gedanke immer noch fiel, Babette könne ein Leben als Ledige, ohne eigene Familie, führen. Mich dagegen gemahnten Babettes Briefe an mein geplantes Vorhaben, von dem ich allerdings immer noch nicht wusste, wie ich es umsetzen sollte. Eine meiner Überlegungen bestand darin, zunächst die Oberin der Marianischen Kongregation aufzusuchen. Schließlich betrieb der Orden hier in Eichstätt eine Mädchenschule. Auch an die Ursulinen im benachbarten Neuburg dachte ich. Auch wenn ich mir von den Besuchen nicht allzu viel erhoffte – schließlich wollte ich ja gerade ein Bildungsprogramm, das jungen Frauen ein Leben jenseits von Herd, Wiege oder Klostermauern ermöglichte. Trotzdem hoffte ich auf diese Weise wenigstens erste Anhaltspunkt zu erhalten. Ich war gerade dabei, meinen geplanten Besuch in Neuburg bei noch schönem Herbstwetter in die Tat umzusetzen, da erreichte uns ein Brief von Babette.

*Wien, 1. Oktober 1794*

*Lieber Francobaldi, liebste Mama,*

*es gibt großartige Neuigkeiten! Ich bin so aufgeregt, dass ich gar nicht weiß, wo ich anfangen soll. Aber des Wichtigste zuerst: Wie geht es euch? Ich hoffe, ihr befindet euch wohl? Fräulein Eleonore und mir geht es sehr gut. Stellt euch vor, ich habe erstmals ein Porträt verkauft! Also eigentlich und genau genommen ist es bereits das Zweite. Das Erste hat ein gewisser Herr von Rosen im Frühjahr bei mir als Geburtstagsgeschenk für seine Mutter bestellt. Das war damals während unseres kurzen Aufenthalts in Possenhofen. Ich habe euch ja davon berichtet. Nun aber hat Gräfin von Schallenberg, eine gute Freundin von Fräulein Eleonore, eines bestellt. Sie wollte ihr Enkelchen porträtiert haben und hat mich gefragt, ob ich mir zutraue, das zu übernehmen. Ich habe zugesagt und der Auftrag ist zu ihrer Zufriedenheit ausgefallen. Ich habe eigenes Geld verdient! Ich kann euch gar nicht sagen, wie sehr ich mich darüber freue. Fräulein Eleonore ist lieb und gut. Sie liest mir jeden Wunsch von den Augen ab und es mangelt mir wahrhaftig an nichts. Trotzdem ist es ein unbeschreibliches Gefühl, plötzlich über eigenes Geld zu verfügen. Auch wenn die Summe vielleicht nicht allzu groß ist. Mir scheint sie trotzdem ein Vermögen. Aber es kommt noch besser! Die Gräfin hat mir nämlich von zwei Malerinnen erzählt, die ihr Leben durch den Verkauf von Gemälden aus eigener Kraft bestreiten konnten oder auch noch können. Die eine, eine gewisse Anna Maria Therbusch, soll sogar eine Zeit lang an der hiesigen Akademie gewesen sein, bevor sie nach Paris ging. Könnt ihr euch das vorstellen? Eine Frau an der Akademie! Der Name der anderen ist mir leider entfallen. Sie soll sich lange Jahre in Italien aufgehalten haben (vielleicht ist sie sogar immer noch dort, das weiß ich nicht) und dort unter anderem einen berühmten deutschen Dichter porträtiert haben.*

*Die letzten Wochen ist so immer wieder ein Gedanke in meinem Kopf herumgespukt. Ich fragte mich, ob es vielleicht möglich sein könnte, dass auch ich, ich, die kleine Babette Hofstaetter aus Eichstätt, irgendwann einmal eine richtige Malerin werden könnte, eine, die Geld mit ihren Bildern verdient. Das ist ein Traum, den ich kaum zu träumen wagte, geschweige denn laut auszusprechen. Und dann, wie durch ein Wunder, brachte ihn die Gräfin Schallenberg plötzlich aufs Tableau. Sie lobte mein Talent, meinte, mein Porträt habe auch bei einigen ihrer Bekannten Beifall gefunden und fragte mich rundheraus, ob ich nicht Künstlerin werden wollte. Ich brachte kein Wort mehr heraus, es hat mir einfach die Sprache verschlagen! Aber Fräulein Eleonore hat es auf eine Idee gebracht. Wie ihr ja wisst, träumt sie schon lange von einer Reise nach Italien. Bereits vor zwei Jahren wollte sie mit mir nach Triest, Mailand, Verona und Venedig. Nun hat sie diese Pläne neu aufgegriffen und denkt an einen längeren Aufenthalt in Florenz und in Rom. Ich soll dort Gelegenheit erhalten, die alten Meister zu studieren! Fräulein Eleonore hat mir auch von einer alten römischen Stadt erzählt, die vor Jahrtausenden durch einen Vulkanausbruch verschüttet wurde. Ein deutscher Altertumsforscher hat dort vor einigen Jahrzehnten gegraben und seitdem reißt das Interesse an dieser Stätte nicht mehr ab. Diesen Ort will sie auch mit mir besuchen (dann könnte ich Professor Pickl eine Skizze römischer Altertümer anfertigen, über die er sicher staunen würde!). Schon im Frühjahr, sobald es das Wetter wieder einigermaßen zulässt, soll's losgehen. Ich bin so aufgeregt, dass ich seitdem kaum mehr schlafen kann. Denn nun kommt das Allerbeste: Fräulein Eleonore hat gemeint, ob ihr uns nicht vielleicht auf dieser Reise zumindest eine Zeit lang begleiten wollt? Liebste Mama, was sagst du dazu? Du würdest das Meer sehen! Kannst du dir das vorstellen? Und du, Francobaldi? Italien, das Land deiner Vorfahren?*

*Liebe Eltern, ich bin so aufgeregt! Bitte schreibt mir bald!*

*In der Hoffnung auf eure Zustimmung grüße ich euch auf das herzlichste*

*Eure Babette*

# *Verzeichnis der historischen Personen*

**Arnold, Hyacinth** (1746–1813). Ursprünglich Kanoniker in Eichstätt und Illuminat (Geheimname *Moses*), gründete nach seinem Weggang aus Eichstätt 1783 die Illuminatengemeinschaft in Brünn (Mähren). Später war er Erzieher des böhmischen Grafen Kolowrat-Liebsteinsky.

**Barth, Joseph** (1760–1819). Mitglied des Illuminatenordens (Geheimname *Osiris?*), Kameralist und Jurist in Eichstätt, Verfasser der *Vat(t)erländischen Monatsschrift.*

**Bassus, Freiherr Thomas Franz Maria von** (1742–1815). Geboren in Poschiavo (Graubünden), studierte in Ingolstadt und kam dort mit den Illuminaten in Verbindung. Sein Schloss Sandersdorf im Altmühltal galt als Illuminatennest. Im Mai 1787 wurde es von bayerischen Beamten durchsucht. Dabei konfiszierte man umfangreiche geheime Unterlagen.

**Bronner, Franz Xaver** (1758–1850). Benediktiner aus Donauwörth und Mitglied des Eichstätter Illuminatenordens (Geheimname *Aristoteles*). 1785 floh Bronner aus dem Kloster nach Zürich. 1794 bis 1798 war er Redaktor der *Zürcher Zeitung*, 1798 wurde er Sekretär des Regierungsstatthalters des Kantons Zürich, 1798 bis 1801 war er Kanzleichef des helvetischen Ministers für »Wissenschaften, Künste, Gebäude und Strassen«, 1799 gab er das *Helvetische Tagblatt*, 1799 bis 1800 den *Freyheitsfreund* heraus.

**Cobenzl, Ludwig Graf von** (1744–1792). Dompropst in Eichstätt und führendes Mitglied des Illuminatenordens (Geheimname *Arrian*). Cobenzl besaß neben seiner Stadtwohnung in Eichstätt auch ein noch heute nach ihm benanntes barockes Schlösschen mit Garten. Ab 1784 erweiterte er diesen am ansteigenden Hangbereich des Altmühltals zu einer weiter nach Osten sich ausdehnenden Parkanlage, ließ einen weiteren, hölzernen (heute nicht mehr existierenden) Pavillon errichten und machte die Anlage der Öffentlichkeit zugänglich. In Schloss und Garten arrangierte er Bälle und Picknicks, zu denen er auch nichtadlige Beamte einlud, um im Sinne der Illuminaten Standesunterschiede abzubauen. Auch stellte er seine mit naturwissenschaftlichen und philosophischen Werken gut ausgestattete Bibliothek jedem Interessenten zur Verfügung.

**Cobenzl, Phillip, Graf von** (1741–1810). Bruder von Ludwig Cobenzl, österreichischer Staatsmann. 1776 erwarb er ein Gelände auf dem Reisenberg bei Wien und ließ dort einen Garten im englischen Stil anlegen. Er nutzte die Örtlichkeit, um regelmäßig zeitgenössische Künstler einzuladen. Darunter auch Wolfgang Amadeus Mozart, der sich von diesem Ort stark inspiriert fühlte.

**Franz Joseph Karl** (1768–1835). Mitglied des Hauses Habsburg-Lothringen. War von 1792 bis 1806 als Franz II. der letzte Kaiser des Heiligen Römischen Reiches. 1804 begründete er das Kaisertum Österreich, das er als Franz I. bis zu seinem Tod regierte.

**Gerstner, Joseph** (1745–1812). Stadtschreiber beziehungsweise Stadtsyndikus in Eichstätt, Mitglied des Illuminatenordens (Geheimname *Odin*). Sein Haus ist als beliebter Treffpunkt der Eichstätter Illuminaten verbürgt.

**Hompesch-Bollheim, Franz Karl Freiherr von** (1735–1800). Bayerischer Minister unter Kurfürst Karl Theodor.

**Hompesch, Johann Wilhelm Freiherr von** (1761–1809). Sohn von Franz Karl Freiherr von Hompesch-Bollheim, Mitglied des Eichstätter Domkapitels und Illuminat (Geheimname *La Fontaine*), entschied sich später für eine weltliche Karriere.

**Karl Theodor** (1724–1799). Ab 1742 als Karl Theodor IV. Pfalzgraf und Kurfürst von der Pfalz, ab 1777 als Karl Theodor II. Kurfürst von Bayern. Anders als in der Pfalz war er in Bayern sehr unbeliebt. Er umgab sich nur mit Pfälzern und interessierte sich lange Zeit wenig für bayerische Angelegenheiten. 1784 verbot er alle Vereinigungen, die ohne ausdrückliche landesherrliche Erlaubnis gegründet worden waren. 1785 wurde dieses Verbot durch ein Edikt erneuert, in dem namentlich die Illuminaten und die Freimaurer als »landesverräterisch« und »religionsfeindlich« genannt wurden.

**Kettner, Sophie** (1720–1802). Diente unter Kaiserin Maria Theresia sechs Jahre lang unerkannt als Soldat und wurde wegen Tapferkeit sogar zum Korporal befördert. Erst bei einer Behandlung im Lazarett erkannte man, dass es sich bei dem vermeintlichen Soldaten um eine Frau handelte. Sophie Kettner erhielt daraufhin von der Kaiserin zeitlebens eine Gnadenpension. Bei ihrer Beerdigung erwies ihr ein zufällig in Eichstätt anwesendes Werbekommando die letzte militärische Ehre. Ihr Grab ist noch heute auf dem kleinen Westenfriedhof in Eichstätt zu besichtigen.

**La Roche, Marie Sophie von** (1730–1807). Deutsche Schriftstellerin, die in der Zeit der Aufklärung im Stil der Empfindsamkeit schrieb. La Roche war Herausgeberin und Autorin der ersten deutschen Frauenzeitschrift *Pomona* und schrieb einen der ersten deutschsprachigen Briefromane.

**Ludwig XVI.** (1754–1793). Der letzte König des französischen Ancien Régime. Der Nationalkonvent setzte ihn im September 1792 ab und verurteilte ihn am 20. Januar 1793 wegen »Verschwörung gegen die öffentliche Freiheit und Anschlägen gegen die nationale Sicherheit« zum Tode. Ludwig wurde mit der Guillotine öffentlich hingerichtet.

**Marie Antoinette** (1755–1793). Jüngste Tochter der Kaiserin Maria Theresia, Schwester von Kaiser Joseph II., Königin von Frankreich. Sie gilt als eine der schillerndsten Figuren während der Französischen Revolution und teilte neun Monate nach ihrem Gemahl dessen Schicksal auf dem Schafott.

**Mayr, Beda** (1742–1794). Professor für Theologie und Philosophie im Benediktinerkloster Heilig Kreuz zu Donauwörth. Dort wurde er später auch Prior.

**Mayr, Johann Simon** (1763–1845). Erhielt im Benediktinerkloster Weltenburg und am Jesuitenkolleg Ingolstadt eine musikalische Ausbildung. Ab 1777 studierte er in Ingolstadt Theologie, Philosophie, Medizin, Jura und Kanonisches Recht und war daneben als Organist tätig. Die ersten Kompositionen wurden in Regensburg im Jahr 1786 veröffentlicht. 1787 wurde Thomas de Bassus, Mitglied der Illuminaten, auf ihn aufmerksam und holte ihn als Musiklehrer auf seinen Landsitz Schloss Sandersdorf, den Geheimtreff der Illuminaten schlechthin. Auf der Flucht vor der bayerischen Polizei, die das Schloss besetzte, floh Johann Simon Mayr nach Poschiavo in der Schweiz. 1789 gelangte er nach Bergamo. In Italien machte sich Mayr vor allem als Opernkomponist einen Namen.

**Mirabeau, Honoré Gabriel Victor de Riqueti Graf von** (1749–1791). Während der Anfangszeit der Französischen Revolution war Mirabeau Abgeordneter und Wortführer des Dritten Standes in den Generalständen und Mitglied im Zirkel der Gesellschaft der Dreißig. Am 30. November 1790 wurde er für vier Wochen zum Präsidenten des Pariser Jakobinerklubs gewählt. Vom 29. Januar bis zum 14. Februar 1791 fungierte er als Präsident der verfassunggebenden Nationalversammlung.

**Mozart, Wolfgang Amadeus** (1756–1791). Mozarts letzte Oper *Die Zauberflöte* wurde 1791 im Wiener Freihaustheater uraufgeführt und enthält Freimaurerische Einflüsse. Bereits unmittelbar nach dem Tod des Komponisten kamen Gerüchte auf, es könne sich dabei um einen Mord gehandelt haben. Einige dieser Gerüchte besagten, dass die Freimaurer Mozart getötet haben könnten, weil er in der Zauberflöte Geheimnisse preisgegeben habe.

**Pergen, Johann Baptist Anton Graf von** (1725–1814). Diplomat und Staatsmann der Habsburger Monarchie. Bereits unter Kaiser Joseph II. organisierte er das Polizeiwesen neu. Die Polizei wurde zentralisiert und eine geheime Polizei aufgebaut. Diese Aufgabe nahm er auch wieder unter Franz II. wahr und war maßgeblich verantwortlich für die Bekämpfung oppositioneller Kräfte. 1794 war er für die Verhaftung der Jakobiner und die Aufdeckung ihrer Kontakte zuständig.

**Pezzl, Johann** (1756–1823). Seit 1784 wohnhaft in Wien, wo er anfangs die Bibliothek des Wenzel Anton Graf Kaunitz betreute. In diesem Jahr erschien auch sein heute bekanntestes Buch *Reise durch den Baierschen Kreis*. 1785 trat er in die Freimaurerloge »Zum Palmbaum« ein und gehörte auch zum Kreis um die Freimaurerloge »Zur wahren Eintracht« des Wiener Illuminaten Ignaz von Born.

**Pick(e)l, Ignaz** (1736–1818). Jesuit. Nach der Aufhebung des Jesuitenordens berief ihn der Eichstätter Fürstbischof Raymund Anton Graf von Strasoldo auf den Lehrstuhl für Mathematik an seinem Lyzeum und übertrug ihm die Einrichtung eines physikalisch-mathematischen Armariums (Instrumentensammlung), das zusammen mit seinem astronomischen Observatorium von 1773 bis 1777 entstand. Ihm unterstand ein Glasschleifer für optische Linsen, der neben dem Observatorium seine Werkstatt hatte. Die Königliche Akademie der Wissenschaften in München nahm Pickl 1773 als ordentliches Mitglied auf, ab 1807 war er auswärtiges Mitglied der Akademie. 1782 erschien sein Werk über die Verbesserung der Visierstäbe zum Ausmessen von Fässern, die er an die Churmainzische Akademie nützlicher Wissenschaften in Erfurt schickte, die ihn daraufhin umgehend zu ihrem ordentlichen Mitglied machte.

**Robespierre**, **Maximilian de** (1758–1794). Wirkte auf die erste Phase der Französischen Revolution ein und gewann bis kurz vor seiner Hinrichtung 1794 einen immer bedeutenderen Einfluss auf ihre Entwicklung. Nach dem Beginn des Ersten Koalitionskriegs war er einer der maßgeblichen Initiatoren für die als »Verteidigung der Republik« begründete Terrorherrschaft von 1793 / 1794.

**Rumford**, **Reichsgraf von, eigentl. Sir Benjamin Thompson** (1753–1814). Offizier und Politiker im Dienst des bayerischen Kurfürsten Karl Theodor II.

**Stubenberg, Josef Graf von** (1740–1824). Stubenberg war von 1791 bis 1802 Fürstbischof des Hochstifts Eichstätt und nach der Säkularisation bis 1821 Bischof des Bistums Eichstätt.

**Weishaupt**, **Adam** (1748–1830). Professor für Recht und Kirchenrecht an der Universität Ingolstadt, Gründer des Illuminatenordens (Geheimname *Scipio Aemilianus*).

**Zehmen, Johann Anton von** (1715–1790). Fürstbischof von Eichstätt, Amtsvorgänger von Josef Graf von Stubenberg.

## *Zeitgenössische Quellen*


Barth, Joseph: Vat(t)erländische Monatsschrift, Diözesanarchiv Eichstätt, DAEI B 32 (nur handschriftlich überliefert)

Bronner, Franz Xaver: Ein Mönchsleben aus der empfindsamen Zeit, Band 1, in: Projekt Gutenberg, www.projekt-gutenberg.org/bronner/moenchs1/moenchs1.html [abgerufen am 26.6.2023]

Arneth, Alfred von (Hg.): Graf Philipp Cobenzl und seine Memoiren, Wien 1885, Faksimile Elibron Classics 2006

Gerstner, Joseph: Der Todtentanz. Erinnerungen aus vergangenen Tagen, München 1850

Pezzl, Johann: Reise durch den Baierschen Kreis, 1784, Faksimileausgabe, München 1973

*Ebenfalls in der »Francobaldi«-Reihe erschienen:*

Eichstätt, 1787: Die Französische Revolution wirft bereits ihren Schatten voraus, als Enrico Francobaldi aus Wien in das beschauliche Fürstbistum Eichstätt kommt. Dort möchte er einen Neuanfang wagen, fernab von den schmerzhaften Erinnerungen an seine verstorbene Frau. In seiner neuen Heimat soll Francobaldi das Schulwesen aufbauen. Doch es kommt anders …
Als ihn der Landesherr kurzerhand mit der Aufklärung eines mysteriösen Mordfalls betraut, gerät Francobaldis Leben aus den Fugen. Immer tiefer verstrickt er sich in Politik und Intrigen. Nach einem Anschlag auf sein eigenes Leben scheint er dem Mörder gefährlich nah zu sein. Und welche Rolle spielt der rätselhafte und mächtige Geheimbund der Illuminaten in diesem Fall? Dessen Ziel ist eine radikale Umwälzung der Gesellschaft – zu jedem Preis?

Ein packender, bestens recherchierter Krimi und eine Zeitreise ins Bayern des 18. Jahrhunderts zwischen Absolutismus und Aufklärung.

*244 S., Paperback, ISBN 978-3-96233-365-2, € 16.90*